北京奥运村纪事

北京奥运村运行团队　组织编写

北京出版社

图书在版编目（CIP）数据

北京奥运村纪事/北京奥运村运行团队组织编写. —北京：
北京出版社，2008.12

ISBN 978-7-200-07604-2

Ⅰ.北… Ⅱ.北… Ⅲ.奥运会—概况—北京市

Ⅳ.G811.21

中国版本图书馆CIP数据核字（2008）第190891号

北京奥运村纪事

BEIJING AOYUNCUN JISHI

北京奥运村运行团队　组织编写

*

北 京 出 版 社 出 版

（北京北三环中路6号）

邮政编码：100120

网址：www. bph. com. cn

北京出版社出版集团总发行

新 华 书 店 经 销

北京顺诚彩色印刷有限公司印刷

*

787×1092　16开本　30.25印张　270千字

2009年1月第1版　2009年1月第1次印刷

印数 1—30 000

ISBN 978-7-200-07604-2/G・3017

定价：100.00元

质量监督电话：010-58572393

记载历史
JIZAILISHI

留住记忆
LIUZHUJIYI

告诉社会
GAOSUSHEHUI

温馨美丽『世界村』

BEIJING BAOYUNCUNJISHI

欢迎中心待客来

村长院内外

One World

个梦想

e Dream

Olympic Truce

国奥村景色美不胜收

快乐
永伴
村民

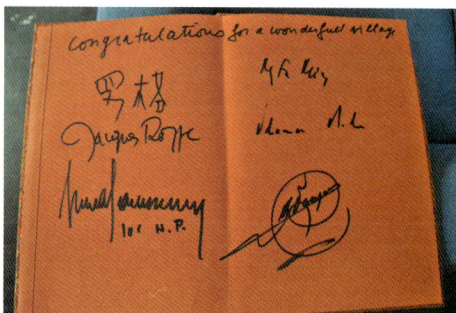

向出色的奥运村表示祝贺
—— 国际奥委会主席罗格
（2008年8月1日）

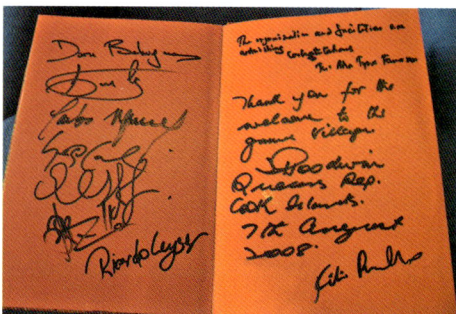

组织工作和设施很棒，祝贺
—— 萨摩亚独立王国元首埃
（2008年8月7日）

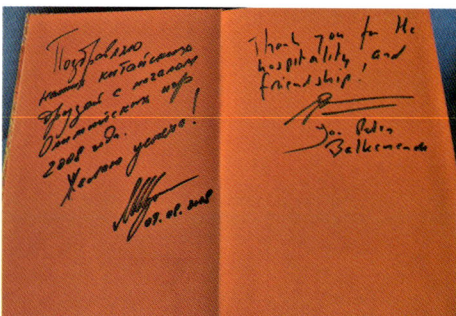

感谢你们的盛情与友谊！
—— 荷兰总理鲍肯内德
（2008年8月9日）

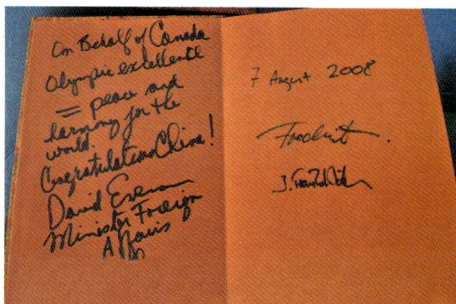

谨代表加拿大：
出色的奥运会＝世界和平与和谐。
祝贺中国！
—— 加拿大外交部长艾默森
（2008年8月10日）

能访问这么棒的地方太好了！
——多米尼克总统 利物浦
（2008年8月20日）

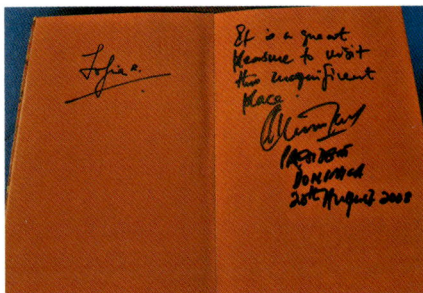

感谢你们的盛情。你们的成就非常了不起！
——比利时首相莱特姆
（2008年8月21日）

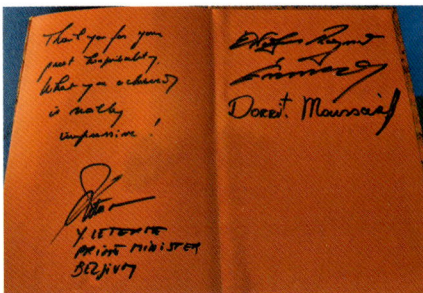

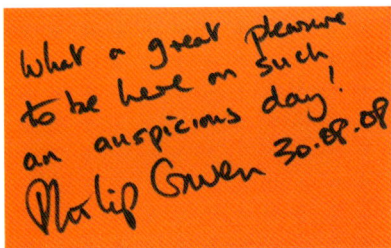

在这祥和的一天来这里参观非常高兴！
——国际残奥委会主席克雷文
（2008年8月30日）

很荣幸来参观本届精彩的残奥会！
——加拿大安大略省省督翁列
（2008年9月7日）

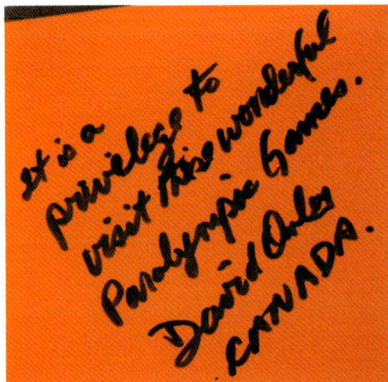

International Paralympic Committee

Mme Chen Zhili
Mayor of the Paralympic Village
c/o BOCOG
267 Beisihuanzhonglu, Haidian
Beijing 100083
People's Republic of China

29 September 2008
Ref: dmt-plc

Congratulations

Mme. Chen,

Just a short note to thank you for the spirit you brought to your volunteer work in the Paralympic Village in Beijing. Your village was without doubt the best Paralympic Village ever in the history of the Paralympic Games.

Why? Well, because the buildings were excellent, the food was very good, the transport was good but above all else the people were so friendly as well as efficient.

The speed at which the change over in look from Olympic mode to Paralympic mode was effected was staggering. Olympic athletes who went to bed in an Olympic Village on the night following the Closing Ceremony, woke up to be Olympic athletes in a Paralympic Village, the following morning, absolutely amazing! This could only happen in China and this could only happen with the teamwork and know how of the BOCOG team working in concert with members of the IPC staff and their volunteers.

Please pass on heartfelt thanks to everyone involved in your team, both staff from BOCOG and volunteers alike.

These were the greatest Paralympic Games ever!

Yours sincerely

Sir Philip Craven MBE

SIR PHILIP CRAVEN, MBE
President

克雷文致残奥村村长陈至立

致谢——2008 年残奥会

陈女士：

　　一封短信聊表谢意，感谢您给北京残奥村的志愿工作所注入的精神力量。无疑，北京残奥村是历史上最棒的残奥村。

　　之所以这么说，是因为残奥村建筑一流，饭菜可口，交通方便，而最重要的是，人们很友好且工作高效。

　　奥运会到残奥会景观转换的速度令人惊叹。奥运会闭幕后，住在奥运村运动员一觉醒来发现自己已身处残奥村了。这绝对令人称奇。这只有在中国才会发生。奥组委通过发挥团队精神和专业技能，与国际残奥委会和志愿者们通力合作使之成为现实。

　　请将我衷心的感谢传达给您团队的每个人，包括奥组委的工作人员和志愿者们。

　　这是有史以来最伟大的残奥会！

　　致以最诚挚的敬意。

国际残奥委会主席

不列颠帝国员佐勋章

菲利普·克雷文爵士

二〇〇八年九月二十九日

《北京奥运村纪事》编审委员会

主　编：杜德印

副主编：程　红

编　委：（按姓氏笔画排序）

丁百之　　丁保生　　于德斌

王淑贤　　邓亚萍　　李玲蔚

李树发　　李顺利　　吴京汨

何　川　　张利民　　张敬东

周晓柏　　赵津芳　　赵惠芝

胡跃庭　　徐玉伟　　高　煜

梅蕴新　　熊九玲

编　务：（按姓氏笔画排序）

王　鑫　　田　伟　　田　雷

戎　军　　关顺舟　　李　化

吴晓璞　　何晓林　　林苏梅

周铁成　　侯海强　　徐景泉

黄亚红　　崔　竞　　康　森

程　瑾　　滕树兵

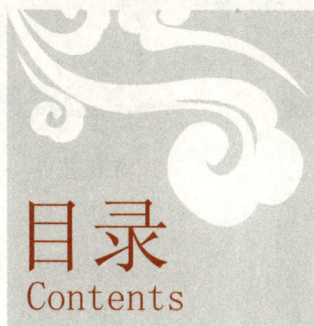

目录
Contents

点点滴滴皆是情

附　录

第29届奥林匹克运动会

中国·北京

2008.8.8 ——2008.8.24

开　篇

有朋自远方来

中国古代哲学家孔子曾有名言："有朋自远方来，不亦乐乎？"在北京奥运村和残奥村欢迎各国运动员入村仪式的两次致辞中，我都引用了这句话，以表达中国人民热烈欢迎全世界奥运健儿来到北京的喜悦之情。

对于我们奥运村和残奥村的工作团队来说，抒发这种喜悦之情的最好方式，莫过于通过自己的辛勤劳动，把一个温馨而美丽的"世界之村"，奉献给入住其中的每一位客人。因此，作为村长，我曾向五湖四海的来宾郑重承诺——

"我们将努力在细微之处体现人文关怀，体现对不同文化和宗教的尊重。我希望，这里的设施和服务可以满足大家的各种需要，能够给每一位朋友带来回家的感觉。我们将竭尽所能使你们吃得好、住得好、休息得好。"

　　时光荏苒。转眼间，奥运村和残奥村已结束了两个月的运行，服务于村中的14个团队出色地完成了自己的使命。摆在读者面前的这部《北京奥运村纪事》，记录着亲历过这段历史的团队成员的辛劳、坚忍和自豪。书中所言，代表着27000多名同志的心声。他们骄傲地露出一张张灿烂的笑脸，展示着参与奥运盛会的幸福，这就是创造了奥运村和残奥村服务奇迹的光荣集体。

　　北京2008年奥运会（残奥会），已经在不同国家和地区的人们之间架起了一座理解和友谊的桥梁，成为奥运史上一座新的里程碑，显示出神奇的力量——为世界带来和平与友谊。我相信，在北京奥运会（残奥会）的精神财富中，本书彰显的决策智慧、奋斗业绩和人生境界，将会继续启迪并感动读者。

陈至立

2008年11月

序二：

一生记忆，记忆一生

两万七千人，同写一本书；血汗凝文字，不尽满腔情。《北京奥运村纪事》是奥运村团队的工作人员、志愿者自己记载亲身经历的一本书，真实地反映了我们团队27000人在奥运村的8个多月254个日日夜夜中，经受的考验和挑战，见证的故事和传奇，经历的激情和欢乐；深切地表达了大家共同的心声：参与奥运、奉献奥运，**我们付出了艰辛，赢得了成功，享受了快乐，收获了成长**！

参与奥运、奉献奥运，我们付出了艰辛。在奥运村的每一片土地、每一个岗位，到处都留下我们忙碌的身影和匆匆的脚步。从每一个运行方案的筹划，到每一个服务项目的实施；从每一面国旗的升起，到每一位贵宾的迎送；从每一件物资的移入，到每一件商品的供应；从每一道菜肴的制作，到每一件衣物的清洗；从每一件包裹的安检，到每一趟班车的驶出；从每一位患者的诊疗，到每一株花草的浇灌……这些都渗透了大家的智慧和心血，凝聚了大家的汗水和泪水。我们忘不了，很多同志冒着高温酷暑连续工作，饭顾不上吃、觉顾不上睡；我们忘不了，很多同志连续几个月回不了家，中秋月圆不能和亲人团聚；我们忘不了，很多同志伤病在身仍坚守岗位，亲人病重不能探视照顾。所有这些，都生动诠释了我们"甘愿苦和累，奉献奥运会"的铮铮誓言。甘愿苦和累，人们容易看到和理解的是我们吃的苦、受的累，但我们深深地知道，吃苦受累诚可贵，心甘情愿价最高。我们付出的是苦和累，托出的是自强不息的精神和重情重义的诚心，展示的是当代中国人开放大度的胸襟和平等博爱的情怀，奉献的是对祖国、对人民、对战友的深情厚谊和无限忠诚。

参与奥运、奉献奥运，我们赢得了成功。61天24小时的运行，我们创造了安全生产零事故、食品安全零事件、礼宾接待零失误、接待服务零投诉、运行保障零差错"五个零"的精彩纪录。国际奥委会主席罗格先生说，北京奥运村是世界上最好的奥运村。国际残奥委会主席克雷文先生说，北京残奥村条件之优越史无前例。这是历史对奥运村的记载和评价，是我们大家用智慧、辛劳和汗水，把一个美妙绝伦的奥运村（残奥村）奉献给各国健儿，在奥林匹克历史上书写了浓墨重彩的辉煌篇章。我们赢得的是奥运村（残奥村）的成功，更是赢得了北京和中国的荣誉，赢得了各国运动员、官员和媒体记者的人心。

参与奥运、奉献奥运，我们享受了快乐。不经风雨，不见彩虹。当曾经的艰辛、汗水、苦痛和泪水换来奥运村的顺利运行，换来一次次掌声和喝彩时，大家都沉浸在愉悦和幸福之中。我们享受奥运村美丽迷人的独特风景——村里的一砖一瓦、一草一木让我们心旷神怡；村里的欢声笑语、青春活力让我们激情澎湃。我们享受运动员在赛场上取得的成功——"金牌有你们的一半"，这是运动员对我们最高的褒奖。我们享受事业成功的欣慰和创造历史的充实——奥林匹克的历史和中国发展的历史将永远铭记我们每一个人的名字。我们享受运行团队大家庭的温暖——村里乡亲、兄弟姐妹朝夕相处，患难与共，结下难以割舍的深情。"苦并快乐着"，这是我们奥运村（残奥村）人共同的表达。苦已成过去，而快乐将成为永恒。

　　参与奥运、奉献奥运，我们收获了成长。奥运村（残奥村）的经历，已成为我们每个人人生的华彩乐章。我们播种了爱心、激情、自信和勇气，收获了对奥林匹克精神、对国家、对人生新的感悟。8个多月的时间，我们收获了非同寻常的人生体验和自我提升的宝贵经历，在自己的人生画卷上增添了新的光彩；我们扩大了视野，增长了见识，提高了才能，积累了终生受益的财富；我们结交了朋友，收获了友谊，赢得了终生铭记的真情。一生记忆，记忆一生，奥运会和奥运村的这一段经历，将伴随我们的一生，激励我们的一生，启迪我们的一生。

　　奥运村开村时，我们说为自己成为中国第一批"奥运村人"而感到无上光荣。当残奥村闭村的时候，我们可以更加自豪地说，我们是中国第一批成功的奥运村（残奥村）人。在奥运村激情燃烧的日子里，**我们苦了，但我们赢了，我们值了，我们长了，然后，我们笑了。**

　　奥运会（残奥会）已圆满落下帷幕。美丽可爱的奥运村，将永驻我们的记忆里；相亲相爱的一家人，会时现大家的睡梦中。在奥运村与团队同志们朝夕相处、同甘共苦的日子里，我无时无刻不为大家的行动所感染，无时无刻不为大家的情义所感动，脑子里常常想起《为了谁》这首歌。我想对大家说："*疲劳写满你的裤腿，汗水湿透你的衣背。我知道你是谁，我更知道你为了谁。你最累，你最美。谢谢你，我的乡亲，我的战友，我的兄弟姐妹。*"

　　是为序。

杜德印

2008年10月

北京奥运村平面图

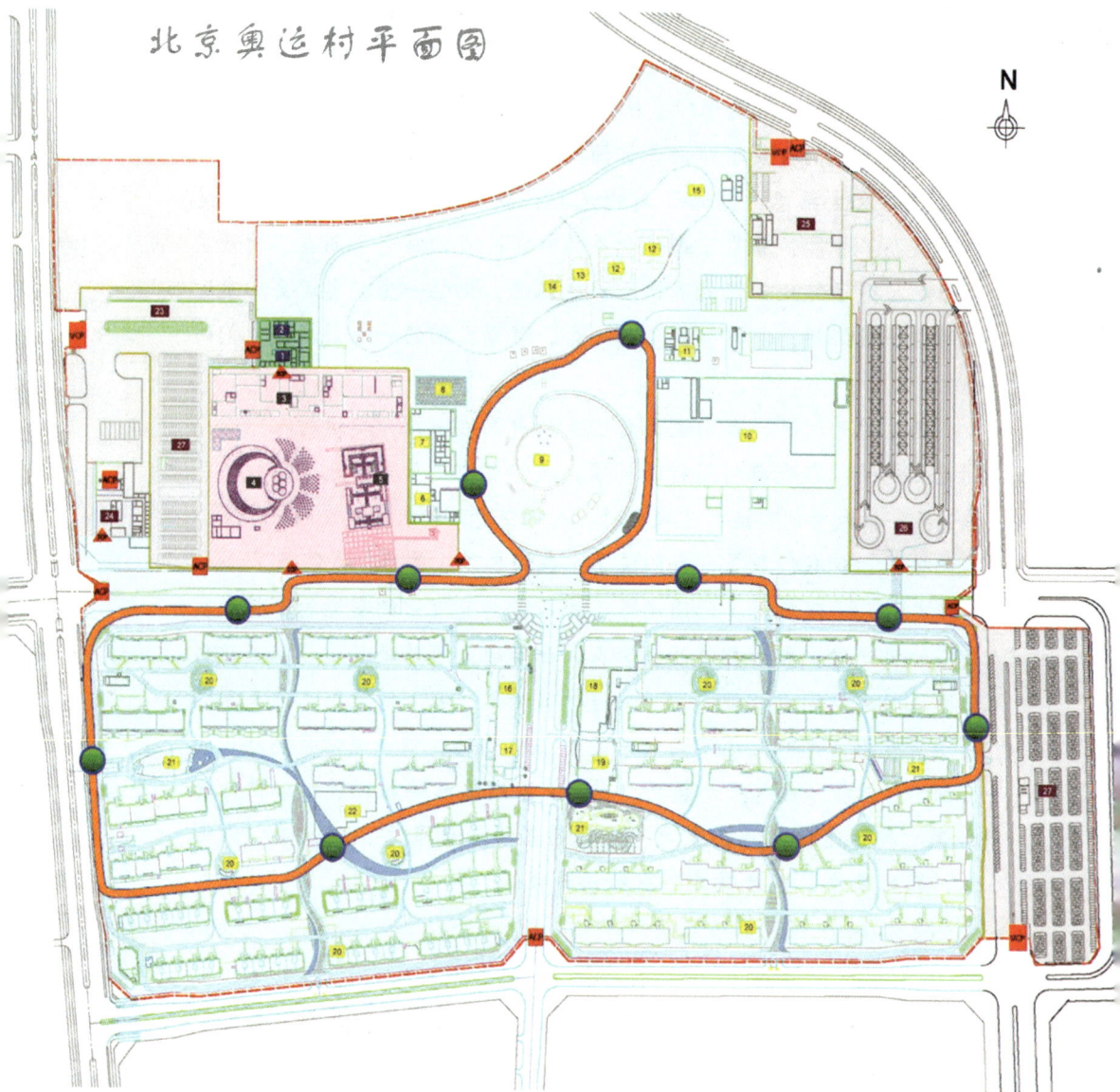

N

北京奥运村概况

一

第29届奥运会奥运村包括北京运动员村、青岛运动员分村、香港运动员分村以及马僮村。由奥运村（残奥村）运行团队管理和运行的还有绿色家园媒体村、汇园公寓媒体村以及两家超编官员酒店。运动员村同时也是2008年残奥会的残疾人运动员村。它坐落在北京奥林匹克中心西北侧，北连奥林匹克森林公园，南接主场馆群落，由居住区、国际区和运行区三部分组成。

"绿色奥运、科技奥运、人文奥运"是北京奥运会的三大理念。为了促进北京市的可持续发展，奥运村在建设过程中极力注意三大理念的贯彻和实施：奥运村集成应用了可再生能源、中水回用、雨洪利用、绿色建材、建筑节能、生态景观、数字电视、绿色照明等高新技术。村内的景观特色体现着浓郁的中华文化元素，室内空气微循环装置、无障碍设施等多处服务功能，从各个方面细致入微地体现了对村民的人文关怀——这种人文、建筑、环境的和谐统一，达到了绿色住区的国际先进水平。

运动员村从7月20日9时预开村，开门迎接各代表团举行注册会议；7月27日9时正式开村，举行欢迎仪式，欢迎村民[1]入住；8月27日12时闭村，各国代表团离去，整个运行时间为39天。残奥村从8月28日14时预开村，8月30日12时正式开村；9月20日12时闭村，整个运行时间为24天。

---

[1] 在本书中，"村民"一词，是指入住北京奥运村（残奥村）的宾客。

奥运会和残奥会期间，北京运动员村共接待了2.4万多名村民。其中，奥运会接待了204个国家和地区的1.7万多名运动员和随队官员，残奥会接待了147个国家和地区的近8000名运动员、随队官员、超编官员和部分技术官员。运动员村为入住的村民提供住宿、餐饮、交通、安保、外联、访客、礼宾、演出、仪式、购物、娱乐、医疗、物业、后勤、抵离等几十项服务，按照"有特色、高水平"的标准，为村民们营造了安全、舒适、方便、和谐的赛时之家。

村中整个运行工作做到了安全生产零事故、食品安全零事件、礼宾接待零失误、接待服务零投诉、运行保障零差错，同时全村还创造了奥运会历史上的四个"最"——村中运动员餐厅单日就餐人数最高，村中接待各国政要和国际贵宾人数最多，村中整体环境的环保水平最"绿色"，村中举行的欢迎仪式最完美。

二

2008年4月8日，经中央批准，北京奥运村和残奥村设同一个村长工作班子，由全国人大常委会副委员长、北京奥组委副主席陈至立同志担任村长，由北京市人大常委会主任杜德印同志担任负责常务工作的副村长，中国联合国协会会长陈健同志、国家体育总局副局长于再清同志、北京市副市长程红同志、中国残联副理事长程凯同志、中共青岛市委统战部部长藏爱民同志、全国人大常委会香港特别行政区基本法委员会副主任委员梁爱诗女士担任副村长。

奥运村（残奥村）运行团队成立于2008年1月10日，杜德印同志任运行团队主任。运行团队下辖住宿、餐饮、安保、交通等14个专项团队，各专项团队逐层分设各业务口和岗位在赛时总人数达到27510人，其中受薪人员1020人，志愿者5263人，合同商人员21227人。运行团队从始至终做到按制度办事，用制度管人、管财、管物、管权，要求明确、程序规范、责任到位，为奥运村各项工作顺利运行奠定了基础。

奥运会期间，村中共接待来自各国和地区的120余位贵宾和90个政要团，其中包括国际奥委会主席罗格、国际奥委会终身名誉主席萨马兰奇、法国总统萨科齐、俄罗斯总理普京、英国首相布朗、日本首相福田康夫、澳大利亚总理陆克文、以色列总统佩雷斯、菲律宾总统阿罗约等贵宾。

北京奥运村和残奥村分别举办了62个场次204个代表团和47个场次147个代表团的入村欢迎仪式。这些仪式由于组织得力，衔接顺畅，庄严隆重，气氛热烈，操作无误，秩序井然，报道良好，受到了各国家和地区的首脑、嘉宾、官员、运动员、教练员的交口称赞，被誉为有史以来最精彩的奥运村和残奥村入村欢迎仪式。村中"和平友谊墙签名活动"共接待各国家和地区贵宾、运动员、教练员、访客2500多人次，其中包括多位世界著名运动员。他们的到访和签名，激励着热爱奥林匹克运动的人们为维护世界和平尽到一份责任。

三

奥运村（残奥村）运行工作的核心，是为村民营造一个安全、舒适、方便、和谐的赛时之家，因此，做好服务工作是关键。在运行团队全体成员的共同努力下，村中的服务工作成绩优秀：

（一）住宿服务屡创新高。奥运会期间，运动员村在住宿高峰期共接待了来自204个国家和地区的14409名运动员，仅8月5日最高峰的一天就接待了97个NOC代表团的10343名运动员。如按北京市的饭店平均数值计算，奥运村的接待量相当于92家饭店的接待量，打破了历届奥运会的纪录。

（二）餐饮服务细致周到。餐饮服务是村民最关心的服务项目之一。2万平方米的餐厅可供5000名运动员、代表团官员和1000名工作人员同时用餐。其中，运动员餐厅主要以自助形式提供各种冷热食品和饮料，24小时服务，共有8套菜单，菜品每8天循环一次，共提供460余种菜品，是历届奥运会最多的一次。

（三）交通服务堪称一流。运动员村出色地完成了两个奥运会开、闭幕式的交通组织工作。以奥运会开幕式前的村中人员集结为例，我们用1小时40分钟完成了村中1万多名运动员的集中和运输工作，比往届奥运会的同类工作缩短了2个多小时。村中开通了3条循环班车线路，发车2万辆次，运客27万人次，村内行驶近4万公里。运动员班车站运行2万多车次，运送人员近20万人次。欢迎中心和访客中心共引导、调度车辆1.3万辆，接受咨询近万人次。

（四）安保服务万无一失。村中安保人员共检查入村人员证件164万次。同时，在204个国家和地区的奥运会代表团、147个国家和地区的残奥会代表团共计109场升旗仪式过程中，在22场"和平友谊墙签名活动"、18场文艺演出过程中，在120余名贵宾光临奥运村（残奥村）后，安保人员均出色地完成了各类警卫及勤务工作。

（五）商业服务备受欢迎。村中商业街人气兴旺。其中首推其最的特许商店累计接待顾客10万人次。另外，邮政服务、银行服务、电信服务、美发沙龙、民间手工艺制作、中文学习区、联想网吧等特色服务，也受到运动员、官员及媒体记者的普遍欢迎。

（六）医疗服务大获好评。村中综合诊所共接待病人1万多人次，就诊者最多的前几位诊治科室依次是理疗、运动医学和创伤、内科和口腔科，患者包括各国家和地区的7000多名运动员和官员。医护人员做到了无医疗差错和事故，无传染病漏诊，获得各代表团的一致好评。残奥会期间，村中全天候提供假肢轮椅维修服务，使残疾人运动员的生活与竞赛得到最大程度的保障。

2008年9月20日，北京奥运村历经两个月的全天候运行，圆满完成了北京奥运会和残奥会繁重的接待服务任务。村中优美的环境、温馨的服务、有序的组织、顺畅的运行，博得了各代表团和媒体记者的广泛赞誉，受到了国际社会的高度评价。其中最具代表性的赞誉是：国际奥委会主席罗格先生认为，北京奥运村是世界上最好的奥运村。国际残奥委会主席克雷文也专门致信陈至立村长说，残奥会建筑一流，饭菜可口，交通方便，而最重要的是，人们很友好且工作高效。

衣食住行酿温馨

衣食住行
釀溫馨

村中万人交响曲

—— 记奥运会开幕式前的大集结

2008年8月8日，
岁月的年轮将铭刻它的印记——
7年前，世界给北京一个机遇；
今天，我们还世界一个奇迹。
历史的画卷里，
有奥运村人浓墨重彩的一笔。
没有功名利益，没有惊天动地，
我们是一个默默奉献的集体。

气势磅礴

开村那天，
最先升起的是五星红旗。
为了祖国，
我们恪尽职守，同心协力，
编织起快捷高效的交通运行网，
精心的服务赢得了高度赞许。

然而，挑战仍在继续，
我们将要迎接开幕式前万人集结的重大战役。
为确保安全、准时、有序，
同志们忙碌在烈日下、风雨里。
一次次现场测量踏勘，
精心推敲车队的排列，警戒线的设立。
深夜里，科荟路上画出一个个停车标记。
多少个夜晚，办公室的灯火不熄，
反复斟酌集结方案。
疲惫，责任，压力；
发火，争吵，委屈。
她悄悄抹去眼角的泪滴，
他拼命驱赶袭来的困意，
工作仍是马不停蹄。
团队领导高屋建瓴，给予指导鼓励。
战斗中我们经受了锻炼，加深了友谊，
凝聚各部门心血的方案最终确立。

8月8日下午，
奥运村好像屏住了呼吸，
科荟路上空空荡荡那么静寂，

只有白色隔离护栏立在那里。
部队志愿者跑步赶来，
像一阵蓝色旋风骤然刮起，
转眼间千米护栏随之而去。
指挥员各就各位，警戒线整齐划一。
军警民并肩战斗，共同筑起安全的大堤。
2200名战友进入前沿，
上万名战友坚守着阵地。
攻坚战即将打响，
杜主任挂帅亲临现场，
胸有成竹，指挥若定。
各部门按照方案高效运行，
就像一台性能绝佳的计算机。

204名团长签收了详细的集结信息，
360辆大巴车准备就绪。
万事俱备，只待集结号令响起。
现场指挥员一声令下，
庞大的车队如钢铁长龙，
风驰电掣驶向集结地。
交通民警动作麻利，
停车入位，车队排列迅速整齐。
车辆编号格外醒目，NOC的彩旗张贴在车里。
就近集结，方便登车，
人文关怀渗透到点点滴滴。
公寓服务生奔走在每个楼层，
通知登车的运动员数以万计。
轻轻的叩门声，温婉的提示语，

回响在一幢幢楼房里。
运动员餐厅气氛热烈，
美味佳肴给每个人再添活力。
凉爽的室温，舒适惬意，
"请准时登车！"——广播里反复着提示话语。

为了参加奥运会开幕大典，
运动员们衣着华丽。
壮观的车阵让他们兴奋惊奇，
纷纷举起了手中的摄像机。
交通指挥车的高音喇叭响起：
"第一批车队即将出发，请抓紧时间登车。"
西班牙人热情奔放，火红礼服别样美丽。
他们因精心装扮而延误了登车时机。
突发情况，考验我们的应变能力。
指挥部当机立断：
车队按时出发，启动应急程序。
警戒线拉起，第一批车队浩浩荡荡驶向鸟巢，
没有上车的人万分焦急。
瞬间应急车紧随而来，
如此神速，令掉队者感叹不已，
西班牙的姑娘、小伙儿欢笑着乘车而去。
NOC助理高举引导牌，
又引领一队队运动员来到这里。看——
澳洲团来了，抱着心爱的玩具袋鼠；
非洲兄弟来了，穿着鲜艳的民族礼服；
巴西朋友来了，踏着欢快的桑巴舞步……
奥运村里，五彩缤纷，欢歌笑语。

一批一批的车出发了，
一批又一批的车跟进了，
多么壮观，多么严密。
现场指挥从容果断，
电台里发出了命令信息：
"交通各小组注意，报告登车情况。"
"请NOC助理抓紧引导登车。"
"中心区指挥所，
奥运村第六批车队集结完毕，请求出发。"
"各岗位注意，车队马上出发，拉起警戒线。"
900米长的警戒线又一次整齐地拉起。
每一位安保人员和部队志愿者，
还是那么精神饱满，神采奕奕。
他们为安全护航，再一次向车队行着注目礼。
最后一批车队出发了，
战友们向运动员挥手致意。
滚滚车流载着欢呼声离去，
宣告着万人大集结的圆满胜利。

如此规模宏大的集结，
如此复杂的系统工程，
204个代表团，360辆大巴车，13000人啊！
集结运送安全有序，仅仅用时100分钟，
奥运村人创造了奇迹。
代表团纷纷称赞：
"非常精彩，非常神奇！"
"谢谢你，北京！"五大洲朋友的感激发自心底。

为了百年奥运，为了梦圆北京，
为了奥运村的荣誉，为了我们的战斗集体，
我们心中有一份沉甸甸的责任——
按最高的标准去努力！
我们履行了诺言："甘愿苦和累，奉献奥运会。"

大家累了，黑了，瘦了，病了，
但是人生能有几回搏，我们值了！
感谢你，默默奉献的战友，
成功的背后有他，有我，也有你。
感谢你，坚强的领导集体，
指挥我们成功地演奏了一首气势磅礴的交响曲。
感谢你，亲爱的祖国，
给我们创造了报效国家的百年机遇。
我骄傲，我是中国人。
我骄傲，我是中国第一代奥运村人！
（交通服务团队、村长办公室丁宝生、熊九玲、
舒丽萍、孙治萍等供稿）

8月8日之夜的守候

8月8日，夜幕降临，举国上下，万人空巷。全球数十亿人在一同观看北京奥运会开幕式电视直播。此时，奥运村工程与物业保障团队的2000多名员工，坚守在自己的岗位上，无暇目睹开幕式的精彩。他们在守候，准备应对开幕式后万余名运动员集中返回对奥运村运行可能产生的强负荷冲击和压力……

环境保障组：在科荟路等主要出行道路加密设置果皮箱，每20米配备1名保洁员；园区内增设3处应急垃圾存放点，全力应对运动员离村与返回后造成的瞬时垃圾量剧增。

电梯保障组：精心保养完毕全区205部电梯，每部电梯都达到万次磨合，此时停在公寓首层，静候各国代表团返回。

热水保障组：把太阳能集热系统的高、低温水箱储满，并把燃气锅炉房的水温比平时调高5摄氏度，按最大设计容量准备热水，以满足运动员从开幕式现场回村后对洗浴热水的集中需求。

制冷保障组：保证水源热泵中心机房中4台5兆瓦的热泵机组处于最佳运行状态，并预留30%的制冷能力，用以随时应对特别闷热气温所带来的制冷压力。42栋公寓9993个房间的14000余个空调风口，现已吹出缕缕凉风，室温已保持在23摄氏度以下，这是运动员返回就寝的最佳适宜温度。

设施保障组：所有设备机房安排双班值守。运行人员全神贯注于每一个控制屏、计量表和加密记录设备的运行数据，并定时对所有机房外的设施加密巡视且记录相关数据，确保所有设施运转正常。

电力保障组：巡视全区53栋楼的派接室，在1#至10#配电室里观测仪表，监视电力参数的变化。要使奥运村明亮的灯光与闪烁的星光和绚烂的礼花交相辉映，欢迎参加完开幕式的运动员深夜回家。

供水保障组：逐一巡检132台给水泵，机房里的水泵在匀速运转，供水压力表读数保持着设计定值，运动员公寓2万多个用水龙头的供水能力不成问题。

风险调度室：值班调度用电话一遍遍联络外联抢险单位的准备情况……

不眠之夜

开幕式在顺利地进行，我们静静地守候，完成了巡查、值守、测试、就位、待命等各项准备。We are ready!

辉煌的开幕式结束了，日历又翻过一页，对讲机里响起工程与物业保障团队的声音：

8月9日凌晨1点北区报告：运动员已陆续返回，在运动员餐厅用餐，部分人员用餐后返回居住区，情况正常。

凌晨2点指挥长通告：各区观察统计，运动员回房间人数，报告各区情况。

凌晨3点各区报告：返回公寓人数已达90%以上，区内情况正常。

凌晨3点40分风险值班室报告：热水消耗量明显加大，锅炉房热水供回水温度和压力正常，能够保障热水供应；自来水、中水供水压力正常；水源热泵中心机房供回水温度和压力符合设计要求，设备运转正常；各台电梯运行正常……

各国运动员陆续入睡，静谧的奥运村迎来黎明。凌晨4点，对讲机里传来指挥长的声音：各值守岗位、巡视岗位、抢险小组，除留下正常值班人员外，其他人员收队！

奥运村的建筑设施、设备，经受住了使用高峰的严峻考验，工程与物业保障团队完成了开幕式后的守候任务，为开幕式画上了不为人知的完美句号。

（工程和物业保障团队徐亚柯供稿）

为了供电万无一失

　　光阴荏苒，斗转星移，伟大的中华民族满怀豪情地迎来了举世瞩目的世界体育盛会——北京2008奥林匹克运动会，实现了百年梦想，所有国人为之欢呼，为之自豪。富强起来的中国盛装展现在全世界人民面前，这怎能不让人激动呢？

　　北京市电力公司的电力保障人员就是怀着这样的心情进入奥运村，加入到工程与物业保障团队开始相关工作的。

　　2008年7月11日，骄阳似火、酷暑难耐，奥运村电力保障组的全体成员进驻了奥运村。这里设施设备系统庞大，要求技术水平高，工作繁重且责任大，但队员们热情高涨，脸上流露着责任和自豪，早已把闷热与潮湿抛在了脑后。简单整理了行李后，负责人马上召集全体组员开会，布置巡视的分工和各种技术参数的查看记录等具体措施细节，随后带领全体成员走遍村内每个小区检查开闭站、各个箱变、开闭器、派接箱及ATS箱等供电设备。当时有一名组员患有严重的腰椎间盘突出，整夜睡不好觉，连翻身都十分费力。尽管如此，他弯着腰坚持转遍了奥运村的每一个供电设备。只是回到驻地时，他才独自挂起拐杖，休息一下。同志们问他为什么巡视时不挂拐杖，他笑着说，要注意中国人的形象啊！

　　随着开幕式的临近，有关人员对奥运村内的供电设备设施增加了巡视时间和次数。在每天正常三次巡视的基础上，逢阴雨天或有重大活动时，都增加特巡两至三次，必要时安排全天值守。因为当时村内没有其他交通工具，队员们每天都要徒步走上8000米左右，一位当班的老值长双脚都走出了水泡。大家劝他歇一歇，他说："我没事，这比红军长征差远了，我能坚持。"每天，一轮巡视检查下来，大家都浑身湿透，但组员们没人叫苦。大家说：只要供电万无一失，奥运会顺顺利利，我们再苦再累也值。

周密细致

人们期盼已久的北京奥运会开幕式终于到来了。8月8日这天，奥运村内熙熙攘攘。不同肤色、不同种族的各国代表团运动员和官员们组织集结，准备去鸟巢参加开幕式。工程与物业保障团队接到紧急通知，将有300辆接送代表团的大型客车通过西安检门进入奥运村。由于西安检门有两条电缆通过马路沿路面向安检棚的设施供电，橡胶材质的马路能否经得住如此庞大车队的碾轧，是我们关心的重点。团队负责人紧急部署，增派队员分两批对西门设备进行不间断看护，并要求他们在指挥车辆慢行的同时，利用车队通过的间隙及时整理和维护马路。

当最后一组车辆安全通过时，队员们擦擦脸上的汗水，露出了朴实的笑容。他们就是这么一群平凡的人，干着平凡的奥运保障工作，在平凡中孕育着伟大。

（工程和物业保障团队供稿）

督察一日

今天，是北京奥运会闭幕的日子。

整整一天，我们暴晒在阳光下，忍受着30摄氏度的高温在村内巡查，重点部位是运动员驻地、餐厅以及村长院周围。因为今天包括著名运动员在内的各国运动员都要在村内集结、登车，集体开往鸟巢参加闭幕式，而驻地、餐厅及通往特许商店的必经之路又是运动员出入集中的地方。为了劝阻一些追星族围着运动员们签字、合影、交换纪念章，我们就要履行督察职责。

为了给村里居住的教练员、运动员提供一个轻松愉快、舒适有序的居住环境，团队领导把村内纠察违纪的工作交给监督办公室牵头管理，目的是共同维护奥运村的秩序。我们监督办的工作职责中除去对奥运村运行团队的资金、物资使用管理情况进行监督外，还有就是对团队的各类工作人员履行职责、廉洁自律等情况进行监督。村里所有对工作人员的纪律和要求，如上班时间不准到邮局特许店购私人物品，不准强行和运动员合影，不准追逐围观运动员训练，不准向运动员索要签名等等，我们都要带头执行，正所谓"正人先正己"。其实，村子里有很多我喜欢的体育明星，如刘国梁、王皓、张怡宁、姚明、刘翔、林丹、张宁、郭晶晶、福原爱等，但我只能远观他们，因为必须遵守纪律。同时，村内所有的志愿者、合同商、场馆支持人员等的行为也都归我们监督，这责任真的重大。

作为督察人员，我们在维护纪律的同时，还要做

到态度谦和。因为能来村中参加奥运服务的，都是怀着满腔热忱准备无私奉献的，而且很多志愿者没有任何报酬。我们的目的不是要抓到多少违纪者来惩处，而是减少无序情况的发生。每次的督察组会议，领导都会反复强调"一定注意方式方法，化解问题不要激发矛盾"。所以，督察工作看似是在简单巡查，其实很有讲究。说到这里，我讲个小故事。

这事说起来有趣。在运动员驻地，一位胸前挂着长镜头大相机的人引起了我的注意。我在看到他举起相机拍摄某些运动员时，就走过去说道："您好，咱们村子有纪律规定，不允许拍运动员。请您配合我们，给运动员创造一个安静舒适的生活环境。"他马上停止拍摄，一边收相机一边说："小姑娘，还挺严肃认真。好好好，配合配合，收。"后来在办公楼再见面，他说："大督察，有空儿吗？给你看看我在村外拍的照片。"我到他的电脑前一看，呀！他拍的照片太棒了，画面清晰、构图合理、色彩鲜艳、主题明确。他还给我看了他的获奖作品。他说："本来我想多留住一些奥运会的美好瞬间，但为了维护村中良好秩序，只能作罢。"我们俩都笑了。后来，我也把自己拍的一些照片的电子版拿给他，经他调整修饰的照片，色彩、亮度都提高了，人也漂亮多了。他还给我讲了关于摄影和后期制作的一些知识，并鼓励我好好学学。诸如此类交朋友的故事，我们监督办中就有好几个。

话还得说回来，由于今天是奥运会的最后一天，很多运动员就要离开奥运村了，所以来奥运村等候明星运动员的人比其他时间都多，热情也空前高涨。有人正拿着相机等候运动员出现追逐合影，还有人堵着路口和运动员交换徽章，影响了正常通行。我们监督办几个人分别在驻地楼前、驻地路口和餐厅门口三个地方，不停地对那些人提示、劝阻、分流。我说了太多的"请配合我们，谢谢！"还要随时解答有些外国运动员找车找路等各种各样的问题。幸亏这里还有住宿团队的于德斌主任带领几个工作人员和我们一起配合工作，否则我们真有些力不从心了。到下午5点左右，运动员开始集结，准备出村参加闭幕式，景象壮观：几百辆汽车分几列有序地在科荟路由东到西排列。汽车两旁，都是一排安保人员，一排志愿者，还有负责安保抽检的人员，井然有序。

晚上7点左右，各国运动员已陆续登车去往鸟巢国家体育场，运动员驻地渐渐清静下来，我们这才向办公楼走去。等处理完手头的事情，即使我用最快的速度赶到家，闭幕式也肯定不能看全了，真的遗憾。但想起团队还有很多领导和同志都要通宵达旦地坚守在岗位上，我已经非常知足了。

晚9点，我开上车赶紧打开收音机，听主持人解说闭幕式现场的盛况。听着听着，我好像也身临其境，越来越激动，自己的头晕好像也不太明显了。刚上八达岭高速，就听到车窗外轰隆作响，礼花开始燃放。夜色中的天空，被映成红色，那是一片喜庆、祥和、欢乐的红色。

伴着主持人激情的解说，我深深地吸了口气，如释重负。为了这16天384小时的顺利平安有序，奥运村人付出了多少艰辛和努力，又流了多少汗水和泪水？现在终于成功了！我很欣慰，也很感动——感动祖国

的强大，感动村里服务团队战友们的团结，感动奥运的有序，也感动自己的倾情付出。

百年奥运，千载难逢，我幸运地经历了。

夜色安宁

（监督办公室刘红供稿）

900米路段上的人墙

　　2008年8月8日和24日，分别是第29届奥运会举行开幕式、闭幕式的日子，我作为北京奥运村安保团队指挥中心的一员，被分配在指挥部工作。在现场，我看到安保总指挥颜廷武书记神情若定，调动着数以百计的安保人员警戒、验证、疏导，整个工作有条不紊，毫无差错；我看到了运动员有序地上车、出村和安全返村；我看到了颜书记和3位副指挥以及所有安保人员付出的汗水，也看到了每一名安保人员收获成功后的喜悦。

———— 恪尽职守 ————

在村内短短900米的路段上，有7批360趟车次负责接送13000名运动员和官员参加开幕式、闭幕式。身着古铜色服装的团队，打着白蓝色的旗帜，金发碧眼，仪态万千——那是希腊代表团；高挑的身材，身着鲜艳橙色外衣，吸引着无数人的目光——那是哈萨克斯坦的姑娘们；接着还有美国"梦八"、中国体操团队和跳水团队……一批批的耀眼明星从眼前经过，安保人员不时地用英语提醒运动员尽快上车。遇到自己喜欢的运动员，大家只能多看上几眼，没有一个人上去要求与自己的"偶像"合影或索要签名，每一个人都严格地遵守着工作纪律。

住在村中的运动员和官员能够按时、分批次登车，就保证了他们能按时、分批次到达国家体育场和从体育场返回村中。这是确保开幕式、闭幕式顺利举行的先决条件，也是我们安全保卫工作的重点。为此，安保团队和交通团队、对外联络团队经历了不下20余次磋商后，终于确定了调度360辆车接送13000名运动员的方案。为了防止未登车的运动员穿越车行道发生事故，800多名安保人员由北至南组成4道人员隔离线。他们手拉着手，将零散的运动员和成队的班车分隔开，一起守护着现场的安全。站在马路中间的我，在体验着浩浩荡荡的车队从眼前呼啸而过的同时，顺势拿起手中相机，记录着战友们辛勤工作的瞬间——那些被高速气流带起的裤脚，那些被汗水打湿的衣襟，那一双双拉紧的手……他们在用实际行动保卫着奥运村在开、闭幕式当日所有运动员的安全。

我脑海中还永远定格着这样一幅画面：为了确保乘坐班车返回的运动员能够接受安检、验证后安全进村，不等开幕式结束，颜书记便走到运动员村中心的十字路口，等候着车队归来。盛夏的夜晚非常炎热。马路上还没有出现一辆班车，出奇的平静。几位指挥又开始了紧张的人员部署，电台里不停地听到"02，03叫"，"02，04叫"，"现场警力部署完毕，一切正常"的呼叫声。忽然，礼炮声声，绚丽多彩的焰火出现在天际，场面异常壮观，人们开始欢呼雀跃，只有颜书记和3位副指挥不动声色。他们眼中的目光提醒着我们：开幕式结束了，但安保的任务还没有结束，运动员还没有回来，一刻也不能大意……

我们安保人员虽然没有机会和亲友一同观看开幕式、闭幕式的盛况，但我们同样为北京奥运会的成功举办感到兴奋，因为在这两个难忘的日子里，我们曾在奥运村内，用自己的身体组成了900米长的人墙。它象征着安保团队的全部工作准确到位，我们一丝不苟地履行了确保"平安奥运"的诺言。

（安保团队何潇供稿）

别样的闭幕式

对大众来说，北京奥运会的精彩、华美、娴静和繁华像一部电影。当电影结束时，一个个角色，一句句台词，一幕幕场景，一个个故事，会不断在脑中闪现。但对我而言，另一场奥运会的"闭幕式"更为闪光……

8月24日，北京奥运会以出色的组织、筹办，经过"无与伦比"的开幕式和16天紧张、激烈、精彩、有序的赛事，凭借"最好的奥运村"内最好的服务，圆满落幕。然而，故事未完，一个别具特色的"闭幕式"正在奥运村20000平方米的运动员大餐厅内上演。

晚12时，伴着鸟巢上空绚烂的焰火，我们早早地就与大餐厅的员工们一起，站在下午费心打扮一新的餐厅门口整装列队，欢迎凯旋的运动员们。当第一名返村来到餐厅的运动员进入餐厅时，我们开始鼓掌、欢呼，庆祝活动也拉开帷幕……

每个进入餐厅的运动员都是我们眼中的明星，每一声"你好，欢迎！"都发自我们的内心。这份真诚、热情和友好很快感染了前来就餐的各国运动员：德国运动员与我们击掌庆贺；美国运动员与我们相拥而笑；日本运动员用并不流利的汉语向我们大声说着"谢谢，加油！"俄罗斯运动员加入我们的队伍，学我们的样子说着"你好"。更有一个可爱的帅小伙问候我们"早上好！"本想纠正一下，可转念一想零点已过，真的大早上了，便也凑着热闹回了一句："早上好！"巴西美女们爱极了我们的红色制服，拉着我们要换衣服，成交后迫不及待地穿在身上合影留念，虽然大小不那么合适，但最重要的是镜头前那张灿烂的笑脸格外动人；非洲的朋友最可爱也最热情——他们一路跑来与我们击掌，在我们的欢呼声中热情起舞，那份淳朴和自然，那份激情和魔力让我们情不自禁和他们一起共舞……

不久，我们看到身着红黄相间运动服的运动员走来，大家的神经都兴奋了，中国运动员来了！我们伴着餐厅内欢快的音乐，齐声喊着这些英雄们的名字，"陈燮霞，好样的！""中国女排，加油！""张怡宁、王楠，加油！""姚明，加油！""欢迎你，佟文！"我们在心里暗语："姚明好高，很有外交家风度"，"女排队员多漂亮"，"张怡宁和王楠真像姐妹"，"陈燮霞看着就是小妹妹"……他们与我们击掌、拥抱。那一刻，他们不就是邻家的哥哥姐姐、弟弟妹妹吗？中国代表团的官员停下脚步，认真地说："谢谢你们，辛苦了，金牌上也有你们的一份付出！"那一刻，我们泪湿眼眶，倍感温暖。

厨师们也在欢快的音乐声中出来助兴。这些幕后英雄们排着队，载歌载舞，再次点燃了餐厅内的欢快气氛。运动员们围着他们欢呼、尖叫，与他们合影，为他们拍照。餐厅在那一刻变成了欢乐的海洋，俨然正举行着世界上最欢快、最热闹、最盛大的party，空气中弥漫着温馨、喜庆，每个人都发自内心地微笑着、欢呼着。

party最高潮出现在美国"梦八"篮球队前来就餐的那一刻。看到这些原本远在天边此时却近在眼前的巨星们，各国运动员们也沸腾了，他们也像普通人一样，蜂拥到餐厅内麦当劳群餐台前面，给科比拍照，

与基德合影，找詹姆斯签名，跟随着这些巨星，兴奋得像孩子一样。而科比、基德这些明星们此刻也乐于享受王者般的追捧，配合着合影、签名。看着这难得的"星追星"的场面，我们也是开心得不亦乐乎。

那一刻，我们离这些明星们那么近，仿佛久违的朋友，不陌生，不紧张。他们就是我们中的一员，与我们一样爱唱、爱跳、爱吃烤鸭，一样真诚、善良、热爱和平。此时此刻，此情此景，国别、信仰、种族的不同都似乎消失了。我们都是一家人，只是住在不同的地方。现在，大家在奥运村的这个大餐厅内团圆了⋯⋯欢快的party一直持续到凌晨3点，人们才意犹未尽地离去。这些远方的朋友在奥运村的最后一晚，因我们的出色工作而多了一份留恋和精彩。

我们就是这样以真诚和友好举办了一场别样的奥运会闭幕式，这是一个真诚、温馨、感人的奥运故事，其中的林林总总、千姿百态都历历在目⋯⋯

欢乐时光

（餐饮服务团队刘迪供稿）

村内中秋月圆时

2008年9月14日，中秋节，这一天平凡又不凡。

说它平凡，在于和往年一样，大街小巷充满了各式各样带有吉庆色彩的月饼盒和人们的笑脸。说它不凡，此时正值奥运圣火已经熄灭、残奥圣火熊熊燃烧之际，39名奥运村（残奥村）餐饮团队领导和员工们连续作战，放弃了小家的团聚而相聚在村里，在不同的岗位上为这个"地球村"村民大家庭的团聚、共享中国传统文化而忙碌着。我们在奥运村（残奥村）运行团队的领导下，与各相关单位紧密合作，把奥运村（残奥村）餐饮服务由难点变成了亮点，由热点变成了闪光点，得到国际奥委会、国际残奥委会、各国运动员、官员及有关领导和专家的好评。下面，我"回放"几组中秋节这天的精彩"镜头"，以展现第一代中国奥运村（残奥村）餐饮人的风采——

镜头一：中秋节早8点半，团队办公室

团队餐饮副主任、餐饮部总经理徐玉伟,参加完7:30召开的NOC代表团长会议后，匆匆回到办公室，与奥运村二级高级项目专家、餐饮部常务副总经理刘小虹，餐饮部副总经理崔勇、王翠霞一起研究落实近期的重点工作。自2008年1月餐饮团队成立以来，无论是在奥组委的B楼、数字北京大厦，还是在搬到奥运村(残奥村)后，面对着诸如团队组建、餐饮服

务运行计划制定与落实、食品的安全与供应、餐厅的建设工期、卫生设施及存包设施的增补、餐厅温度的调整、北京烤鸭的供应、清真餐与斋月服务、安全保卫、卫生防疫、物流交通、消防安全、垃圾清运、饮用水供应、中外贵宾的接待等涉及到方方面面的问题，都要通过召开这样的无数次会议来解决。

今天，几位经理重点研究的议题是：充分利用中秋佳节良机，在运动员餐厅内搞一次大型联欢活动，使五湖四海的运动员在团圆、和谐的气氛中，更加强烈地感受到"同一个世界，同一个梦想"的深刻含义。具体方案确定后，徐玉伟总经理又被市领导招呼走，其他同志向主餐厅奔去……

镜头二：中秋节早8点35分，奥运村北区主餐厅

这里是号称"世界上最大"的餐厅，21000平方米的面积，共有5000个座位。第一次进入这个餐厅的人大多是用"震撼"来形容自己的感觉：十几条粗大的白色冷风管笔直地横跨在天花板下，周边悬挂着飘浮的巨大彩带尤显壮观；23摄氏度的室温，使从8月、9月骄阳下进入餐厅的运动员们顿感凉爽、舒适；长达100余米的"锅墙"，使运动员们能亲自听见、看见、闻见美味食品的烹饪过程；同样长达100余米的取餐台更是琳琅满目，使人胃口大开。主餐厅在奥运会及残奥会期间24小时全天开放运营，以自助形式提供各种冷热食品和饮料，共提供8套菜单，每8天循环一次，总计460余道菜品。菜品供应分3种风味、4个餐台区——两个地中海风味餐区、1个亚洲风味餐区、1个国际风味餐区。另设两个冷餐台，提供各类熟食、奶酪、沙拉、水果及甜品；

还设5个饮料台，提供咖啡、果汁、可乐等饮料。此外，主餐厅提供32种清真菜品、3种适合于所有素食者的犹太菜品。

8点35分赶到主餐厅的刘小虹、崔勇、王翠霞，与负责主餐厅的爱玛客/首旅的负责人谢宗武、张清晨等人在一起紧张地布置中秋文化展示台：古朴的苇帘铺在桌子上，苇帘上散堆着吉庆的明黄色的绸布；散发着草香的果篮半倾着，似瀑布般流下红色、黄色、绿色的各种水果；各式各样精美的月饼争奇斗艳，甚是夺目。展示台旁摆放了两个用中、法、英3种文字介绍中秋节和月饼来历及文化内涵的宣传牌。主餐厅经理李嘉军和经理助理薛晶驾驶着电瓶车去中华茶艺室运来了古筝和中国传统民乐CD盘。霎时，展示台成了餐厅一景，各种肤色的运动员云集于此：有的认真看着宣传牌，并用笔记录着；更多的人是把展示台作为背景，和弹奏古筝的小姑娘合影……此时，几千块月饼已经安排好按时间段在取餐台进行摆放。

—— 未成曲调先有情 ——

很快，办公室副主任王黎东操作起了音响设备，主餐厅顿时响起悠扬的古筝声，整个餐厅充满了中国传统文化的悠悠典雅之情，其意浓浓，其乐融融……

镜头三：中秋节晚9点，北区主餐厅

老天突降大雨，餐厅副经理李军、陈威带领志愿者们，配合爱玛客/首旅的工作人员紧急清扫着餐厅门口的地板，防止地板溅水湿滑，给运动员们带来危险。此时，餐厅的备用伞已被取完，看到许多用过餐的运动员无奈地望着雨空而无法返回宿舍，他们又赶紧把一个个

大塑料袋底部中间挖空，赶制"临时雨衣"，为运动员们套在身上，此举带来了阵阵欢笑。这种"临时雨衣"在多雨的奥运会、残奥会期间，竟然成了奥运村中的一景，带来了意想不到的乐趣。

晚9点半，观看完"残奥村中秋晚会"的国际残奥委会主席克雷文，在残奥村副村长程凯陪同下，乘坐轮椅冒雨来到餐厅看望运动员并用餐。总经理徐玉伟、常务副总经理刘小虹，向他们汇报着餐厅为方便残疾人运动员就餐所采取的一系列措施。克雷文和程凯连连点头，称赞这些细节工作做得很好，真正体现了"两个奥运，同样精彩"。

镜头四：中秋节深夜11点半，月光下的残奥村

夜深了，雨悄悄停了，月亮终于露出了圆圆的笑脸。月光下的残奥村更显静谧，餐饮团队的兄弟姐妹们仍然坚守在岗位上。月圆之夜，他们没能与家人团聚。他们之中，有的爱人刚刚查出癌症，有的亲人刚刚去世，有的孩子很小需要看护，有的老人生病需要服侍……而他们为了"地球村"村民们的团聚，很难腾出更多的时间和精力去照顾家庭，但能够补偿他们的，不仅是中秋节的精彩，还有村中餐饮工作创下的奥运会历史上的世界之最——团队全体成员出色地组织运行了规模最大的奥运村餐厅，创造了接待用餐人数和单日供餐数峰值最高的纪录，以及餐饮服务无事故、无失误、无投诉的"三无"纪录！

（餐饮服务团队崔勇供稿）

北京烤鸭真好吃!

北京烤鸭一进入奥运村主餐厅，便立即受到各国运动员的热烈欢迎。

《奥运村村报》第12期第3版和《残奥村村报》第9期第2版，均以整版篇幅图文并茂地报道了各国运动员喜爱北京烤鸭的动人故事。文章说：如同韩国泡菜、日本寿司和意大利比萨饼一样，北京烤鸭作为北京奥运会运动员主餐厅本地食物的亮点，获得了来自世界各地运动员的喜爱。

来自澳大利亚的200米仰泳选手阿什莉·德兰尼说："烤鸭太好吃了，我在我们国家从来没有吃过。"在残奥村主餐厅，来自美国的卡特瑞特一家品尝着北京烤鸭，其乐融融。父亲威廉和母亲简，是来北京为他们19岁的小女儿凯丽（女子100米短跑运动员）助威的。凯丽在餐厅里给爸爸、妈妈当起了导游。她说："我已经吃过很多次北京烤鸭了。今天让爸爸、妈妈也尝尝北京烤鸭。"

北京烤鸭不但吸引了诸多国际客人，还颇受中国运动员的喜爱。譬如小巨人姚明、柔道运动员冼冬妹、佟文……都是北京烤鸭的追捧者。当他们在烤鸭餐台取餐时，周围还要围上众多的人群，好不热闹。

国际奥委会主席罗格和国际残奥委会主席克雷文在餐厅用餐时都提出："我要北京烤鸭。"在品尝过卷好的烤鸭后，罗格主席竖起了大拇指说："味道很好。"克雷文主席在签字封上写道："残奥村由于你们的工作而更加美丽。"

供不应求

　　据统计，在奥运会和残奥会期间，约有1.3万只北京烤鸭提供给村中的世界各国和地区的运动员、官员，有近40万人次在享受美食的同时将中国的餐饮文化和北京烤鸭的美誉向全世界传播。

　　北京烤鸭的原料选自北京填鸭，根据烤制的方法可分为挂炉烤鸭和焖炉烤鸭两种。蜚声中外的全聚德烤鸭属于挂炉烤鸭，采用明火烧果木的方法烤制而成。烤鸭成熟时间为45分钟左右，其成品特点是：皮质酥脆，肉质鲜嫩，配以荷叶饼、葱、酱食用，腴美醇厚，回味不尽。全聚德的北京烤鸭既是中华餐饮文化中的精品，又是中华非物质文化遗产的代表。

　　回想起来，北京烤鸭进入奥运村主餐厅，还费了一番周折呢！依据《国际奥委会的技术手册》的相关条款，2008年北京奥运会将北京烤鸭列入了奥运食谱，圆了中国餐饮人的梦。但是如何将北京烤鸭的制作引入奥运村运动员餐厅呢？市委、市政府和奥运村运行团队的领导以及全聚德人对这个问题反复研究。由于各种原因，最初有关方面准备采用真空烤鸭成品提供给奥运村餐厅。我们则强调，只有现场烤制的北京烤鸭，才能展示中华餐饮文化精品的味道和中华文化遗产的形象，而真空烤鸭代表不了北京烤鸭。奥运村餐饮运行团队组建以后，我们多次向奥组委各部门和市政府相关单位反映现制烤鸭和真空烤鸭的区别，表明现场制作的条件是可以创造的，宣传推出原汁原味的北京烤鸭对本届奥运会的重要意义。

功夫不负苦心人，2008年4月7日，市政府陆昊、程红副市长在专题会上听取了姜俊贤董事长、邢颖总经理和相关部门的意见，确定放弃真空烤鸭，明确在主餐厅创造条件解决烤鸭现场制作问题。经过首旅集团、全聚德公司、美国爱玛客公司、奥组委工程部、运动会服务部等多方努力，6月份在主餐厅建成了160平方米的烤鸭工作间和晾坯间，带有全聚德标志的烤鸭炉进入了奥运村主餐厅大厨房，保证了每天几百只现制烤鸭提供给各国贵宾、运动员和官员，得到了大家的一致好评。

北京烤鸭在奥运村、残奥村的成功，离不开各级领导的重视、支持和帮助。陈至立村长多次视察主餐厅，嘱咐要把北京烤鸭宣传好。在残奥会闭幕的那天晚上，陈至立村长来到主餐厅和餐饮团队的工作人员一起庆祝成功，并同我紧紧地拥抱。她说："奥运餐饮工作得到广泛好评，你们做出了贡献。"杜德印副村长关心北京烤鸭未来的发展，在同美国爱玛客公司总裁

的交流中，提出了要把最受欢迎的北京烤鸭带到下一届奥运会的举办地——英国伦敦。程红副村长每次到主餐厅看到北京烤鸭受到众多运动员的欢迎和喜爱时，都流露出由衷的喜悦。程凯副村长在接待罗格先生和克雷文先生时，主动邀请他们品尝北京烤鸭。吴京汨常务副主任和梅蕴新常务副主任要求主餐厅全力保障北京烤鸭的制作和货源供应。这一幕幕的场景，这一句句的肺腑之言，都体现了中国第一代奥运村人对北京烤鸭的关注和钟爱。

美国爱玛客公司总厨师长道格先生说："本届奥运会运动员餐厅美食大受欢迎，同北京烤鸭把运动员和官员的胃口吊起来有很大关系。今后的奥运会餐饮菜单只有保留北京烤鸭才可以，因为大家都爱吃现场制作的北京烤鸭。北京烤鸭一定能成为世界美食！"

（餐饮服务团队刘小虹供稿）

茶香伴舞为君来

　　奥运村中国茶艺室，共有服务人员30名，其中"中华茶韵"舞蹈表演人员9名。自7月27日奥运村开村至9月20日残奥村闭村，中国茶艺室共计接待了150多个国家和地区的官员、运动员、记者、访客4000余人。我们以丰富的茶文化展示吸引着各国友人，让每一位走进中国茶艺室的客人都能欣赏、了解到中国茶文化，品尝到独具特色的中国茶。我们的特色服务赢得了各国友人的赞赏，让他们在这里感受到中国人的热情，感受到中国茶带来的宁静与和谐。

精心准备送茶香

　　自接到2008年北京奥运会奥运村中国茶艺室运营任务后，张一元公司按照奥组委要求，坚持高起点、高标准，追求高水平、高质量，全力以赴做好奥运村中国茶艺室各项筹备、组织、保障工作——1月份开始报送奥运茶馆运营方案，经过12次修改，于4月底审定；5月12日正式与首旅集团签订"运动员村中国茶艺室运营项目"合约；6月15日完成整体装修；茶室家具、音响等运营设备也在奥组委要求的时间完成移入工作，确保了奥运村国际商业街的整体运营。

茶香袭人

　　为确保奥运村中国茶艺室提供的产品能充分展示中国茶的特色并保障食品安全，王秀兰董事长亲自把关，对提供给奥运村中国茶艺室的茶叶进行了严格甄选。所选

茶品均为各省市名优茶类，是有机、无公害标准茶叶及在行业评比中获奖的品种，具备中国茶的特色，经过北京市茶叶质检站严格检测合格后，按每泡用茶量，又经无菌车间密封包装，以保证茶叶在饮用前不受污染，确保食品安全万无一失。

为确保奥运村中国茶艺室的正常运营及高质量服务，我们通过层层选拔和基础考核，确定了进入奥运村的服务人员30名。公司对选拔出的人员进行茶艺技能、日常英语对话、手语、奥运会和残奥会知识、国际礼仪等方面的系统培训，以提高他们各方面素质，确保能为奥运村内各国运动员、官员及记者提供高水平服务。

茶香吸引八方客

奥运村中国茶艺室是中国传统文化及北京古都人文风貌在奥运村中的代表之一，它向世界展示中国茶文化的博大精深，展示中国人对茶的崇敬与热爱。茶艺室的全体员工尽心尽力、尽职尽责，以微笑迎接每一位顾客，以热情服务每一位顾客，以专业的技能知识向每一位顾客传播着中国传统文化。

有一位美国客人第一次到茶室饮茶，对中国茶不是很了解。服务员刘濛濛不厌其烦地用英语为其讲解，从茶的起源讲到明代茶的兴盛，直至现代茶的特点与品类。这位美国客人听得津津有味，第二天又来品尝其他茶品。

有很多外国朋友不了解茶，看到茶室却不知道其功能性。我们要求在门口的领位人员要积极主动地向客人介绍茶室的服务内容，邀请客人到茶室观看表演、品尝香茶，让客人通过感性认识了解中国茶艺室，了解中国茶。为此，我们还特制了"一拉宝"展示架，图文并茂地介绍茶艺表演和茶舞表演及其表演时间，同时在每个桌位上增加具有京味特色的中英文茶单，让客人一目了然，在最短时间内了解中国茶艺。

马来西亚射击队的领队在茶艺室品尝柚子花茶后，对我们的茶叶品质和茶艺服务赞不绝口，并用中文写下："我很留念中国茶艺馆。她们服务周到，茶的品质也非常清香。谢谢！"一位经常来饮茶的美国朋友为自己起了一个中文名字"张快乐"。他说自己很喜欢中国，更喜欢中国文化，尤其到茶室品茶更是让他流连忘返，"快乐"表达了他在中国的心情。在欣赏了独具民族特色的茶艺表演之后，张快乐先生还兴致勃勃地向中国茶艺室工作人员学习古筝演奏。每一个中国元素都吸引着他，每一点中国文化都让他感到欣喜。走入中国茶艺室的各国运动员，无一不被中国的传统茶文化所感染。看着各国运动员给我们的留言，茶艺室全体工作人员都将苦和累抛到了九霄云外。

在所有人为奥运会的成功落幕而欢呼雀跃的时候，新的任务——"服务残奥会"，又给我们提出了更高的要求。我们在茶艺室里减少座位，加宽通道，增加轮椅坡道，制作中、英、法3种语言的盲文茶单。我们服务残奥会的目标是：不管哪类残疾人运动员光临，我们都会通过细致周到的接待，不让他们在茶室留下任何遗憾。

我们提供了特殊的"一对一服务"，保证残疾人运动员能品尝到高品质、有特色的中国茶。对于脑瘫及上肢残疾的运动员，闻香、品茗有很大难度，但我们并没有缩减服务流程，服务员把茶杯端到运动员的面前，一边让他们赏茶，一边放慢语速向他们介绍茶叶的特征。为方便残障运动员饮茶，服务员一点一点地把茶水滗出，然后分到小杯子里，既使茶叶与茶汤分离，也降低了茶汤的温度。运动员们对茶室人员这样细心的做法表示了极大赞赏。这样做，要比平时多用不少茶杯，增加了我们的工作量，但是能让残疾人运动员满意，这就是我们最大的快乐。

在接待盲人运动员时，我们严格按照盲人引导的要求将他们领到座位上，告诉他们面前的桌子是中国传统的八仙桌，桌上摆放的茶具是北京盖碗，上面有中文的"福禄寿喜"字样，并拉着他们的手感受每一样摆在面前的东西，然后拿来盲文茶单，让他们挑选自己喜欢的茶品。一次，一位日本客人来到茶室，想体验一下中国茶，还非常想看茶艺表演。当时没有其他客人，我们决定为他一个人表演茶艺。当我们准备茶具时，客人又提出他的视力非常弱，一只眼睛视力为零，另一只眼睛只有近距离才能模糊看到东西。知道这种情况后，服务人员主动将茶具摆在客人面前，随着优雅的古筝曲，茶艺师完整地展示了花茶的冲泡过程。日本客人非常高兴。在交流中我们知道他是66公斤级柔道亚军，他还拿出了他的银牌与我们合影，我们也很欣慰。

在奥运会和残奥会期间，中国茶艺室为顾客提供了150场茶舞表演。我们心中的一个目标是，让更多的国际友人了解中国文化，让中国茶文化深入人心。

甘为茶香付辛苦

在奥运村工作的人员都为参与奥运而自豪，以服务奥运为职责，以奉献奥运为快乐。中国茶艺室进驻奥运村，奉献精神也跟随每一位工作人员来到村中。

开村前几天，由于饮食不习惯，有的员工开始胃疼，但他们没有请假，依然坚守在工作岗位。郭璐是茶室工作人员中年龄最小的，由于工作劳累，内分泌严重失调。医生给她开了3天假，让她在家好好休息。但她为了不耽误工作，没有把假条拿出来，坚持每天上班。苏雪一天早上在来奥运村的公共汽车上晕倒了，但她醒来后依然到奥运村上班。领导让她回去休息，她却说："我没事了，大家都很累。"

在中国茶艺室工作的人员中，纪文飞、刘濛濛是英文最好的。为了更好地为外国朋友服务，她们利用业余时间将茶艺表演解说词翻译出来，有些拿不准的词汇，还通过自己的老师和朋友帮忙校正，直到确保英文解说词准确通畅为止。

茶艺室的每名员工都能克服各种困难，全身心投入工作。脚起泡了，腿肿了，热得晕倒了，累得发烧了，没人有怨言，没人请假，大家仍以微笑和标准的站姿迎接每位客人，用心为每一位到中国茶艺室来的国际友人服务。她们的所作所为，达到了奥运村副村长杜德印同志在开村动员大会上所说的那种境界："辛苦和汗水，只能是我们人生经历的华彩乐章中不可缺少的精彩音符。"每一个娇弱的女孩儿在奥运会面前都变得坚强，变得让人们看到她们都会由衷地快乐，这就是奥运精神。

我们为此而永远骄傲！

(综合服务团队北京张一元茶叶有限责任公司供稿)

人气最旺商业街

2008年7月27日，北京奥运村开村，中国代表团在村里最先升起了五星红旗，商业街便迎来了第一批客人。从此，这条长不足200米、宽仅38米的"村办商业街"，在三四十天内就接待了数十万人次的各国运动员、官员以及贵宾、媒体记者等访客。

商业街各地都有，而奥运村里面积、营业周期、服务对象都如此受限的商业街却是中国第一条。不过，这样小的地方，却承载了25个商业、服务、娱乐网点，有纪念章交换中心、特许商品零售店、信息服务站（失物招领）、中国茶艺室、咖啡屋、书报亭、鲜花店、洗衣店、银行、自动取款机、售票厅、民间手工艺展示区、中文学习区、综合商店、OR@S注册中心、环境信息中心、网吧、洗相店、美发沙龙、电话间、航空售票处、邮政服务、旅游信息中心和移动多媒体等等。它们分处在这条街的3个四合院内，3个院子都有儒雅的名字——综艺苑、博学苑和秋闲苑。

工作人员以亲切的微笑、辛勤的汗水和周到的服务构筑起一道道亮丽的风景线，使商业文化街成为驻村运动员和官员最喜欢光顾的地方。

有空就来商业街

北京奥运村的商业街位于奥运村国际区，是具备生活、休闲、购物和文化交流服务功能的综合社区和休闲场所，也是具有北京传统四合院造型的商业街区。3个四合院入口处都有石狮矗立，店铺的装饰融入了中国传统文化元素。

商业街里名店、名师云集，名品荟萃。特许店准备了11大类4000多种商品。中国茶艺室甄选出西湖龙井、洞庭碧螺春、武夷大红袍、安溪铁观音等15种中国名茶，每天循环表演茶艺、茶舞。鲜花店在全国范围内选出了5名顶级插花技师，特别推出"中国红"花卉。中国民间手工艺展示区有27位民族民间手工艺大师现场制作和表演。中文学习区教外国运动员和官员说中国话，体验中国书法，起中国名字。综合商店销售日用品、工艺品。照相馆提供23套中国民族风情服装进行拍摄服务。美发沙龙提供美发、美甲服务，特别是局部漂染和以奥运会、残奥会标志为图案的美甲服务更是大受欢迎。还有邮局的个性化邮票等，都向204个国家和地区的运动员和官员勾画出一幅具有鲜明的民族色彩的中国商业画卷……所有这一切，使商业街成为各国运动员最喜欢光顾的地方。

北京奥运村的商业街，是来自世界各地的运动员们休闲放松的主要场所。这里许多精心设计的中国元素也让运动员们近距离地感受着古老的中国文化。"村民"们在综合商店可以购买到日常生活用品；银行、邮局解决了"村民"们生活上的各种问题；网吧为运动员和随队官员提供免费上网服务；如果想让自己看上去更精神、更美丽，这里的美发沙龙就可以帮忙，将你的头发和指甲美化。

商业街的中文学习区布置得极具中国特色：进门左手边的墙面上挂着京剧脸谱，沙发上的布帘印着梅花等

图案，室内还摆放着两套毛笔、墨条和砚台……这里还提供为外国运动员起中文名字的特色服务。两位第一次来中国的捷克射击运动员对中文学习区发生了极大兴趣，工作人员按照她们名字的发音，给她们分别取了中国名字"孟凯琳"、"马兰"。起名之后，她们又跟着老师学写毛笔字，握笔的姿势不算标准，但第一次写出的中国字还是有模有样的。

越来越多的外国运动员、官员来到中文学习区，取中国名字，学说中国话，学写中国字。有的人在这里一待就是两个小时，很多人都学会了说"你好"、"谢谢"。虽然各支运动队都处在高度紧张的备战状态，但这并没有影响他们对中文的兴趣。中文学习区每天都迎来很多真诚的"学生"。

民间手工艺展示区里，武强的年画让运动员们爱不释手，数次往返。武强年画的绘、刻、印、镶全部为手工工艺。木版年画《六子游戏图》粗看是三个儿童，仔细看变成六子争头，妙趣横生，各国运动员争相购买。"八仙过海"折扇成为许多外宾选购的珍贵礼品，有的客人先后三次来买，准备带回国去赠送亲朋好友。8月18日，美国跳水教练第五次来到中国民族手工艺展示区，依依不舍地走过每个手工艺大师的柜台前，尽情地欣赏、不停地拍摄大师们的作品。他激动地说："北京奥运会组织得非常好，是我经历过的最好的一次奥运会，北京很棒！"

在商业街，除了可以淘到自己喜欢的纪念品以外，还能直接体验绿色奥运的理念。在纪念章交换中心就可用塑料瓶子换T恤衫。自奥运会开幕以来，每天都有众多纪念章收藏爱好者来这里交换徽章，使这里成为奥运村中人气最旺的地点之一。

美发沙龙来了两位美女运动员，做完彩色的头发，她们要求再做足部彩绘。美甲技师为她们服务时，一下子惊呆了，她们的下肢是假的！技师心情无比激动，为她们精心设计了图案，在每个"趾甲"上涂了红色，在"大脚趾"上还画了精致的粉红色梅花。一名俄罗斯运动员虽然只有一只手，但她仍然喜欢享受这里的美甲服务，后来还提出新的要求："给我头上刻上'五环'。"

塞尔维亚射击运动员斯尼森·维迪奇每天晚餐后，都要坐着轮椅来商业街，逛商店，学中文，聊天，交朋友。他说，虽然在自己的国家常常使用中国的商品，但置身于中国又有了新的感觉，这种既真实又新奇的感觉太好了，让他减轻了备战国际大赛的紧张和压力。

精湛技艺筑平台

奥运村部副部长邓亚萍说过，奥运村所有工作人员的共同目标就是让自远方而来的运动员们在这儿如同在家一样。怀着这样的理念，商业街的员工们苦练"内功"，学习英语交流技巧，熟悉商品知识，了解商业街功能，热情为宾客服务。

商业街有一处民族民间手工艺制作展示区，哈亦琦、陈海莉、张俊显、刘国胜等来自全国各地的27位民间艺术家在这里展示他们的绝活。各种民间艺术品备受各国运动员青睐。造型可爱的面人、泥人，五彩缤纷的布艺，惟妙惟肖的动物草编，充满高原风情的农民画，都令客人爱不释手。北京的风筝，陕西的皮影、社火脸谱等，展示着民间艺术的绝妙和精湛。来这里参观、购物的客人川流不息。民间艺术家的现场制作表演，使得外宾睁大眼睛，满脸惊奇的神情，不由自主地发出了"Very good, beautiful!"的称赞。

泰国大使和夫人来到面塑展台前，为泰国公主挑选礼品。汤加国王储及夫人来了，拿着买下的面塑作品与作者张俊显大师合影留念。古巴女排教练欧亨尼奥为自己的孙子塑像后非常满意，又为自己已故多年的妻子塑像。面塑展台上，体育明星赵蕊蕊、梅西、陶菲克、李宗伟等活灵活现地呈现在人们面前。赵蕊蕊来了，看到自己的塑像非常高兴，望着艺术家不知如何表达自己的感谢。艺术家也望着个子高高的赵蕊蕊，给她鼓劲儿加油："你取得优异的成绩，就是对我的最好的感谢。"赵蕊蕊挥舞着拳头说，全体女排队员一定会去拼搏的。8月10日，北京奥运会中国队首枚金牌获得者陈燮霞和教练马文辉来到面塑展示台，面塑师赠送了他们的面塑作品。8月18日，国家体操队总教练黄玉斌与张俊显大师交谈，为金牌获得者定做塑像。跆拳道世界冠军陈中看到精美的塑像后也要塑上一尊。中国沙滩排球队的张希、薛晨来了，薛晨购买了自己心爱的一身正气、除邪降魔的面塑钟馗……

　　在奥运会和残奥会期间，中国茶艺室、中文学习区、手工艺展示区等都获得了运动员、媒体至高的评价，商业街成了展示中国优秀文化的平台，为两个奥运平添不少赏心悦目的元素。很多媒体称：奥运村国际区的商业街，是一个具备生活、休闲、购物和文化交流服务的综合社区和休闲场所。

　　从商业街这个特殊的平台，来自世界各地的运动员带走了中国的民间手工艺品、奥运邮品、个性化照片等可以赠送亲友的礼品，还带走了"最好的纪念品"——有文化内涵的中国名字，刚学会的中国话、中国字，这是最令他们兴奋又自豪的。商业街留下的是永久的记忆、永远的友谊、永恒的收获。塞内加尔代表团团长奥马尔先生多次到中国银行运动员村支行办理业务，对银行员工高效热情的服务赞不绝口。他与员工以兄弟姐妹相称，带着感谢和眷恋的心情，在留言簿写下"Thank you very much. China Bank is the best bank of the　world"，以示感激之情。加蓬代表团团长也在留言簿上写道："中国银行的服务非常热情，使我非常愉快！"

一位胸前挂满徽章的外国记者说，他喜欢中国，所以换的徽章也都是中国的，并用中文对商业街的工作人员说："北京，太棒了！我不想离开这里，我相信北京奥运村是最好的，你们这里的工作人员也都非常棒！"

情在无微不至中

一踏入商业街，除了琳琅满目的商品和熙熙攘攘的各色顾客，你还可以处处看到微笑——来自运动员的、访客的、记者的，特别是每一位为大家服务的工作人员的。工作人员千方百计为顾客提供更精心、更热心的体贴适度的服务，向全世界诠释着体育运动与人文精神最好的交融。

为了方便残疾人运动员和随队官员、访客参观购物，商业街25个网点都增加了适合不同残疾类别的无障碍设施，突破了经营服务的常规方式。

熙熙攘攘

为便于视力残障顾客选择商品，各店都在显著位置和最佳视觉点上摆放突出残奥元素的商品；在商品陈列方面，平面展示的商品由常规横向码放改为纵向

码放，以便不同高度的运动员选择商品，尤其照顾了坐轮椅的运动员；在购物环境方面，特许商品零售店加宽了主辅通道，主通道足有3.2米宽，辅通道也有1.8米宽，便于轮椅通行和错车，在转角处方便拐弯；在货柜方面，对奥运会期间的商品陈列柜进行了调整，美发沙龙在前区撤掉了10个美发椅，特许商品零售店撤掉13个商品陈列架和1个玻璃柜台；在服务项目方面，仅美发沙龙就新设计出9种艺术美甲图案，如富有中国特色的天地人图案、福牛乐乐图案、心形图案等，并新增残奥标志发型和国家标志发型；在灵活服务上，根据实际情况和运动员需求，顾客在完成本区域的消费时，本区域员工将客人送至下一个消费区域，并与下个消费区域的工作人员交接清楚，形成链接，使接待服务无间断。我们还增加了门前迎宾员、免费借用轮椅车、盲文消费指南等服务项目，为残障顾客提供辅助式服务。在网吧，我们为盲人运动员特别配备了3种"特殊武器"：一是特制小键盘（点显器），盲人使用者借助它可以方便地输入盲文；二是信息无障碍终端，只要一点鼠标，就可以通过耳机实现语音读屏；三是盲文刻印机，盲人可以将网页上的普通文字转换成盲文并打印出来。

此外，我们还进一步开发了3种特殊服务。

一是个性化服务。由于普通的洗发椅不适合部分身材矮小的残疾人运动员使用，美发沙龙准备了10至30厘米的专用加高洗发坐垫，方便运动员洗发。

二是平视蹲式服务。商业街员工为坐轮椅的顾客解答咨询或介绍商品时，采取"下蹲式"服务方式，保持与顾客平行的高度，以示尊重对方。另设低位收款台，高度低于86厘米，方便乘坐轮椅的顾客交款。当顾客交款时，收款员将刷卡器放到离顾客最近的位置，方便其输入密码；对提拿商品不便的顾客，收款员要走出款台，将商品提袋送到顾客手中或帮其将商品固定在轮椅上。

三是全程陪同式服务。对行动不便且购物较多的运动员，员工们在了解其购物需求并征得同意后，陪同他们在各个专柜挑选商品、提拿购物篮，帮助他们到收款台付款，并协助他们将商品存放在最佳位置便于携带。

我们微笑着，为最强壮或最需要关心尊重的各类运动员、官员等提供细致入微的服务，辛苦、劳累自不待言，但我们乐在其中。奥运村中商业街旺盛的人气和形色各异的顾客满意的微笑，就是对我们工作的充分肯定。当一个又一个运动员离村的时候，我们才感伤地发现，奥运会已悄然接近尾声。而在不知不觉间，我们已和这里的运动员、官员、服务人员以及一树一花、一草一木建立起了深厚的感情。看着运动员渐行渐远的背影，我们能做的，是用微笑为远方的朋友祝福。

（综合服务团队胡平供稿）

物资调整攻坚战

宁静的夏夜，运动员村南北区交界的十字路口，昏黄的路灯映出一前一后两道身影。他们是两名后勤服务团队的工作人员，前一个肩扛几块长条木板，后一个一手抱着几块短木板，一手拎着配件和工具。细密的雨点无声地落在他们头上、身上。他们疾步走着，从北区物流库区赶往南区公寓楼，安装奥运会代表团临时增加的床位。

这一看似极其普通的场景，却使目睹它的一位后勤服务团队的主要领导双眼潮湿了。这幅画面记录了后勤服务团队物资调整部署攻坚战最苦最累时期的一个感人瞬间。

2008年7月20日，北京奥运村预开村。这是一个所有后勤服务人将永远铭刻在心的日子，这个日期不仅意味着前期所有基础性工作即将接受全面、严格的检阅，更意味着物资调整的工作量，将前所未有并且不可预测地大幅度增加。

凝重——最初的日子里，"调整"和"临时新增需求"成为每天生活的主题。巨大的工作量和精神压力挤掉了后勤人脸上所有的笑容，后勤服务团队所有办公室都充满了凝重的味道。随着代表团注册会议的陆续召开和各代表团分房方案的确定，各类物资和技术设备的大量调整工作随之而来。代表团注册运动员名单最终确定时间往往很晚，且较预计人数大幅增加，导致临时新增很多床位需求；分房方案的调整，导致技术设备跨区移动；许多原来设计为办公室的房间调整为卧室、卧室调整为办公室，导致家具重新拆装和搬运，技术设备迁移甚至从布线开始重新部署；更要命的是许多代表团入住后多次反复要求调整各类物资位置和数量……

—— 紧张有序 ——

　　艰辛——如此超大的工作量远远超出了人们的预料，也是对后勤服务团队物资部署工作的严峻考验。针对这种情况，后勤服务团队及时研究并采取果断措施，启动应急指挥体系，集中相关资源，打响了物资调整部署攻坚战。团队上下齐心协力，夜以继日地艰苦工作，以高昂的斗志和坚忍的作风，在最短的时间里完成了从物资、人员到团队心理状态的调整，以代表团满意为第一宗旨，想方设法、竭尽全力满足各代表团的物资需求，胜利完成了这个充满艰辛的攻坚战，204个代表团所需的各类物资在运动员入住前全部到位。

　　后勤服务团队的工作人员已经记不清有多少次放弃吃饭去部署物资；有多少次深夜轻叩门扉，悄然安装设备；有多少次冒着大雨登门调测设备……炎炎酷暑，汗流浃背，后勤服务团队所有人员没有一个人抱怨，没有一个人叫苦。绝大部分现场工作人员几乎都是24小时连轴转地干，实在困了，就在公寓楼区的路边眯一小会儿，揉揉眼起来再接着干。有时候运输车辆不足，物流、技术团队的工作人员只能使用小推车等工具，将一件件庞大沉重的家具、电器或是设备运至客户房间；有时连小推车都没有，作业人员就用双手抱着、用肩膀扛着家具和设备执行配送安装任务。小伙子们双手磨出了血泡，他们用胳膊抹一把汗，满不在乎地说一句："轻伤不下火线！"姑娘们的皮肤晒黑了，她们露出洁白的牙齿稍带羞赧地一笑："健康的皮肤是小麦色。"

收获——2008年8月8日，第29届奥林匹克运动会在北京盛大开幕，每一名中国人的脸上都洋溢着自豪的笑容。开幕式绚丽的礼花在北京上空绽放，后勤服务人员的心里充满了胜利的甜蜜。统计数据出来了，在从7月20日至8月9日的20天时间内，后勤服务物流团队共为350个代表团次，调整各类物资16419件，其中仅床位就调整了1290套。这些都是需要从原房间拆开搬运到另一处再组装到位，工作量相当于重新移入约整整6栋公寓楼的生活类家具和相关物资，而有些工种的人力配备只相当于物资集中移入时的1/6。后勤服务技术团队为204个代表团共计部署通用技术物资1673件以及收费卡技术物资2780余件，共为142个代表团进行了比较大的设备调整，调整技术设备2000余次，包括设备位置移动和设备功能改变，甚至为很多代表团多次、反复调整，直到其满意为止。另外，有29个代表团是跨楼区调整，有52个代表团是同区楼与楼之间或楼层之间的调整。

艰苦的付出换来了尊敬和谢意。后勤服务人员的辛劳和诚恳让焦急的代表团不再担心，让抱怨的代表团释然宽怀。每当完成一个代表团的部署工作，外国朋友们竖起大拇指，用不标准的汉语说着"谢谢"的时候，每一名现场作业人员都在心底自豪着。中国北京的第一代奥运村后勤服务团队的工作人员，用汗水赢得了世界的掌声！

（后勤服务团队王淑贤、张珊供稿）

星级饭店出色亮相

一支由8700人组成的住宿服务团队，在举世瞩目的第29届奥林匹克运动会和第13届残奥会期间，圆满地完成了为运动员、随队及超编官员、媒体记者等住宿服务任务，以零投诉的记录为百年奥运史增添了光彩。他们用行动为中国、为北京争得了荣誉，谱写出奥运村里动人的篇章。

国际奥委会主席罗格为北京奥运村住宿服务团队写下赞语："伟大的奥运村，杰出的工作。"

国际残奥会主席菲利普·克雷文在写给残奥村住宿服务团队的亲笔信中说："就像我在残奥会闭幕式上所说，2008中国残奥会是有史以来最伟大的一届残奥会。我也说过，残奥村是有史以来最好的，运动员们也这么说！在此感谢住宿服务团队员工和志愿者们，你们伟大和团结的精神已经与残奥精神凝聚在我们心中。"

饭店管理模式搬进村

住宿服务团队总体上负责"三村两店"的全面接待工作。所谓"三村两店"，是指运动员村、绿色家园媒体村、汇园公寓媒体村、塔里木石油酒店和胜利饭店。在两个奥运会期间，本团队的服务对象包括运动员村里的奥运会运动员和随队官员16000名、残奥会运动员和随队官员7000余名，绿色家园媒体村里的媒体记者6000名，汇园公寓媒体村里的媒体记者1000名，以及塔里木石油酒店、胜利饭店的超编官员。与奥运村内其他团队相比较，住宿服务团队的工作覆盖面积最大，服务项目多达几百项。

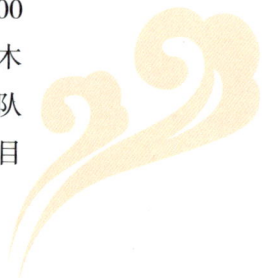

住宿服务团队的工作人员来自12家酒店管理集团和22所高等院校。12家酒店管理集团分别是：首旅、锦江、速8中国、港中旅、万豪、香格里拉、首创、天伦、北辰、洲际、中油阳光、港澳中心，都是业内响当当的品牌。22所高等院校包括清华、人大、北师大等国内一流名校。就是这支由12家酒店管理集团的2281名员工和22所高校的5268名师生在短期内聚合而成的团队，在奥运村服务的历史上创造了零投诉的奇迹。

国际奥委会官员评述北京奥运村成功经验时一致认为，高质量的住宿服务接待，缘于北京将酒店管理的模式移入了奥运村。

五字方针贯彻服务全过程

住宿服务团队留存的几百本档案资料，如果展示出来，可以布置出一个色彩斑斓的大展厅。认真翻阅这些资料，可以真切地感悟到团队取得成功的秘诀——在接待服务过程中始终贯彻"严、勤、细、新、真"五字方针。

一、严——严格制定实施各项规范标准

饭店业管理的特点之一就是一切按规章制度办事，事事有章可循，有"法"可依。在前期筹备中，住宿服务团队制定出21项规章制度，以规范员工行为；编写了《服务规范百问百答》，为员工处理工作中遇到的各种问题提供便捷方法与指导；制定了24项风险应急预案，以提高团队应对突发事件能力；制作统一模板，规范从客厅到卧室、到卫生间各种物品的摆放；配发统一工服，树立团队整体形象；统一服务标准，规范服务流

程；编写运行方案，并反复进行桌面推演。凡此种种，无一不显示着严格的酒店管理模式特点。

在实际运行中，全部规范标准充分发挥了作用，各项规章制度得到贯彻落实，包括服务商在内，8700人的住宿服务团队无一例非自然减员，令当初参与制定各项规范的人员感到欣慰。

客房是住宿服务团队管理中的重点项目。针对客房管理的特点，团队从房间清扫、钥匙领取、进房登记，到物品摆放等环节，都制定了严格的标准。

二、勤——辛勤的汗水洒在每个岗位上

"开荒"是饭店业的一个专用词汇，指的是饭店基建工程竣工后，员工进入后从事的房屋清扫等工作，是公认的一项苦活儿。受施工进度影响，不管是绿色家园媒体村还是运动员村，住宿服务团队准备接楼时已经进入6月份，距运行团队整体综合测试演练的时间已经不到一个月了。此时，各酒店管理集团刚刚从各个饭店集中起员工，而各院校的服务生和志愿者正在准备期末考试，要等到6月底才能进村。

面对一座座进入工程收尾阶段的公寓楼，现在接，还是等工程验收合格后再接？如果现在接，就意味着全部"开荒"工作要由酒店管理集团的员工承担，不仅人手严重不足，而且要承担一定工程上的风险，但可以为后续工作赢得时间。

时间不等人，接！住宿服务团队果断地下达了接收命令，工程上存在的各种问题边接手边解决。工程未完，员工们进不了楼，没挡风、遮阳、避雨的地方，喝水要自己买，吃饭要自己想办法。"开荒"所需的必备工具奇缺，"开荒"工作的困难可想而知。面对局外人很难理解的艰辛，可敬可爱的员工们是这样做的——

各集团的员工好像忘掉了时间，天没亮就起床，月亮挂上半空还在忙碌。放眼望去，跪在地上抹地板的，弯着腰挪家具的，俯下身子刷马桶的，低下头来洗面盆的，骑在窗户框上擦玻璃的，半蹲半跪铲除地上斑点的……上到空调出风口，下到卫生间地漏，从家具桌面到钥匙孔隙，个个区域都有人在埋头苦干。为了争取时间，员工们在缺少工具的时候，就用指甲抠地上的泥灰，用自己的毛巾当抹布；电梯发生故障，运送物资的员工们就走楼梯，把一件件物资从地下室扛上六楼。面对顽固水泥极多的地面，员工们愣是用小刀片一点点不停地刮呀刮……

公寓楼的钥匙配制是最烦琐、最辛苦的工作。为保证万无一失，运动员村42栋公寓楼9948个房间的钥匙均采用现场配制的方法。经过5天4夜的工作，终于完成了所有卧室、厅门的44889把钥匙配制，总重量7吨多。

凭着这种自觉奉献的精神，6月下旬，3个村的64栋公寓楼全部接收完毕，为迎接运行团队整体综合测试演练做好了准备。

三、细——关注服务中的每一个细节

关注细节，是饭店业服务的一大特色。在奥运村、残奥村，这一特色得到了充分体现。"细节决定成败"，这是住宿服务团队从队伍组建之初就着重强调的一条工作原则。注重细节，意味着许多未曾写入服务规则条文中的项目，要靠员工根据自己的观察、分析、判断，适时、适度地为客人提供服务。特别是进入残奥会后，一项又一项的措施检验着团队细节工作的成效。

星级风范

　　在检查落实服务措施时，我们发现，公寓楼单元门前，小块方砖铺设的地面形成了一个个方坑，容易让轮椅前方的小轮陷入其中，尤其在夜间，更有可能发生危险。于是，团队马上加派人员，加强夜间值班。想到客房卫生间的防滑垫会影响轮椅的进出，我们便为使用轮椅的客人撤去防滑垫，调整卫生间洗浴用品的摆放位置。奥运会时消防栓放置在电梯间的对面，我们考虑到残疾人运动员绝大多数乘电梯而绝少使用楼梯，便将消防栓移到楼梯拐角处。为方便上肢残疾的运动员使用洗衣粉，我们提前把洗衣粉的袋口剪开。想到部分残疾运动员有大小便失禁的情况，我们便在这些运动员的房间增放了擦手纸、面巾纸、手纸、垃圾袋和一次性床单，棉织品更换时间也由4天改为两天……

就是这些点点滴滴的服务细节，感动了每一位村中居民：圣多美和普林西比代表团团长向服务员赠送了一个她亲手缝制的象征2008北京奥运会的布娃娃。乌克兰代表团盛情邀请楼长、副楼长前往乌克兰大使馆，参加乌克兰国庆日暨奥运庆功会。阿鲁巴代表团团长郑重地向楼长赠送了珍贵的阿鲁巴国旗式围巾。在本届奥运会上勇夺8枚金牌的美国游泳运动员菲尔普斯捧回第8块金牌后，将手中的鲜花送给了为他服务的员工。美国代表团专程把楼长范畅邀请到团长办公室，将一张代表团团长和秘书长亲笔签署的奖状送给他……

四、新——奥运村的服务中引入新理念

全世界已经举办了28届奥运会，中国还是第一次主办奥运会。其他国家的经验可以借鉴，但绝不能照搬。对奥运村的服务接待，国际奥委会有明确规定，哪些是免费项目，哪些是自费项目，物品损坏如何赔偿，一切都有条文可依。于是，以严格遵守国际奥委会有关规定为前提，准确把握各项政策的原则性，在具体运用时又有适当的灵活性，使所有住在奥运村的宾客充分享受家的温暖，这就成为住宿服务团队的工作目标。我们依靠团队的集体智慧，创造性地开展工作，充分体现"有特色、高水平"的服务宗旨。在创新思路的指导下，住宿服务团队推出了独有的运行措施：

首次将享誉世界旅游业的服务品牌"金钥匙"引进奥运服务行列。"金钥匙"第一次加入为居民提供个性化服务的队伍，为奥运村营造了又一道靓丽的风景线。

隆重推出"两信两卡"服务项目。"两信"，即为宾客呈送欢迎信，为获奖运动员送上贺信；"两卡"，即为宾客呈送生日贺卡、联系卡。以细致温馨的情怀，为入住奥运村的每一位居民送上惊喜与感动。

实施"一键通"措施。即为客人提供快速、便捷的服务，灵活执行政策，调整运行时间。

实施"两访"措施。即主动拜访各国家和地区的代表团，随时走访，征求意见，积极沟通，增进感情，化解矛盾，随时改进服务。根据客人要求，电子游戏室、洗衣厂灵活执行政策，调整运行时间。

这些创新措施的实施，拉近了住宿服务团队与宾客间的距离，展现了住宿服务团队的专业水平，为奥运村赢得了赞誉。

五、真——真情献给自己的服务对象

个性化服务，是指在为群体提供普遍服务的基础上，为满足个体合理需求而提供的服务。个性化服务水平是衡量饭店服务水平的重要尺度。

奥运村的居民来自204个国家和地区，地域不同、文化不同、民族不同、宗教信仰不同，使用的语言也不同，在生活上必然有不同的需求。让每一位居民满意，是奥运村住宿服务团队的宗旨。于是，无论分内分外、白天黑夜，无论贫国富国、大国小国的宾客，只要提出的需求合理，即使困难再大，我们也会千方百计为之解决。

残奥会期间，港中旅集团执行副总裁温平，发现乌干达代表团的两名运动员拄着木棍来到残奥村，连忙带领楼长到村外自费买了两副拐杖，送到运动员手中。代表团团长和运动员激动万分，感谢之言，不绝于口。

曾有一个脾气暴躁的残疾人运动员无缘无故地将喝剩的半瓶饮料泼到服务员脸上，服务员没有发火，依然

微笑着为他服务；他又把饮料泼洒在刚刚清洁过的地面上，服务员一如既往地微笑着再清扫干净。有一天，这位运动员病倒在床上，曾经被他故意折磨的这位服务员马上把他送到医疗诊所。这个脾气暴躁的运动员终于被感动，写下了一篇充满深情的感谢信。

住宿服务团队真情的服务，换来了诚挚的回报。仅从7月20日预开村到8月27日，团队就收到表扬信和留言2096份。书面感谢信之外，口头感谢和表扬更是不计其数。

奥运金牌背后记录了一批人的感人故事

第29届奥运会、第13届残奥会落下了帷幕。当人们欢庆北京奥运会取得圆满成功之时，谈论最多的自然是中国代表团所获得的奖牌，更加关注的是取得奖牌的公众人物。其实，除了这些直接为国家争得荣誉的英雄，人们不该忘掉的还有许多默默无闻做出间接贡献的人……

有谁知道，住宿服务团队上至最高领导，下到每位员工，从2008年1月11日团队成立，到奥运会结束的8个半月内，多少人在奥运村日夜奋战，而不能到病床前照顾生病的亲人，多少人一心扑在奥运服务上，连续多日不能与亲人团聚！大家奉行一个共识：奥运是大事，家事是小事。

高峰是首创集团执行副总经理，母亲生病，需要照顾，可他始终坚守在工作岗位上。5月23日，母亲不幸病逝，高峰在参加了简短的追悼仪式后，继续投入到工作当中。5月19日高峰的岳父已告病危，但他依旧坚守在岗位上。6月1日，岳父也不幸病逝。高峰自责没有尽到一个女婿的孝心，但他很快就从痛苦中走出来，带领着首创的队伍，努力为奥运的成功做着自己的贡献。

房国凡，速8中国酒店集团运动员村执行副总经理，父母均年迈多病。他以村为家，很长时间未能去医院看望生病已久的母亲。记忆力衰退的父亲外出散步不慎走失，他也顾不得回家寻找。对此，承担所有家务特别是照顾父母重任的妻子和妹妹有些不满。妹妹曾哭着数落他：为了国家，你都忘了这个小家了。对此他也感到十分内疚和不安，但仍对妹妹说，等我完成了奥运接待任务再加倍偿还吧。

吴利健，南京金陵之星员工，A3楼副楼长。8月24日，奥运会闭幕式那个晚上，她为了追回被运动员带走的房间钥匙，左脚骨折。酒店得知消息后马上安排人员接她回南京休养。她含着眼泪问领导："我可以留下吗？我不需要人照顾，只要帮我打饭就成。我要和大家在一起。就是回去了，我也会想着奥运村。"酒店同意她留下，她高兴地感谢每一位领导，感谢周围的每一个同志。

孟力，一位年近60的老同志，住宿团队成立后第一批到位的成员之一。体检中，发现了面部淋巴肿瘤，可术后不到两个星期，在他的坚决要求下，就又回到住宿团队，并接下了专项物资采购的艰巨任务。他只能吃流食，工作地点提供的食物不合适，他就经常不吃中午饭。而且，年近花甲的他还亲自爬上车厢卸货，连熬几个通宵是家常便饭。

常丹丹，一位初为人母的普通员工，为了参加奥运服务，将自己仅4个月的女儿送到了青海老家。思念女儿心切，只能利用工余时间到网吧里和家人联系，看一

看女儿的照片。她说，女儿已经会叫爷爷、奶奶了，却不会叫妈妈。

温士联是来自深圳的员工。有人发现她常常躲在无人的地方哭泣。后来得知，她的丈夫因患癌症去世了。她强忍着悲痛，一直工作到奥运会圆满结束。

……

如今，举世瞩目的第29届奥运会和第13届残奥会的激情已然散去，人们恢复了往常的工作和生活节奏。但是，作为曾经投身过奥运服务的人，我们永远也不会忘记在奥运村辛勤工作的日日夜夜。回忆往事时，我们会以自豪的心情反复回味自己经历的每一个场景。因为，这里融进了我们的智慧与奉献，凝聚着我们的汗水与心血。面对下一代时，我们都会骄傲地说：你们的父辈，是中国第一代奥运村人。

（住宿服务团队黄贵宝供稿）

客房服务超一流

在北京奥运会和残奥会上，中国运动员共获得140枚金牌，高居金牌榜榜首。同时，作为东道主的中国还奋力打破了另一项特殊的世界纪录：奥运村住宿服务零投诉。这等功绩同样具有金牌的震撼力，我们笑称，这是本届奥运会上中国获得的第141块金牌。

在崇高荣誉的背后，是奥运村住宿服务团队全体人员的大量心血与智慧。正是有了我们的出色服务及特殊贡献，奥运村和残奥村才被各国代表团和媒体誉为"家外之家"、"最美丽的村庄"；也由于有了这批人的默默奉献、大力创新，才有了两个奥运无与伦比的同样精彩。

国家形象高于一切

举办奥运会是中华民族的百年期盼、百年梦想。当梦想成为现实，如何保证奥运会的成功与完美，就成为主办国面临的最大挑战和考验。在此期间任何环节出现纰漏，都有可能损害国家的形象和尊严。

在奥运村内，为了给各代表团运动员、官员和媒体记者提供热情周到、全面细致的优质服务，展现东道国的接待能力和水平，客房服务团队从接受任务那一刻起，便本着"奥运无小事，责任大于天"的高度责任感和强烈使命感，全身心地做好每一项工作。

在住宿服务团队誓师大会上，千余名与会人员代表住宿服务团队全体人员庄严宣誓：团结一致、振奋精神，忠于职守、听从指挥，勤奋工作、精益求精，

服务奥运、克己奉公，不辱使命、不负重托，奉献祖国、建立新功。在之后的工作中，全体员工始终牢记使命，奋力践行了自己的誓言。

严格规范程序化操作

客房服务是住宿服务工作的重中之重，也是最易遭受投诉的部门，历届奥运会都是被投诉最多的对象。针对不少客房服务人员如高校师生和志愿者等此前无任何酒店工作经验的特点，各酒店集团和客房服务团队统一思想，统一认识，采取各种方式，有针对性地狠抓业务培训。全体服务人员通过研学北京市旅游局牵头编写的奥运村住宿服务系列教材，大力提升了英语口语水平、管理水平及服务技能，整个团队的服务意识和水平直线上升，不少人逐步由外行变内行，由新手变熟家。以做床为例，不少人最初做一张床平均耗时10分钟，后来只需2分钟。

在实际操作中，客房团队按照住宿服务团队制定的24项风险应急预案、21项规章制度及员工行为规范、员工工作百问百答等章程，自始至终严肃认真、一丝不苟地实行规范化、程序化和标准化的服务，坚持"大事做细，虚事做实"。完善的机制、健全的规章、模范的执行，保证了客房服务工作的高效、到位。

在客房服务中，客房清扫又是以往历届奥运会被投诉最多的工作。为了攻克这一难关，客房服务人员根据住宿服务团队制定的规定，统一工作标准，细分动作流程，将客房清扫分解为84个步骤。服务人员在公寓楼服务要做到"三轻"（说话轻、走路轻、操作轻）

和"六勤"，从钥匙领取、进房登记到物品摆放等各个环节都有明确要求。为了保证制度的切实落实，管理团队还实行严格的检查制度，于德斌副主任带领各位副经理走遍了全村每一栋公寓楼的每一个房间。

以爱为先，为人道主义增辉

关怀弱者，尊重生命，客房服务工作人员在残奥会服务中进一步体现出高尚圣洁的精神情操。

针对残疾人运动员的特殊情况，客房服务团队努力克服人手不足、工作量增大的困难，为公寓楼达到无障碍要求做出了大量艰辛、常人难以想象的努力。比如，在卫生间架设浴凳，将高位的棉织品改放低位；在床头柜增放卫生纸、垃圾袋、一次性床单；设立应急服务队，夜间紧急清理粪便；在楼区设置盲道，卸下大门，挪移沙发，为轮椅客人开辟安全通道和无障碍区域……这些举动犹如缕缕和风，温暖着残疾人运动员的心。

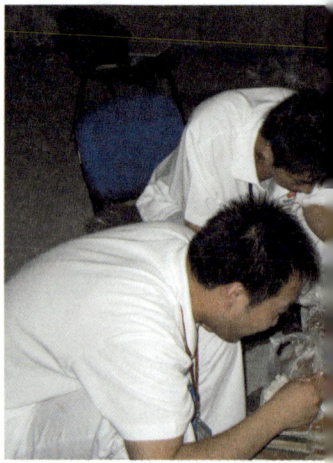

甘愿苦和累

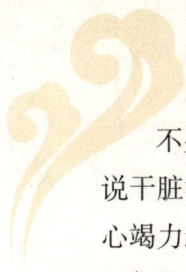

不少员工是独生子女，在自家很少干活儿，更不要说干脏活儿累活儿。但在残奥村的工作中，他们却能尽心竭力地为残障运动员清理粪便，一天数次，连续十多天如此。女性服务员即使再苦再累，当面对残障运动员时，都保持了最美的微笑和最佳的仪容。

以苦为乐，甘居幕后做奉献

客房服务可谓奥运村中最苦、最脏的活儿。为了工作，客房服务人员无缘观看开闭幕式的精美华章和一流赛事；与众多明星运动员无数次相逢，却因奥组委有关规定不能与之合影或请其签名。尽管如此，每一位客房服务人员均以参与、奉献为乐，忠于职守，甘居幕后，做无名英难。

客房服务团队领导更是身先士卒，率先垂范。于德斌副主任、速8中国酒店集团高级副总裁房国凡等，均以村为家，自入村开始从未回家一次，父母生病住院也顾不上照料，但听说外宾生病时，他们却在第一时间赶往医院慰问。运动员村执行总经理李妮妮身患严重疱疹，为了坚守岗位拒绝就医。普通成员也不甘落后。中油阳光酒店集团一位员工的哥哥因公殉职，来自河北保定的宋衍昌外祖父去世，但他们在家人的支持下强抑悲痛，毅然留在岗位上，继续服务奥运。特别值得一提的是，汶川大地震后，唐伟等来自灾区的人员将对家庭和亲人的牵挂深藏心底，义无反顾地投身于工作中，在各自岗位上默默地奉献着。类似的感人事迹不胜枚举。

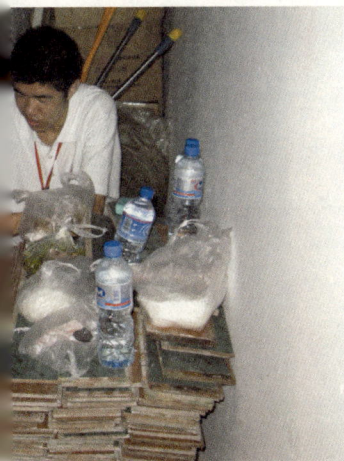

　　各方宾客对奥运村和残奥村细致入微、尽善尽美的客房服务给予了极高评价，赞誉如潮。马来西亚代表团团长认为这里的服务"比希尔顿酒店还好"；巴西代表团团长和日本"蛙王"北岛康介都向我们表示，"奖牌有你们的一半"；美国游泳名将菲尔普斯将鲜花献给楼房服务员……这些都是对客房服务工作者的高度奖赏。

　　金牌可以再夺，世界纪录可以再破，但要想逾越咱们北京奥运村客房服务的零投诉不容易！

（住宿服务团队孙军供稿）

壮哉，住宿服务生！

北京奥运会、残奥会期间，有这样一群年轻人，他们参加了长达88天的住宿服务，经受了极为艰苦的工作考验，远离公众视野，没有耀眼光环，为两个奥运会的3万余名运动员、官员和记者提供了最好的生活服务。他们就是首都高校的5000多名师生。他们拥有一个共同的名字——奥运村（残奥村）住宿服务生。

大学师生善"变身"

2008年3月，按照北京奥组委要求，中共北京市委教育工委和北京市教委组建了首都大学生奥运村（残奥村）住宿服务团队。参加这一团队的5000多名师生来自北京的22所高校：清华大学、中国人民大学、北京师范大学、北京交通大学、北京化工大学、北京中医药大学、对外经济贸易大学、中国地质大学、中国矿业大学、中国石油大学、首都师范大学、首都医科大学、首都经济贸易大学、北京工商大学、北京信息科技大学、北方工业大学、北京物资学院、北京联合大学、北京农业职业学院、北京政法职业学院、首都体育学院、北京第二外国语学院。

在北京市高等学校奥运村（残奥村）住宿服务工作指挥部的领导下，这批大学师生与来自酒店方的管理人员、服务人员，组成奥运村（残奥村）住宿服务团队，共同承担住宿保障重任。

平凡之中见精神

在难忘的88天里，作为奥运村、残奥村的住宿服务生，他们主要在客房服务、前台服务、库房物资移送、康体娱乐服务以及洗衣服务等多个岗位上进行平凡的劳动。他们每天面对的是来自64栋公寓楼6204套公寓34501间客厅、卫生间、卧室的服务需要，以及数十吨必须过手的物资。面对艰苦的工作和艰巨的任务，他们始终保持热情、乐观、自信和高度的责任心。他们没有惧怕，没有退缩，体现出当代大学生讲政治、讲大局、讲奉献、讲风格和善于学习、热爱劳动、遵守纪律、团结合作、乐观向上的精神风貌，成为奥运服务大军中的一支先锋队。

于恩泽同学，钢琴弹奏水平达到国家业余10级。服务期间，他不惜用那双弹奏优美乐曲的艺术家之手，天天刷洗马桶，清扫垃圾。

四川贫困生胡祖立同学，家里的房屋在大地震时震塌了，经济拮据。他在整理房间时捡到3655美元，虽然当时客人已退房，但他立即毫不含糊地通过领班将钱交到媒体村，及时归还失主。

焦菲的家也在四川，汶川大地震后家中房屋尽毁，家人也无音信。老师和同学都劝她回家看看，但她却毅然留在了奥运村的岗位上。

袭敬祥同学，右手掌骨意外骨折，经医院处理，次日便返回岗位坚持工作。

白振同学患癌症多年的母亲不幸过世，他处理完丧事，忍着悲痛返回团队。

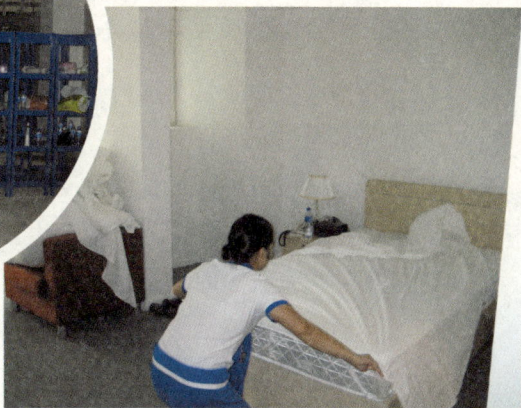

　　覃道伟同学，徒步陪同客人到处寻找急需的手机充值卡，终于让客人满意而归。

　　阿尔恒别克·哈依尔汉同学是哈萨克族人，家在新疆北部的偏远农村，因其身份注册卡一时未办妥，只好先回家度暑假。8月9日，他接到自己的身份注册卡批准下来的电话，一个小时内就从家里动身。经过50多个小时的奔波劳顿到达北京，马上赶到奥运村，投入了紧张的客房清洁工作。他说："虽然路上辛苦，但很值。作为少数民族学生，能参加奥运会服务是我莫大的荣幸，也是我家人一直的期盼。我是在为祖国工作，也是在为家乡人民争光。"

　　除了同学们，指导老师更是个个值得称赞。孙绍来老师的孩子高考，他却顾不上多操心；又不幸遭遇老岳父突然去世，他先安排好工作才匆匆赶回家，料理完岳父后事，随即返回村中。王哲和孙惟佳这对教师夫妻，不分昼夜地投入奥运服务工作，简直是把小家"搬"到了奥运村客房服务团队……

主动锻炼素质高

住宿服务团队是奥运村（残奥村）中人数最多、服务项目最全、服务任务最重、服务面向最广、服务对象距离最近、服务时间最长的一支团队，高校大学生的人数在住宿团队中占65%，构成了服务工作的主力军。

前期"开荒"时期，宿舍楼、康体中心满眼都是施工装修后留下的凌乱，到处污迹斑斑。无论是地板、阳台，还是楼道、客房，随处可见大量的水泥斑点；卫生间、客厅内，充斥着刺鼻的气味。清理工作难度之大，时间之紧，远远超乎人们想象。

在困难面前，全体同学非常明事理，任劳任怨地从小事做起。顶高温、冒酷暑，不惧辛劳，趴在地上一点一点地清理泥斑。不少同学双腿跪得又红又肿，仍然坚持工作。刚安装好的电梯内外都贴着厚厚的塑料膜，没有专业的除膜工具，同学们就用手一点点去抠，遇到缝隙处，手指经常被划破。有的同学在搬运器材时被大理石板砸伤了手指，第二天手上缠着厚厚纱布依旧来到岗位上。两个多月里，数不清有多少同学因公受伤，却没有一个人喊苦、喊累、喊疼。

对繁重的加班任务，同学们乐观地当成锻炼自己意志的机会。开村后，康体中心客流量每天达几千人，服务工作量异常大，有的同学早上4点多就要起床，有的同学凌晨两点才能回到宿舍，还有的同学需要彻夜达旦，通宵上班。大家互相鼓励，咬牙挺住。不利的工作环境，也被同学们当成锻炼自己意志的机会。如地下库

房阴冷潮湿，门板和墙壁都生了霉，同学们搬卸、运输堆积成山物品的工作一干就是多半天，在漫长的地下通道里几十次来回，他们却豪迈而乐观地说："虽然没有鲜花与掌声，没有喝彩与金牌，但地下库房就是我们的奥运赛场……"

多么可爱的同学们！经历了88天的磨炼，这些多未经过艰苦劳动的大学生具备了住宿服务人员特有的过硬素质。

实践育人结硕果

在88天的服务期间，各团队根据实际情况设置了党支部，把支部建在一线，并分层推进，达到"横向到边，纵向到底"的网络布局；同时，尊重学生主体地位，帮助学生实现自我管理、自我教育、自我服务的意愿。在服务奥运期间，共有550多名大学生递交了入党申请书，13名大学生光荣地加入了党组织。各支部还收到2900多份思想汇报。

为了更好地传递奥林匹克精神，指挥部通过组织"我们的奥运"主题朗诵比赛、"我身边的故事"主题演讲比赛、"服务，为了奥运梦想"主题晚会等活动，提升同学们的思想意识，并将服务感言印刷成册，形成了凝聚人心的优秀团队文化，同时诠释着独特的人文奥运理念。

高校奥运村（残奥村）住宿服务团队扎实的党建和思想政治工作，有力地保证了奥运服务任务的圆满完成，促进了大学生的成长进步和高校思想政治工作的深入开展。实践证明，高校奥运村（残奥村）住宿服务团队是一支有组织、有纪律、肯吃苦、能打硬仗的队伍，是一支有知识、有活力的队伍，是一支乐于开动脑筋、善于创新的队伍。

奥运村的领导总结说：选择大学生承担奥运住宿服务是正确的，他们出色地完成了任务，为国家争得了荣誉。

高校的领导总结说：选择大学生承担奥运住宿服务是正确的，实践已经证明同学们成长了，实践育人有了突出成果。

参加服务的同学们也总结说：选择我们是正确的，我们是奥林匹克精神永不熄灭的火种。我们是值得信赖、可以委以重任的一代。

（住宿服务团队孙善学、张玉华供稿）

国王竖起大拇指

8月9日上午10点30分，中超（位于奥运村中区的超级服务中心）办公楼2号会议室的工作人员正在为即将开始的马来西亚国王接见该国代表团运动员和官员的活动做紧张的准备工作。马来西亚代表团的团长代理人Arrinfin先生突然提出，要对8月2日早就商定好的会议室嘉宾座席、随行官员和代表团运动员的座位重新摆放布置，要求增加座席，并且在11点前必须准备就绪，11点30分前外送餐饮的摆台全部到位。

中超的工作人员即刻在很短的时间内从商务中心和二层"执总会议室"紧急搬运了12把椅子到会场，又配合爱玛客公司的餐饮员工对会议室内的餐台进行了重新布置。

11点30分，Arrinfin先生又提出需为国王准备两条冰毛巾。中超的郭欣茹随即在布草房借了两条小面巾并进行了冰块冷却处理，摆放到备餐台。

11点40分，Arrinfin先生又提出，要求准备两个玻璃杯，用于国王和公主会议期间喝水。我们当即询问爱玛客餐饮公司，得知整个运动员村由该公司提供的餐饮用具只有纸杯，没有玻璃杯。Arrinfin先生和他的随行非常着急，因为在马来西亚，国王是至高无上的，不可能用纸杯或直接用矿泉水瓶喝水，必须在12点国王抵达前找两只透明而且无任何标志的玻璃杯。

中超楼内故事多

面对这个突如其来的要求，我们当即决定兵分三路，一定要在15分钟内找到两只玻璃杯：第一路，派人去运动员村北区的礼品店购买；第二路，到首旅集团寻求支援；第三路，派正巧在场的C9楼副楼长冯琪，火速前往村外超市购买。

很快，第一路人员汇报说礼品店的玻璃杯都带有奥运标志。第二路人员返回的信息是首旅集团相关办公室的钥匙暂时无法找到，取不出柜内的玻璃杯。正在这时，房国凡手中的电话响起，冯琪在村外买到了4只玻璃杯，现正抱着杯子跑步到了南门安检口。

时间就是使命，就是信誉。为了不让贵宾失望，中超经理李伟和副经理时路博迅速向安检口奔去，展开了"接力赛"，以最快速度将4个宝贵的玻璃杯传递到了Arrinfin先生手上。这时马来西亚国王的坐驾已经抵达中超大门口，国王和公主步入中超。

12点整，国王落座，崭新的玻璃杯已然端正地摆放在了国王和公主面前。

会议进行得非常顺利。会议结束，国王和公主与马来西亚体育代表团的全体运动员、官员分别合影留念。这时，一位国王随行官员小声告诉我们："你们很荣幸，国王邀请你们一起合影，以感谢你们出色的服务。"

会后，中超的工作人员在门口列队，挥手送别马来西亚国王一行。国王在离开时回头冲着我们微笑致意，并竖起大拇指。自己的努力换来了贵宾的认可和赞赏，实际上就是为北京奥运争了光，我们觉得很值！

（住宿服务团队房国凡、李伟供稿）

纸条的故事

奥运会结束了，圣火熄灭了，但有些东西却不会消失，甚至不会随时光流逝而蒙上灰尘，黯然失色。这就是人与人之间深深的情意。

奥运会开始不久，我们在奥运村中的客房服务工作便遇到了一些困难。8月5日运动员入住，改变了我们的工作环境。之前的"空楼"，并没有考虑到避让的要求，而当我们服务生和运动员使用同一个通道时，两部电梯的配置就略显"拮据"了。

8月12日早上，8层的中国男子曲棍球队队员刚刚离开，我们就抓紧时间推着工具车登上电梯。当时只想快点把8层的工作做完，可谁也没有想到，住在7层的中国女子曲棍球队队员同时也在按电梯。工具车比较笨重，运上来要花费较长时间，女曲队员急着要去吃饭，她们等了一会儿便失去耐心，急匆匆地从楼梯走下去了。

虽然并不是有意犯错，但我们总觉得自己给运动员们带来了不便，一个心结就这样留了下来。道理很简单，给人造成了不便，就得想办法向人家道歉。我处处留心，却一直找不到合适的道歉时机，总不能在路上叫住运动员吧。最后，我便自作主张，在女曲领队所住房间的桌上留了一张纸条：

今天的事，实在抱歉，由于我们的工作失误和计划不周，给您带来了极大不便，请您原谅。

D6楼2单元服务生的一员

事情过去了大约一周，女曲姑娘们迎来了对阵劲旅荷兰队的日子，那是小组赛中很重要的一场比赛。为了这场比赛，她们加长了训练时间，回来的时候十分疲倦。她们努力拼搏的精神令我不由得心中一震。趁着没人注意，在打扫卫生的时候，我又留了一张纸条在领队房间：

明天就要比赛了，希望你们发挥出自己的水平。你们是当之无愧的世界第一，我们永远支持你们。

D6楼2单元服务生的一员

就这样，从小组赛到最后的决赛，每一场比赛前我都写一张纸条，留在女曲领队房间中。因为怕违反纪律，所以我没跟别人说。虽然女曲队员们没有什么表示，但我知道她们已经感觉到了我们的支持。由于好几次打扫房间我都是最后一个出来，引起了领班的怀疑。面对领班的"拷问"，我笑笑不做声。终于，这个秘密在女曲队员离开那天，被大家知道了。

"喂，这里有一张纸条！"打扫女曲领队的房间时，一个同学喊起来。

"这是封表扬信！也不知道是谁总给人家留纸条。到底是谁啊？"领班问道。

"是……是我。"我答道。

·纸条的内容是这样的：

今天我们走了，能说的只有感谢。感谢你们这些天来给我们的鼓励、支持。有了你们的支持，才有我们这次的成绩。纸条我们带走了，谢谢，谢谢！

女子曲棍球领队

（住宿服务团队李鹏供稿）

无声胜有声

这里温暖着全球媒体

有一个关于奥运的梦想，我们追逐了百年。当2008年8月8日这百年梦想终于如此真切地在拥有数千年灿烂文明的中国北京实现时，作为服务在汇园公寓媒体村的住宿服务团队的每一位成员都备感光荣与自豪，深感肩上的责任与使命。能够直接服务奥运，对于我们团队每个成员来说都是一次千载难逢的机会，所以在整个的接待服务过程中，我们坚持以团结和谐的团队作风，服务奥运的奉献精神，圆满完成了奥运媒体的接待任务。在这里我们收获了更多的感动与希望，实现了一个伟大的梦想。回顾曾经走过的岁月，我们感慨万分。那一件件动人的小事，一个个感人的瞬间，让人终生难忘。

有条不紊

一

住宿服务团队作为汇园公寓媒体村运行团队之一，是奥运接待服务的主力军，拥有成员850人，在奥运期间承担着汇园公寓媒体村L、M、N、P、R、Q六栋公寓楼共508套客房1018个房间的服务工作，接待了42个国家和地区的94家媒体机构的近千名记者，责任重大，任务艰巨。为圆满完成好此次奥运接待任务，团队在场馆主任赵惠芝、常务副主任兼住宿团队副主任杜葆真等各级领导带领下，全力以赴、团结奋战、吃苦耐劳、无私奉献，把"真情、热情、自然"作为服务宗旨，通过真诚、贴心的服务，认真负责地为每一位客人营造温馨之家，赢得了中外记者们的高度评价和友好回应。北京奥组委的一位外国专家笑着对我们说："相信全球记者一定会在这里度过一段美好难忘的时光。"

住宿团队的工作繁重且琐碎，但不可或缺。作为一名媒体村的服务人员，需要的不仅是热情和奉献、坚守与真诚，知识、技能和智慧更是基本的要求和必备的素质。团队下设的住房分配办公室、前厅部、客务部、物流部、健身中心五个部门，自开村以来，配合密切、衔接顺畅，保证了各项工作的顺利开展，并始终把"善待媒体"贯穿于服务工作中。

例如：住房分配办公室的同志们充分考虑到中外记者的信仰不同，反复细致地核对信息，合理安排了赛时记者住房；前厅部服务人员每天上千次地重复拉门、问候、引导、接待问询，脸上始终保持着灿烂的笑容；客务部作为住宿团队的核心部门，从楼长、领班到服务人员，每天都要重复进行着换床单、擦尘、拖地、刷马桶等枯燥无味、又脏又累的工作，一干就是好几个小时；住宿服务团队办公室每日都在兢兢业业地处理大量事务性工作；健身中心免费为记者们提供休闲健身服务，他们对工作的一丝不苟，博得了记者的一致好评。

我们为记者提供的自助洗衣房服务，是媒体村一大亮点。服务人员根据客人要求进行洗衣操作，如不同颜色、不同质地的衣服要分开洗等，而且要分楼分房间进行逐项登记，以免发生差错。工作虽然很烦琐，但是大家感到能为记者们提供热情周到的服务，非常欣慰。

尤其值得一提的是我们最有特色的"一键通"热线服务。"一键通"在赛时为媒体记者提供了中、英、法、日、西五种语言咨询服务，能及时为记者排忧解难，被媒体记者称为"贴身管家"。辛苦的付出，让"一键通"的每一位服务人员收获了服务他人、奉献力量的快乐，展现了尽心尽力做事的工作态度和不断奋斗的人生目标，锻炼了提高处理问题的能力以及用英语交流的能力。

总之，前台、客房、行李、"一键通"……在繁忙的工作中，每一个服务人员的脸上都挂着微笑，这微笑诠释着中国的热情，诠释着奥运的真谛。我们的微笑也赢得了赞赏，在每一座楼前台的留言本上，出现最多的留言就是："Many thanks to the staffs and volunteers in Huiyuan!"

二

奥运期间，我们住宿服务团队承担着很多大大小小的事情，不管分内分外，都同样做得精彩。从团队主任、经理、楼长、领班到服务人员，都在默默奉献着，大家觉得为奥运服务是一生的荣幸。我们每个人都很平凡，平凡的面容，平凡的制服，但是我们却拥有不平凡的内心，不平凡的精神。

　　团队执行副主任王嫱同志工作过度疲劳，开村第二天，一次意外导致她头部重伤。她休息了几天，伤势刚有好转便迫不及待地回到了工作岗位上。作为曾经服务过亚运会的她，面对奥运，满腔热情。

　　客务部副经理李鹏同志，把所有的时间和精力都扑在了工作上。一天，他凌晨才结束工作，回家休息没一会儿又出门上班时，上了一辆停在小区内的出租车。行了一程，司机师傅摁下了计价器。李鹏奇怪地问："师傅，这还没到奥运村呢。"司机师傅回过头说："您不记得我啦？刚才您就是坐我的车回家的，太晚了我就没走。您这才休息了几个小时啊？可真够辛苦的！得，都是为奥运，这趟车我就不收您钱了。"这番话让李鹏经理流出了热泪。

　　媒体村六栋楼楼长宋彦彬、吕娜、郭兰生、钱刚、谢洵、张枕戈是团队的核心。他们的工作琐碎、具体甚至有些婆婆妈妈。他们从开村就吃住在村里，24小时盯守在楼里，兢兢业业，保证了楼内各项工作顺利运行。

　　除此之外，团队还涌现出很多拾金不昧、助人为乐的好人好事，团队的同志们感到要用自己的真诚和热情，践行自己微笑服务、真诚服务的承诺，在世界人民面前树立北京的良好形象。不知多少次，服务人员在雨夜接送记者，让他们在凉凉的细雨中感受到了一路温暖；不知多少次，服务人员不辞辛苦地为记者找回遗失的物品，让他们感激不尽；不知多少次，服务人员为记者们热心指引带路，让他们再三言谢；不知多少次，服务人员为记者排忧解难、提供帮助，让他们对我们的工作竖起大拇指；不知多少次，服务人员为患病的记者送去可口的饭菜，让他们感受到家的温暖……服务客人，帮助客人解决困难，这既是工作要求，也是我们的责任。每一次真诚的帮助，每一次看到客人焦急的脸上绽放出灿烂的笑容，我们内心充满的是"予人玫瑰，手留余香"的欢愉与幸福。

"同一个世界，同一个梦想；同一份工作，同样的热情。"30多天的工作和生活，不仅让我们团队所有人之间建立了深厚的友谊，而且让我们与媒体记者之间也结下了深深的奥运情结。一位记者在媒体村M座前台的留言簿上，认真地写下了他离开前的心声："I love the Media Village . I love Beijing！"

每当我们看到那一张张洁白的床单，看到那一间间清扫过无数遍的房间时，就想起了与记者们朝夕相处的日日夜夜；每当我们回想起欢送记者们离村踏上归家旅途的情景，依依惜别之情便从心中油然而生。这个夏天，我们收获的不只是服务奥运的光荣，更收获了友谊。我们带着热情和真诚，肩负着小而不凡的责任感，将金牌服务带给了北京，带给了奥运！一路走来，苦过累过甜蜜过，哭过怨过欢笑过，铭记这段日子，因为它带给我们太多的惊喜与感慨，我们将心存感激，将这份感情永藏心间……

（汇园公寓媒体村金宇供稿）

洗衣歌

2008年北京奥运会及残奥会举办期间，在奥运村里，经常可以听到运动员、教练员和随队官员们对洗涤衣物工作的赞许。

在赞许的背后，是住宿服务团队洗衣厂全体工作人员用汗水与心血绘制出的一幅可贵画卷。

洗衣工作是奥运村中一个至关重要的服务项目，也是历届奥运会服务保障工作中问题最多、投诉最集中的焦点之一。洗衣服务工作的好坏直接关系到运动员的心态和比赛成绩，所以国际奥委会十分关注此事，曾多次与北京奥组委协调。为了承办一届高水平的奥运会，北京市和北京奥组委的领导都十分重视这项工作，多次指示一定要做好，做仔细，做扎实，兑现对国际奥委会的郑重承诺。

推翻规划重建厂

2008年2月，奥运会洗衣服务项目重新提上北京奥组委奥运村建设的工作议程。按照原规划，洗衣房分做两处，一处设在奥运村西超服务中心的地下游泳池内，另一处设在奥运村中超服务中心与2号公寓楼之间的空地上。奥运村部的领导吴京汨部长、梅蕴新总经理，多次召集专题会议，听取研究方案汇报。运行团队副主任于德斌带领大家到现场多次勘察后发现，西超地下游泳池已建成并装修完毕，150台洗衣设备根本摆放不开；中超洗衣场地也过于狭小，450台洗衣设备运转起来产生的噪音会影响周边公寓里运动员的休息，洗衣过程中

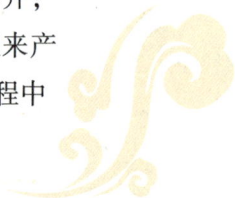

产生的毛絮也会污染奥运村的环境；而且洗衣房与南面的2号公寓楼距离不足6米，消防车无法通行，不符合安全办奥运的相关要求。

困难和问题压在每个人心头。奥运会一天天临近，时间紧迫。主管这项工作的于德斌副主任、杨志忠常务副总经理，在向奥组委领导汇报后，放弃了五一节休息，在奥运村里重新选址，连续提出三四个方案，都因奥运会安保、运输、防范等特殊条件所限未能确定。此项工作引起北京市人大常委会主任、奥运村常务副村长杜德印，以及北京市副市长陆昊等领导的重视。他们带领大家，顶着酷暑，在奥运村各处多次勘察调研，反复论证，制定新方案。

5月7日，最终确定：洗衣车间设在奥运村北区物流中心东侧，并在奥运村中、西公寓区各设一个洗衣收发处。5月16日，洗衣车间建设正式开工。真是时间紧，任务重——图纸设计、厂房建设、设备安装、上下水走向、通排风能量测定、洗涤化料进场等项工作同时展开，交叉作业，困难重重。北京奥组委各级领导都非常关心建设进度。于德斌副主任、杨志忠常务副总经理几乎每日都到现场查看。项目负责人陈方总经理统筹规划，多方协调，顶烈日、战酷暑，像不知疲倦的老黄牛，整日忙碌在工地。6月12日，骄阳似火，陈总光着脊梁，仅带两个人，硬是将18吨洗衣粉卸进现场。6月18日、19日两天，他又带领几名员工，将海尔公司提供的200台洗衣机、400台烘干机送进车间就位，为下一步安装调试赢得时间。负责运输的司机看到他们各个汗流浃背，感动地说："有你们这样的干劲儿，奥运会一定能办好！"

7月20日，经过奥运村运行团队以及管理方、施工方、使用方等各方面的艰苦努力，占地1260平方米、拥有600台设备和正负压排风系统的洗衣房终于落成。

———————— 汗水流过万衣新 ————————

出力流汗只等闲

7月、8月，正是北京高温高湿季节。洗衣车间里将近40摄氏度，湿度也很高，在里面待上一会儿就会有憋闷气喘的感觉。支撑员工们战高温、斗酷暑，一丝不苟干工作的力量源泉，是他们心中装着国家荣誉和奥运会的大目标——为奥运圣火增光热，为奥运健儿洗征尘。

根据洗衣房的工作特点，领导向员工发出"出大力，流大汗，多为奥运做贡献"的号召。在这个目标鼓舞下，员工们顽强工作，坚持不懈，交出了令国家和人民满意的答卷。

"绿色奥运"是北京对世界的承诺。为此，洗衣房制定了科学合理、达到环保要求的洗涤配方，在保证衣物洁净、卫生的前提下，最大限度地降低了废水污染排放。同时，在洗衣全程中，采用了电子扫描管理系统，车间、收发处之间的数据和票证统计及传输，全部实现了电算化，10台电脑同时工作，简化了程序，缩短了运动员收送衣物的等候时间，并确保了衣物万无一失，体现了北京奥运会"科技奥运"的理念。

在近两个月的奥运会和残奥会期间，洗衣房平均每天收发10000袋运动员衣物，累计洗涤衣物578.62吨。其中，残奥会期间共洗涤运动员和官员衣物52086袋，团队服装8120套，特殊服装（含人体排泄物污染服装）1800多袋，兄弟团队工服1350多套，还有所有公寓保洁尘布等，总计166.26吨。

革新配方减污染

齐大同，我国洗染行业著名专家，担负整个奥运洗衣的技术工作。他虽年事已高，却每天坚守在第一线，长达12小时。为保证奥运洗衣的高质量，齐大同与团队其他领导一道，修改了原设备要求方案，制定出严格的洗衣工艺，并运用自行调配的科学合理的洗涤配方，将固体洗涤剂溶解为液态洗涤剂。仅此一项革新，就大幅度降低了洗涤废液对环境的污染，并节约了40%的洗涤剂。

为了达到国际洗涤标准，让运动员穿上洗过的衣服舒适、满意，齐大同兢兢业业地工作，并创造了许多奇迹。有一次，为了把一件特殊服装洗干净，他弯着腰工作了近两个小时。腿站肿了，手磨破了，他毫不在意，直至将这件服装洗得令自己满意才算完工，令大家感动不已。

8月18日下午，英国一位女运动员送来洗涤的白色运动衣，因一支口红遗留在口袋中而造成整袋衣服严重串色。那位女运动员收到衣服时非常不满意。按照国际奥委会的技术手册规定，该类情况洗衣房不承担任何责任。尽管如此，齐大同还是用了3个多小时，将该袋内所有衣服一件件脱色还原，最终达到非常好的效果。英国女运动员接过复原的衣物和自己遗留的口红，不由得连声道歉并表示深深的感谢。

残奥会期间，有些运动员生活不能自理，很多衣物上沾有血迹和粪便，在高温高湿的天气里恶臭难闻，不少"80后"的大学生志愿者禁不住恶心、呕吐，甚至几天吃不下饭。齐大同率先接下被污染的衣物，进行冲洗、消毒处理，同时，引导员工善待残疾人运动员，学习他们拼搏向上的精神，并反复叮嘱员工：及时为残疾人运动员提供满意的服务，是我们义不容辞的责任。在他的带领下，员工们忍受着恶心、呕吐，尽心尽力地清理着每一件污染衣物，使许多件"惨不忍睹"的衣物恢复了清新、整洁，以行动彰显了奥林匹克精神，受到各国代表团的普遍好评。荷兰轮椅篮球队和德国代表队技术官员取衣时，都微笑着伸出大拇指，表达赞许之情。美国田径队教练Chad James专程来到洗衣房，一再表示：北京好！奥运村好！中国的洗衣服务人员好！

甘为宾客解忧难

洗衣服务团队的服务宗旨是：想运动员所想，急

运动员所急。7月27日，奥运村正式开村。各国奥运代表团陆续抵达后，洗衣量日渐增多。从8月6日起，日洗涤量达到6000余袋，这一高峰期持续了12天。中国台湾棒球队因训练和比赛场地远离奥运村，返回驻地时间较晚，错过了洗衣房的营业时间，及时洗涤运动衣成了困难。洗衣房工作人员得知后马上表示：急事急办，一切服从奥运赛事。此后，中国台湾队在凌晨两点多来送队服洗涤时，看到的依然是洗衣服务人员的笑脸，而且，这些刚刚送来的衣物在清晨6点便准时返还。台胞们大受感动，连连致谢。

8月24日下午2点，两名西班牙运动员送来当晚参加闭幕式要穿的服装，当日班长薛晨和刘永伟立即将衣物送到洗衣车间。晚6点，奥运村内科荟路戒严，运输车辆不得通行。52岁的女统计员刘俊章，以跑百米的速度，将洗好的衣物送达中区接待处，自己大汗淋漓，却解除了西班牙运动员的焦急和忧虑。

特事特办暖人心

为残奥会提供洗衣服务是一项艰巨的任务，洗衣房专门制定出六项工作方针。

我们原以为经历了奥运会每天洗涤6000多袋的高峰期后，为残奥会高峰期7000多运动员和官员提供衣物洗涤服务，应该比奥运会期间的任务要轻松。但事实并非如此。洗衣团队发现收发衣服的时间需要重新对接。在奥运会期间，正常洗衣收发时间从早7点到晚10点半。但残奥会期间，10点半后经常有运动员坐着轮椅来送洗衣服。洗衣房工作人员便延长了服务时间。后来又有的运动员在凌晨2点左右来送洗衣物，洗衣房工作人员便再次延长服务时间，并提供了随送、随收、随洗的个性化服务。

部分运动员衣物带有人体排泄物，为洗涤带来了不小难度。为此，洗衣团队调动5台洗衣机、10台烘干机的特殊设备，来专门完成此类特殊衣物非正常洗涤，尽管这样做大大增加了整个洗衣流程的复杂程度，却换来了残疾运动员的真诚谢意。德国曲棍球队连续十多天都要加急服务，洗衣房做到随到随洗，令他们大为感动，并送来他们的纪念章和队旗，以表谢意。

微笑服务送快乐

残奥会期间，洗衣房不仅是以微笑服务为运动员提供洗衣的地方，更是许多残障运动员喜欢聚集的场所。

郭兴元是获得轮椅乒乓球比赛银牌的中国运动员。在残奥村，有两个地方他最喜欢去：一是运动员餐厅，一是洗衣房收发处。洗衣房员工的微笑服务，给他带来了快乐。他经常到洗衣房把比赛情况和战绩告诉大家，与大家共享快乐。看到洗衣房工作人员忙得吃不上饭，他就摇着轮椅跑近1000米的路，给大家带回两大包麦当劳食品。残奥会结束前，他拿来自己的个性邮票与大家分享。获得金牌的韩国轮椅运动员获奖当晚来到洗衣房收发处，兴奋地向大家展示他的金牌，与人聊天，学习中文，对北京残奥会赞不绝口，深夜两点才依依不舍地离去。

在为期两个月的洗衣服务中，洗衣团队的员工们以高度的政治觉悟和极大的工作热情，全身心地投入工作。不计时间、不计报酬，拾金不昧的事例更是屡见不鲜。法国运动员收到遗失在送洗衣物中的1900元现金后，给洗衣房送来了10件法国队队服，赞扬我们的员工拾金不昧的精神。

洗衣团队用真诚的微笑服务,向各国运动员传递中国人民热情、友好的情谊，体现出他们对"微笑服务、人文奥运"深厚意蕴的深刻理解。

奥运会结束前几天，许多运动员特地来洗衣房与员工告别，洗衣房里经常出现依依惜别的情景。一位葡萄牙朋友临行前说："北京之行是我人生中最美妙的一次旅行，一切都充满着惊喜。中国和我原先想的一点也不同，中国真棒！"荷兰代表团在归国前特意来到中区洗衣收发处，送来荷兰的吉祥物小木靴，表达他们的谢意。美国女排代表专程来洗衣房赠送了一幅油画……

奥运洗衣团队以优异的工作受到运动员、参赛国家代表团以及国际奥委会的表扬。在国际奥委会组织各国代表团参加的会议上，各代表团一致认为，北京奥运村洗衣服务及时周到，无差错无丢失，洗衣水平堪称一流。

（住宿服务团队张杰供稿）

诊所一日

"早上好。"

奥运村里，新的一天开始了。马遂院长刚值完一个夜班，早早起来，在综合诊所门口微笑着向志愿者们打招呼。

虽已年逾花甲，可他脸上没有一丝倦意。他每天早来晚走，已成习惯。

时钟指向8点整，交班会上，内科、外科、急诊的大夫、护士们在汇报前一天的工作情况，马院长认真听着，不时做些记录。

来奥运村综合诊所之前，他是北京协和医院的副院长，国内知名的危重症医学专家。诊所里的医生、护士大多是来自协和医院的专业志愿者，对这些老部下的水平，他有充分信心。奥运会开幕以来，诊所里每天接待的病人少则三四百，多则六七百，没有出现过一例误诊。

8点半，开完交班会，诊所的各位经理聚在一起，讨论一天的工作安排。细心的胡金龙给马院长递上一杯热水。顾不上寒暄，大家马上开始讨论今天的工作安排。

王炜副经理来诊所之前是北京市东城区卫生局局长，有着丰富的组织管理工作经验，是马院长的好帮手。他重点负责诊所和村里其他各个团队的协调，比如，经过和安保团队协商，解决了转运病人的救护车直接进村的大问题。

潘经理从药监局调来，专门负责药品和医疗器械的监管。他多年来养成了严谨的作风，虽然说话不多，可是总能把握住关键。

高经理是位女同志，原来也在协和医院工作，在诊所里重点负责日常医务。

小胡经理虽然年龄不到30岁，可是在奥组委已经工作了4年多，诊所里635位志愿者，都知道"有困难，找（胡）金龙"。还有从澳大利亚"海归"的小翟，平均每天要换3块手机电池，200多个代表团700多位队医都和他联系，每天忙得四脚朝天，接一个电话时有五六个未接来电在排队。

　　这里还是一片工地时，作为奥组委的工作人员，小胡和小翟就开始在这里上班了。他们每天忙得连轴转，亲眼看着新楼拔地而起，磁共振扫描仪、超声、牙科椅，一件件大型设备吊装到位。来不及喘口气，他们又开始组织志愿者选拔、培训、演练，一年多的时间，没有休过一个完整的周末。

　　来自东城区急救站的张站长快60岁了，作为后勤的主管，他每天带着几个小姑娘，为大家送水送餐。

　　中午时分，大家从餐厅陆续回来，正在谈论今天的午餐居然吃到了久违的西红柿炒鸡蛋和宫保鸡丁，看来美国大厨师也向中餐妥协了，分诊台的郑大夫却拿着对讲机急匆匆地跑出去找救护车，不到5分钟，救护车拉着一位外国运动员回来了。

　　这名运动员在回村的班车上突然不适。班车司机有些紧张，一时不知道该怎么办，幸亏同车的西班牙和墨西哥运动员帮忙，赶快联系了诊所。病人来所后，急救车的大夫、护士忙得满头大汗顾不得擦。大家赶快帮忙将病人抬上急诊治疗床。经过及时治疗，病人终于病情稳定了。

　　和外面相比，奥运村真像是一个理想的乌托邦，大家为同一个梦想走到一起，忘记一切名利，互相帮助。

各医院的领导们也颇具温情，有的送来水果，有的送来巧克力。党委书记也没忘了捎来一面鲜红的党旗。

午后，也许是睡醒了，也许是训练结束，也许是刚拿到金牌，运动员们陆续来到诊所，分诊台前排起了长队。等待做理疗的病人排到了门外，两台磁共振机也连轴转，药房的同志们跑着给病人取药。

"西班牙语翻译在哪里？内科找他。"

"在口腔科，还没忙完呢！"

"知道了，给语言服务中心打电话。"

"啊，他们也派不出人来。"

"没关系，咱们还有电话翻译呢。"

"好极了！"

忙而不乱，问题一个个解决了。排队的人群逐渐分流到各个诊室，大家又能喘口气了。

晚上9点多，病人少多了。除了值夜班的大夫，诊所人员陆续离开。细心的高凤莉主任端出一个圆盒子，招呼大家聚拢到诊所的小会议室。打开盒子，哇，生日蛋糕！

"今天谁过生日啊？"

"猜一下。"

"马院长？"

"对啦！你怎么知道的？"

"哈哈，有内线呗。"

幸福的烛光里，每个人悄悄地许下心愿。

时钟指向晚上12点，大多数志愿者已经回家。两位非洲朋友急匆匆地走进诊所大厅。分诊台的两位值班护士吴艳芳和卢艳以为他们来看急诊，赶快迎上去，问过才知道，他们前两天来诊所配了眼镜，明天早上7点要乘飞机回国，收拾东西时才想起来取眼镜。

这可给两位年轻的护士出了个难题：配镜师已经回家了，怎么办呢？

先去楼上看看再说吧。找到钥匙，打开配镜科的大门，很好，配好的眼镜整齐地放在玻璃柜里。哎呀，柜子可是上了锁的！

正在发愁，小卢突然想起来，诊所刚开张的时候赵大夫曾经和她说，诊所里的治疗柜钥匙都是通用的。

赶快从楼下找一把来试一下。成功！太棒了！

非洲朋友拿着眼镜，满意地走了。

诊所暖人心

这是综合诊所里最普通的一天。在奥运村里，综合诊所多少有些神秘色彩，运动员们走进诊所时是疲惫、沮丧或伤痛的，走出时却是轻快、平和、安详的。而促成这个转变的，正是我们诊所里老老少少的医护人员最贴心的专业服务。

（综合服务团队赵元立供稿）

用手按摩，用心服务

我当过兵，做过护士、骨科大夫，最后定格在中医按摩专业。从医的道路我走了近40年，喜欢的名言很多，但最为欣赏的是"勿以善小而不为"。

在进入奥运村、残奥村近两个月的时间里，我被任命为按摩小组的组长、指导老师，组里还有来自中国中医科学院、中医药大学、首都医科大学的14名研究生和本科生。我们和其他两个小组一起负责奥运村休闲中心女宾部的按摩工作。

奥运会是中国人百年的梦想与期盼，办好奥运会是每一个中国人的责任。在奥运村内开办中医按摩诊所，是向世界展示中国传统医学的一个亮点。而我们的工作质量好坏，直接影响到中国中医的形象。因此，把自己的工作做细做好非常重要。

我这个组长别看官职不大，负责的事还真不少。要将上级的精神传达给组员，又要带领组员圆满地完成按摩工作，还要及时解决出现的问题。细节决定成败，我们强调要从每一件小事做起，把奥运村内医疗服务的工作做好。

奥运村内的按摩工作，大家都没干过，具体怎么干，谁心里都没底。根据自己多年工作的经验，我首先抓了分工，分为导医、按摩、物资保管、宣传等不同的岗位，让每个人都明确自己的责任，但分工不分家，根据实际情况及时调整；然后对治疗环境进行整理，把按摩床等物品摆得井井有条，对所缺物品如屏风、毛巾等及时向有关部门反映，并针对学生实践经验少的现状，抓紧开村前的几天进行培训，让学生互相按摩，并进行讲评和纠正。

开村几天后，我发现有些运动员或官员希望即来即做，因为她们无法知道第二天的时间安排是否会变化。我既坚持按制度预约治疗，又适当灵活调整，在有空床的情况下尽量满足她们的要求。这种灵活的工作方式得到运动员和官员的一致好评。

有些柔道、摔跤、举重的运动员身体很壮，肌肉很强健，学生们按摩起来非常吃力，还不时听到运动员喊"用劲！""再用劲！"对此，我一方面告诉学生应该怎样用力，一方面告诉导医，如果再有这样的情况，我亲自来做，给学生进行示范。VIP官员和特体运动员经我治疗后，都会连连称赞中医按摩的神奇，满意而归。

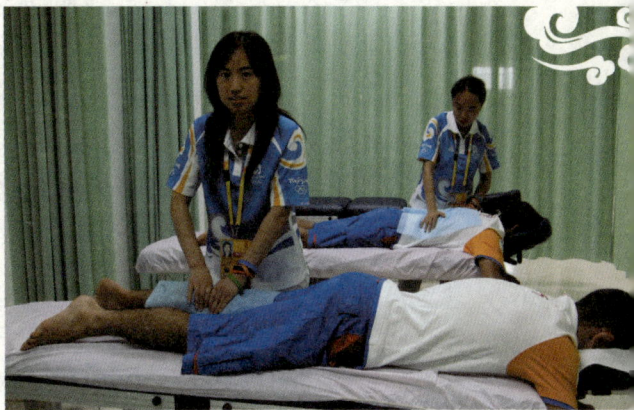

妙手驱疲劳

巡视是我工作的另一项内容。学生们在工作时，我会不定时地巡视走动，发现问题及时解决。如治疗枕的摆放方向没有随体位变化而调整，运动员不够舒适，我就会及时要求改正。在巡视中我还发现，有些身材高大的运动员，一条毛巾往往盖不住身体，我就要求学生按照运动员的身材，及时调整毛巾的数量。每天上班前，我还会常规检查一下治疗床，保证万无一失。为保持环境整洁，我会提醒身边的人，把垃圾废物集中摆放在非工作区，给客人们一种视觉的舒适感。

物品清点是我投入精力最大的一项工作。登记表的设计，物品的摆放、送洗，我一一参与、过问，这使我在第一时间发现很多细小的问题及解决方法，如毛巾丢失的原因、洗洁不净的处理办法、快速清点物品的经验等。

我还注意关心学生，了解她们都有什么想法，谁身体不舒服，便给予适当的照顾，谁的活比较忙，就主动去帮助。做导医的学生因为角色的限制，不能参与更多的治疗工作，这就意味着她们得到的纪念章特别少。我就把我得到的第一批纪念章送给她们。她们是在为组里工作，为大家服务，她们做好了，全组的工作才会更有序、顺畅。

我们小组15个人团结得像一个人一样，大家心往一块儿想，劲往一块儿使。学生们用运动员治疗后留下的留言条，在宣传栏中布置成一个中国印的图案，谁看了都说有创意。学生们还主动写稿，并在奥运村内的快报上发表。

在近两个月中，我们中医按摩诊所的每个人都在用手按摩，用心服务，有太多的故事，太多的感动，太多的回忆，太多的汗水……我们会永远铭记这精彩的独一无二的经历。

（住宿服务团队郑雷供稿）

牙医仁者心

　　很多人都知道，奥运会期间，主办方会向前来参赛的宾客提供许多免费服务，包括口腔医疗服务，所以有些运动员、随队官员往往会乘奥运之便特来享受口腔服务。奥运村中口腔医疗服务的任务显得尤为重要，工作量相当大。

　　那么我们北京奥运会的口腔服务状况到底如何？在2008年6月17日全体奥运医疗服务人员培训会上，奥组委残奥专家王刚介绍说：残奥会的医疗服务从就诊量来说，位居第一的就是口腔科，夏季奥运会口腔科就诊量也是高居第二位的。6月19日奥运村综合诊所内进行口腔科服务人员培训时，北京奥组委医疗卫生处处长甄小珍介绍说，欧洲及北美的许多国家已经派代表团来了解北京奥运会的准备工作，并明确咨询过有关口腔科医疗服务的相关安排。甄处长也明确表态，我们为此次奥运会的口腔科医疗服务做了充分准备。

　　北京奥运会期间的首席口腔医生杨晓江在介绍口腔科医疗保障情况时说，北京奥运村内的口腔诊所共有6个独立的治疗房间，分别配有崭新的牙科治疗椅，具有良好的诊疗私密性并严格杜绝交叉污染的可能性。再看人员安排，在全北京2000余名口腔医务工作者中，挑选出83名人员进入奥运村服务。根据对工作量、赛事安排以及交通状况等许多因素的考虑，诊所将工作时间定为8点至23点，其实护士在7点30分前就要做好开诊准备工作，而且必须有留守人员直到每天的最后一场赛事结束后才能下班。7月20日到9月20日的服务期间，我们还会面对许多无法预知的困难和问题，如何解决它们，就要靠我们这些口腔医生去动脑筋、想办法了。

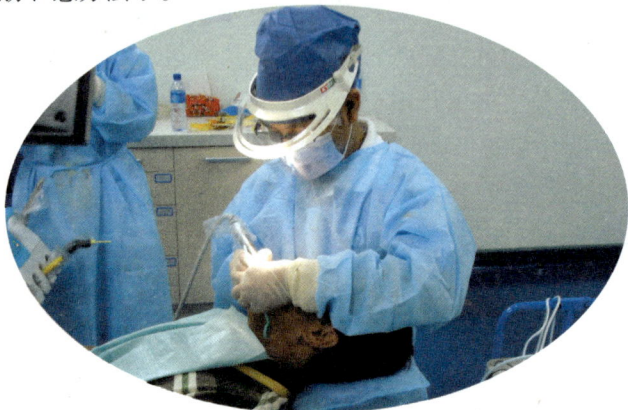

医术高超

　　奥运村里综合诊所的口腔科前台工作与医院里的不大一样，这里要帮助病人挂号、测体温、填病历、叫号，也负责整个诊室与外界的联络，十分忙碌。吃午饭成了我们最大的困难。病人似乎都喜欢在午饭时间来看口腔科，我们的午饭时间也因此前移或后挪，一个人吃完了总会以最快的速度回来换另一个人去，谁也没有怨言。每当病人从诊室出来对我们说"Thank you very much"并带着笑容离开的时候，一切疲劳感全都烟消云散，这是我们最快乐的时刻！

　　在工作中经常会遇到不会讲英语的患者，这可有些难度了，我们都是手舞足蹈地去比画，远远看去很有动感，彼此的"肢体语言"都让人觉得对方很可爱，往往是笑着笑着就很容易地相互理解了。安顿好病人后，我们就尽快找语言服务中心的人员来帮助解决问题。

怕患者感到无聊，我们就在座椅旁放上书报架；怕患者口渴，我们就准备好瓶装水；怕患者被蚊虫叮咬，我们也准备了驱蚊器、风油精等。我们还为运动员制作护齿器，这是保护运动员在运动过程中避免牙齿损伤的一种装置。碰到特殊情况，我们还会延长工作时间，不管已经工作了多久，身体有多累，因为我们知道自己工作的重要性。

有一次，一名同事忙碌了一天，却一直没有吃东西，晕倒了，脸部受伤，需要缝合。我们为她缝合好伤口，看着她安全离开，此时已经是午夜时分了。

奥运会使北京变成了一个大家庭，让来自天南海北的人们成为一家人。我们忘不了第一次和外国人说话时脸红和紧张的感觉，忘不了帮助他人而得到肯定的微笑，忘不了在奥运村内学习到的点点滴滴。作为服务于奥运会的牙科医生，我们满怀真诚地为这世界和平的盛典奉献了自己的力量，感到十分自豪。

（住宿服务团队张昕、孙蕾供稿）

公共卫生，创造神话

百年奥运，中华梦圆。有幸参与北京奥运村的公共卫生保障工作，我们感到无上光荣与自豪。

在北京奥运会及残奥会期间，奥运村为来自世界各地的运动员、随队官员及工作人员提供餐饮、住宿、娱乐等服务保障。奥运村占地73万平方米，分为居住区、国际区和运行区，共有42栋运动员公寓、9993套客房；主餐厅、分餐厅面积超过21000平方米；还设有综合诊所、超市、图书馆、娱乐中心、休闲体育区等相关服务设施。高峰期有17000多名各国家和地区的运动员、教练员、随队官员和15600余名工作人员共计33000余人在村内生活与工作。独特而又广泛的服务功能使运动员村成为北京奥运会的核心区域，备受国内外公众和媒体关注。因此，奥运村的公共卫生保障更是北京奥运会各项服务保障工作的重中之重。

狠抓培训

为做好奥运村的公共卫生保障工作，北京市卫生局从市属卫生系统8个单位抽调了46名成员，组成奥运村公共卫生保障团队，担负运动员村食品卫生、公共场所及生活饮用水卫生、病媒生物控制及消毒、传染病控制和突发公共卫生事件应急处置等6项公共卫生保障职责。

从2008年6月16日进入奥运村，团队领导就积极与有关部门协调，明确团队隶属关系，落实工作人员证件、办公用房等，使团队尽快进入工作状态。

从7月27日奥运村开村至9月20日残奥村闭村，公共卫生保障团队全体成员坚守岗位，克服了各种困难，无怨无悔奉献着自己的一切。

每日必查

食品卫生组工作人员每天在办公地点、运动员餐厅、国际区等工作区域往来穿梭巡查4次，每次大约需要两三个小时。他们每天都在餐饮工作区域巡查，面对伸手可及的各国珍膳佳肴，却没有一个人在运动员餐厅吃过一口饭；面对众多的体坛巨星，全体同志牢记运动员村团队铁的纪律，未有一人与明星合影或签字留念。每当有人问起在运动员餐厅工作时的感受，大家便笑称："我们的工作就像笑星赵丽蓉小品里所说的：人家坐着，我们站着；人家吃着，我们看着。我们就是那个托儿！——不过我们不是饭托儿，我们托起的是全体运动员的饮食安全。"

食品卫生组工作人员的工作节奏很快，每天都是匆忙吃完饭，顾不上休息，又赶紧开始下一轮巡查。最难受的是每天要不停地在零下18摄氏度的低温和40摄氏度以上的高温环境中反复出入。很多工作人员因此患了感冒，而且上次感冒没好，下次感冒又接上了。进入低温库检查，虽然上身套着厚厚的羽绒服，但是下身只穿一条薄薄的裤子，只要在冷库中待上几分钟，一股寒气自下而上袭来，双腿就有酸痛感，非常难受。因为天天需要进入低温库中进行检查，而且停留时间较长，许多同志的膝关节经常酸痛。

公共场所及生活饮用水卫生组的工作人员每天都要巡视运动员村内的42栋公寓以及娱乐中心、休闲体育区等相关服务设施。病媒虫害防治组的工作人员白天要踏遍运动员村的每一个角落，测算每一处的病媒密度，在夜深人静的时候，还要喷洒药物，防控病媒虫害。

公共卫生保障团队的每个人都意识到自己的工作关系到国家的荣誉，因而处处严格要求自己，尽心尽力，克服各种困难，把全部精力投入到工作当中。有援疆3年刚归来而放弃休假、加班加点工作的团队主管王如刚，有夫妻双方都在我们团队奋战的车全忠夫妇；有克服严重早孕反应依旧坚持工作的王晓梅……

其中，尤为突出的是团队负责人马朝辉。

2008年5月5日至7月13日，马朝辉的妻子因过度劳累导致免疫力下降而病重住院，病情几度恶化，医院两

次下了病危通知书。面对病榻上的妻子，马朝辉的心头是深深的愧疚和自责。一面是妻子病重需要自己全身心24小时陪护，一面是奥运村的公共卫生保障工作正值关键时期，需要自己去组织、协调和推动。马朝辉毅然选择了以工作为先、以奥运为重。那段时间，他白天照常上班，夜晚去医院悉心照料妻子。妻子休息后，他便在妻子的病榻旁撰写有关文件。妻子住院两个多月，马朝辉没有因为妻子需要陪护、两岁的女儿需要照看、父母体弱多病而耽误一点工作。在46名团队成员中，马朝辉离家最远，每天往返一次要110公里。从入住奥运村开始到残奥会结束的90多天里，他上下班跑路的行程竟超过了1万公里！为了帮助交通不便的同事，他还主动承担了"班车司机"的任务，早上最早出门，晚上将同志们送到家，回到自己的家都在10点以后。

有人问他："如此辛劳地服务奥运，你图的是什么？"他从容地回答："2008年4月，我受单位委派接受国外媒体采访，深刻体会到世界上有些人对中国承办一届高水平奥运会的怀疑。当时我就暗下决心，要用出色的工作业绩来证明中国人能行！我经常提醒团队成员和餐饮服务商工作人员：我们代表的不是某一个个体，而是中国，每个人都要牢记自己头上高悬着国家荣誉！"

公共卫生保障团队的每一名成员都牢记并实践着运动员村"甘愿苦和累，奉献奥运会"的誓言，对工作一丝不苟，任劳任怨，风雨无阻，奔波不息。在团队全体同志的共同努力下，奥运会和残奥会期间，运动员村实现了公共卫生保障工作目标，为奥运会和残奥会的圆满举办提供了强有力的公共卫生安全保障。

北京奥运会和残奥会，56个难忘的朝朝暮暮，展示着13亿人在改革开放30年的硕果和成就；56个精彩的日日夜夜，凝聚着13亿人7年筹办的心血和汗水；56个平凡的日日夜夜，我们携手共同走过；56个平安的朝朝暮暮，我们并肩一起奋斗。

56个日日夜夜，46人创造了中国历史上就餐人数最多、持续时间最长、供餐百万人次无一例食物中毒的神话；56个朝朝暮暮，46人兑现了运动员村无饮用水事故、无传染病疫情和续发病例的庄严承诺。

56个日日夜夜，我们洒下了辛勤的汗水，付出了全部的心血，换取了全体奥运村村民的公共卫生安全；56个朝朝暮暮，我们舍小家为国家，舍亲情为奥运，赢得了祖国和人民的满意微笑……

作为中国第一代奥运村人，我们努力了，付出了。能够将自己的青春奉献给在中国举办的第一届奥运会，我们心甘情愿，此生无憾！

（公共卫生保障团队马朝辉、黄高平供稿）

卫生监督日记

2008年8月4日　星期一　多云

　　距离北京奥运会开幕只有4天了，漫长的等待即将结束，奥运就在眼前。今天，接到实验室通知，在准备向奥运村供应的菜品中，有两件样品检测出金黄色葡萄球菌。我们团队立即召开会议，研究部署并开展有效工作。通过全程监控菜品生产、加工、运输等环节，我们发现，所有从业人员身体健康状况良好，无手外伤，也无咽炎等疾病，冷菜为专用冷藏车密闭运输，问题出在冷荤间内的案板清洗消毒上。案板清洗不彻底，留有食物残渣，日积月累，被金黄色葡萄球菌污染，厨师在制作冷荤食品时使用案板，食品便难免被污染。我们立即要求对案板等食品工具进行彻底的物理和化学消毒，随后进行采样监测，结果全部合格。我通过细致的观察，运用自己的知识和经验，有效防控了食品污染事件。该单位负责人诚恳地表示，在卫生监督部门的保障下，他们有信心制作出安全放心的食品。

消毒设备，调试到位

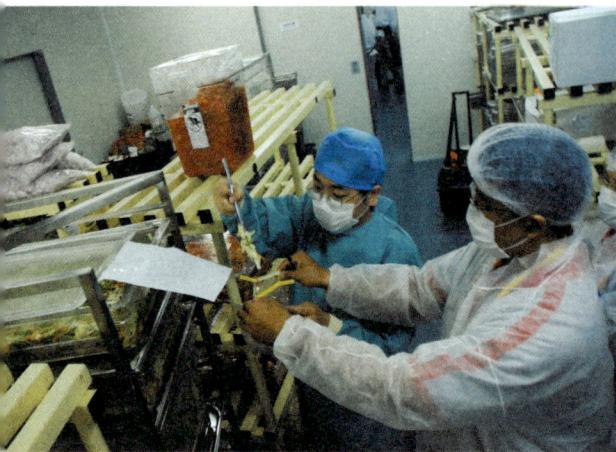

食品采样，一丝不苟

2008年8月6日　星期三　多云

连续几天不间断地工作使我的双脚起了水泡，走起路来疼痛难忍，每天晚上都需要用淡盐水冲洗，今天是第三次冲洗。妈妈看在眼里，疼在心中，劝我说家里还有小孩子需要照顾，干工作不要这么拼命。我能理解她的关爱之情，但是，奥运会开幕在即，作为一名共产党员，尤其是作为一名有重大活动保障工作经验的卫生监督员，我必须要以身作则。坚持，还要再坚持！

2008年8月8日　星期五　阴转小雨

今天晚上8点钟北京奥运会就要开幕了，全球体育名将都汇聚于此。最难忘的时刻再过几个小时就到了，一想到此，我的心情就激动，昨晚夜班的疲惫感也消失了。我自愿在工作岗位上又加了半天班，整理了一下档案，并且巡视了运动员分餐厅。下午，我利用休息时间去了国际区，看到好多徽章交换点，许多人正在忙碌地交换。我也加入到这个行列中，把自己珍藏的奥运徽章和国际友人进行了交换。交换的场景颇为融洽，仿佛此时没有了国界，体育让这个世界紧紧连在了一起。

2008年8月11日　星期一　大雨转中雨

今天一直下着雨，按照计划，我和同组同事继续开展工作。工作途中，我的外衣全都被淋湿了。我们首先进入了冷藏库盘点蔬菜、水果、糕点等食品的进货情况，接着又对冷冻库内食品进行了清查。陪同的负责人David和Ken都冻得有点坚持不住了，我们却不畏寒冷仍然认真核对食品的保存期限，大约40分钟才完成任务。出来后，我的眼镜一片白雾，什么也看不见了，寒气透过湿衣服猛刺身体。外方负责人对我们的工作非常认可，看着我冻得发青的脸说："You are a man." 我客气说："That's my duty." 他们把崇敬的掌声献给了我们这些可爱而敬业的卫生监督员。

2008年8月13日　星期三　阵雨转雷阵雨

昨天晚上只睡了3个小时，不满5个月的闺女折腾了一宿，弄得我和妻子忙活了整整一夜。妻子多次劝我去客厅睡一觉，生怕我耽误了今天的工作。我看着她那布满血丝的双眼，听着她不时的咳嗽声，哪忍心离开呢。为了奥运工作，我们一天一天地坚持着，亲情面前，我心里很不好受。再坚持几天吧，我的闺女！长大了你会为你的父母在2008年夏季的付出感到自豪。

2008年8月23日　星期六　晴

　　明天北京奥运会就要闭幕了，紧绷着的弦终于可以有些许和缓。前一阶段的卫生保障工作很有效果，运动员村南区整体平稳，发现的卫生问题，都已经完满地解决了。"行百里者，半于九十"，还要继续加油啊。今天我值夜班，在村中巡视时，有个外国朋友和我合影，并和我聊起来。原来他的夫人也从事食品卫生监管工作。他对奥运村和北京的食品卫生感到非常满意。临别他还送了我一对国际奥委会2008年的纪念章。我将我的一个北京医务工作者的纪念章回赠给他。他甚是高兴。

　　开放的北京欢迎五湖四海的朋友，愿你们在北京过得愉快。

　　　　　　　　　　　（公共卫生保障团队刘晓刚供稿）

酸甜苦辣保交通

　　举世瞩目的北京奥运会和残奥会完美谢幕了。身处世人交口称赞的奥运村，看着那一条条宽阔的交通道路，一座座完备的交通设施，一处处醒目的交通标志，一辆辆穿梭于优美景观中的大客车、电瓶车、作业车、残疾人轮椅车，一群群漫步于幽雅环境中的奥运村民，我们感到了无比的欣慰，同时也难以忘却那段充满艰辛和挑战的奥运村交通运行前奏曲。苦累与甘甜，奉献与快乐，铭刻在每一位交通服务团队成员的脑海中。

交通设施优化改造，凝聚着团队的汗水和心血

交通服务团队是在2008年4月组建并进驻奥运村的。看到建设之中的那成片楼宇、绿地和各类功能场站设施，我们曾经兴奋不已。然而，兴奋劲儿还没有过去，我们就发现，即将完工的交通基础设施，无论是车道、步道还是设施、场站，无论是路面、路基还是开口、流线，与奥运期间交通运行的任务需求相去甚远，主要问题有：村内环线班车道路承载力不够，宽度无法满足车辆双向行驶；科荟路等赛时主要道路已按照社会道路绿化，未设置人员、车辆通行的通道；村长院、升旗广场等重要场所周边无人行步道等，粗略一算，需要改造优化的工程就有20余项。

这时，距奥运会开幕只有4个月时间，在这么短的时间内要协调规划建设、安保、交通、绿化和十几个村内运行团队，完成如此多工程的立项、审批、施工工作，简直不可思议。面对这些难题，怎么办？丁保生总经理在团队会议上说道："组织上派我们到奥运村就是来解决问题的，为了办好全国人民百年期盼的奥运会，再多的问题也必须解决。大家都辛苦点吧！"在丁总的指挥下，团队所有人员全力投入到村内交通设施改造这项赛前最为艰巨的战役中。前期进入奥运村、了解村内情况的王骐常务副总经理，成了主要负责人；周恒和张爱军作为路政局派来的干部，责无旁贷地成了重要干将。

交通设施改造工作首先是要摸清村内人员、车辆对道路的实际交通需求。为此，王骐副总经理带领各组人员分别对车辆运

营需求和各专业运行团队需求进行了两轮了解和协商。需求了解工作进行了十余天，每天从早到晚不停地召开协调会，会后无论多晚团队内部都要把当天了解的需求情况进行汇总研究，把合理的需求列为项目议题。那段时间我们的办公条件简陋，每天都要工作到23点以后，第二天早晨8点半前又来上班，回家只相当于住旅馆。就这样，我们很快汇总出了各方面交通需求清单和数据。

与此同时，我们对村内交通设施进行了全面细致的踏勘，对照各部门的需求研究改造方案。那段时间最为艰苦，团队人员在丁总、王骐、常华民的带领下，每天顶着烈日对每条道路开口位置、每一步道设置方案、每一停车场的改造方案进行几次、十几次甚至几十次的研究。

丁总几乎每天都要亲临现场，掌握第一手材料和工程进度，一个个难解的课题和一天天临近的奥运赛时，让他晚上睡不着觉，时间一长血压升高，不得不靠降压药维持。团队每个成员也都在奥运村这块方圆地界上留下了数不尽的足迹，现场踏勘次数少说也有500次以上。

4月底的一天，赶上沙尘暴天气，周恒、张爱军、屈鸿斌3人为了绘制科荟路绿化隔离带的19个开口位置图，用卷尺一遍遍在路上量了几个来回。经过3个多小时的作业，回到办公室时，3个人的头发、眼眉、鼻孔、衣服上都是尘土，来不及洗脸，马上输入测量数据绘制平面图，直到深夜12点后回到家才洗去一身尘土。

村内交通改造的每一个现场数据都是我们亲手测量的，每一个停车位都是我们督导画线施工单位确定的，每一个道路绿化带开口都是经过现场测量划定的。

为了最大限度地满足各类交通需求，我团队对每一项改造方案都要反复认真研究。比如总体改造方案在上报前就修改过20多次，以至于团队里除周恒之外没有谁能准确说出设施改造的准确数据。周恒成了名副其实的设施改造数据发言人，获得了"周开口"的美名。交通设施改造工作报告涉及城市规划、建设、安保、园林、道路、设计、施工20多个部门和单位，协调难度很大。为此，市政府领导先后主持召开了4次现场会，奥组委领导和奥运村领导召开了7次现场会，直到5月23日市交通委刘晓明主任主持的最后一次现场会，才最终确定了社会道路设施改造工程的具体位置、实施责任部门和单位、各环节完成截止时间以及经费支出原则、经费来源等问题，终使社会道路设施改造工程得以顺利开展。

在确定改造方案和编制汇报材料的工作上，丁总亲自指导，确定每一个方案，对每一个数据都认真考察、查找依据，保证其满足交通需求。王骐和常华民带着陈盛、张超、戴晨等几个年轻同志，对上报材料进行连夜研究、反复修改，通宵达旦是家常便饭，为的是争分夺秒把设施改造方案早一点报上去，早一天批下来，早一步协调落实。

市领导对改造工程施工工作报告非常重视，刘淇书记、程红副市长，亲临现场指导工作，并确定了6月25日完工的截止日期。

改造施工期间正赶上多雨期，带来了很大影响，施工单位只能在下雨的间隙期抓紧时间施工。同时，施工期间奥运村已封村，在安保极其严密的奥运村，人员、工具、车辆、材料的进村成为极大的问题。好在有王骐副总经理与安保、武警、交管等部门协调，保证了工程的顺利进行。即使如此也出现

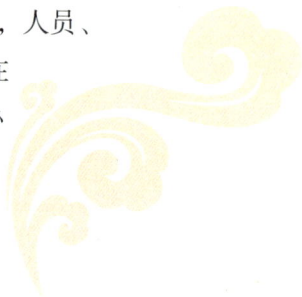

了几次紧张情况：6月18日至25日，连天大雨阻碍了工程进展。22日预报夜间无雨，我们便组织施工单位铺设科荟路的沥青路面，并按要求在村内安保部门给施工单位的人员办理了人员、车辆进村证明。但由于安保与武警、交管等部门未协调好，武警、交管部门连续不断地卡住施工单位的人员、工具、车辆、材料等。从夜间10点半开始，到凌晨6点，施工单位共通报了19次被卡，王骐、周恒19次协调交管和武警放行，整整一夜未睡。通过一段艰苦的工作，交通设施改造工作终于如期完成了。

此后，从奥运村、残奥村开村两个月交通运行的实践看，在前期交通基础设施优化改造工程中，我团队付出的努力和艰辛是不可或缺的。回想起那段艰难的历程，我们为自己是一名奥运村人而自豪。

优质安全的奥运村公共交通，为奥运增光添彩

北京奥运村的公共交通，以其舒适、便利、环保、安全和优质服务，赢得各国各地区运动员的普遍赞誉，为奥运增光添彩。然而，这其中同样蕴涵着一段曲折与反复。按照国际奥委会此前"钦定"的运行设计，奥运村公交仅有一条客车双向对开的环村线路，据说这也是前几届奥运会的惯例。能不能满足赛事运行实际需求，7月3日的奥运村模拟运行演练对此作了诠释。

演练那天，骄阳似火，被邀请来参加演练的2000余"村民"们，着实体验了一次与外界不同的村内交通。由于安保措施严密，在奥运村的封闭天地里，没有车水马龙，能够见到的只是屈指可数的公交车和电瓶车。那些手提大小行李蜂拥进村的客人，以及跑前跑后忙于村务保障工作的各团队官员，不得不顶着烈日以步当车，

没有感受到这条定点定时循规蹈矩的公交线有哪些便利可言。参加了一整天演练的人们，汗流浃背，身躯疲惫，感慨地说："交通基本靠走，搬运基本靠手，找人基本靠吼……"

这种状况下，深感压力的何止我们交通团队人员。第二天，杜主任、程副市长以及梅蕴新副主任等村领导与我们团队班子成员一起，开了一个重要而及时的分析会。针对即将开村要为数以万计运动员和随队官员提供交通服务保障的巨大压力，领导们果断决定，突破既定的条条框框，一切从实战出发，调动村内外所有可利用的交通资源，加强运力，调整计划，尽最大努力，为运动员出行需求和各团队工作运行提供交通便利。

按照这一决策，交通团队人员在丁保生总经理带领下，对原有的"钦定"运行方案作了大胆而有效的调整，村内公交运行线路从1条增加到高峰时日的5条，公交车辆从最初的20辆增加到高峰节点的近40辆。同时根据各国各地区运动员抵达、升旗、训练、参赛和集中用餐等不同时段需求，拟定了以环线公交昼夜运行为基本保障、以专线专车定点定时运行为补充保障的"差别化"运行方案。

那段时间，团队人员为此天天奋战在高温灼热的村路上，带着皮尺一段一段测量车行距离，掐着秒表一点一点测算行车间距，为的是使调整后的运行方案既符合国际奥委会的规范要求，又满足包括残疾人运动员在内的各类运动员的需求愿望。经过艰辛努力，一个详尽的运行调整方案成型了，

只待上会报批。此前一直有人在说，先前国际奥委会"钦定"的运行方案不可能更改。我们团队却坚信一条，解放思想，实事求是，是中国人笃信的真理。终于，在市政府和北京奥组委随即召开的会议上，调整优化方案获得了审议通过，这使我们备受鼓舞，因为大家的汗水没有白流。在随后的奥运村交通实际运行中，新的公交运行方案的实施，给村民出行和我们的服务保障工作带来了意想不到的便利，而来自市公交集团参加奥运村服务保障的职工们，也切身地体会到了奉献与快乐的切身感受。

奥运村内的生活节奏很快，匆忙中，运动员难免遗失物品。我们曾捡拾到：埃及运动员丢失的装有运动服及个人物品的手提袋，日本运动员丢失的双肩背包，乌克兰运动员丢失的手机，美国UPS公司员工丢失的注册卡，哥伦比亚教练丢失的摄像机和照相机，伊朗队医丢失的医疗箱……每当我们把这些失物及时归还失主时，他们都感激不已。乌克兰运动员拿到失而复得的手机后写下留言："手机并不值钱，可里面的信息和电话号码很重要。中国人民很友好，感谢中国人民的友情。"

2008年8月24日，万众瞩目的奥运会接近尾声，大多数比赛项目已经顺利结束，不少运动员陆续离开了北京。循环班车线路驾驶员何盛军接到任务：将巴西足球队的队员送至欢送中心。车上运动员很多，各媒体记者纷纷跟踪采访，运动员之间合影留念。一位著名的巴西球星在下车时将一个行李箱遗忘在车上。何盛军检查车辆时发现了，他急忙拉起行李箱跑步追赶已经进入欢送中心安检口的运动员们。此时这位球星正和助理焦急地寻找着行李箱。看到何盛军拉着行李箱向他跑来时，既高兴又感激。他握着跑得已是汗水湿透衣背的何盛军的手不停地摇动，随后脱下自己的球衣，在背面签了名，郑重地送给了何盛军，并且主动与何师傅合影，还将代表其国家足球队的钥匙扣送给他留做纪念。这位球星称赞道：北京奥运会是历届最好的，奥运村班车司机是最优秀的，中国人了不起！

在团队全体人员的努力下，我们圆满地完成了奥运会及残奥会的村内交通运输任务。自奥运村预开村以来，循环班车A、B、E线路和抵达、升旗专线共行车17012次，运营44068公里，接送世界各个国家和地区的运动员及随队官员、技术官员213107人次，实现了安全零事故、服务零投诉、车质零故障的目标。

小小电瓶车，承载着志愿者的奉献与快乐

小小电瓶车在奥运村里穿梭、行进、拐弯、调头，美丽而灵活，在奥运村里是最受来宾、运动员欢迎的交通工具，尤其受到残疾人运动员的偏爱。它虽然不像大公交那样庞大，也不像奥迪那样豪华，但是我们驾驶着它上路，心中却充满了喜悦与幸福。因为它在奥运村中能最大限度、最有效、最灵活地为运动员服务。

奥运村电瓶车驾驶员由数十名志愿者组成。他们分别来自北京市和其他一些外省市的有关部门。他们凭借出色的驾驶技术和良好的服务态度，得到了来村访问参观的嘉宾和住村运动员的高度赞扬。运动员不管从村里去场馆比赛还是从场馆

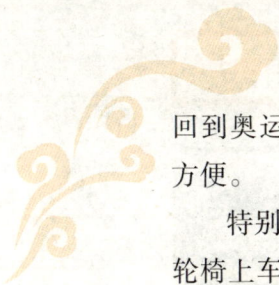

回到奥运村，都愿意坐着电瓶车到餐厅吃饭，非常方便。

特别是残奥会时，我们经常要为外国运动员打开轮椅上车的连接板，并耐心搀扶、提箱、引导他们上车，车辆运行中，还要保证低速、平稳、安全。

最难忘的是2008年的中秋节，晚上7点快要下班时，天气突变，黑压压的狂风夹杂着暴雨来势凶猛，这时运动员班车站、餐厅还有大量的残疾人朋友等着我们接送。大家二话没说，继续开着电瓶车在村里穿梭，直到餐厅没有滞留运动员为止。那时已经过了下班两个小时以后了，每个人的身上都浸满了汗水和雨水，但大家觉得很幸福。让我们感动的是，每次小心翼翼地接送残疾人运动员上下车并给予温馨的提醒后，对方都会说"Thank you!"这种有回应的服务让人感觉真好。我们向外国运动员送去了中国人的热忱，运动员们大声呼喊："I love China!"

在近两个月的奥运村的工作中，根据奥运村内不同时期交通运行的需要，我们在村内的工作岗位、工作任务、工作时间多次变动，排班表的变化也不计其数，而每一次变化，都要召集大家开会传达部署，团队领导对工作那种一丝不苟、严谨认真的态度使我们感动不已。每一个人都能够做到随叫随到，虽然多数人居住地远离奥运村，但为了使每一次工作变动做到无缝隙衔接，保证工作思路布置传达到位、落实到位，员工们毫无怨言，真正做到了招之即来，来之能战，战之能胜。

（交通服务团队周恒、屈鸿斌、魏荣福、潘建平、郭春鸿、常华民供稿）

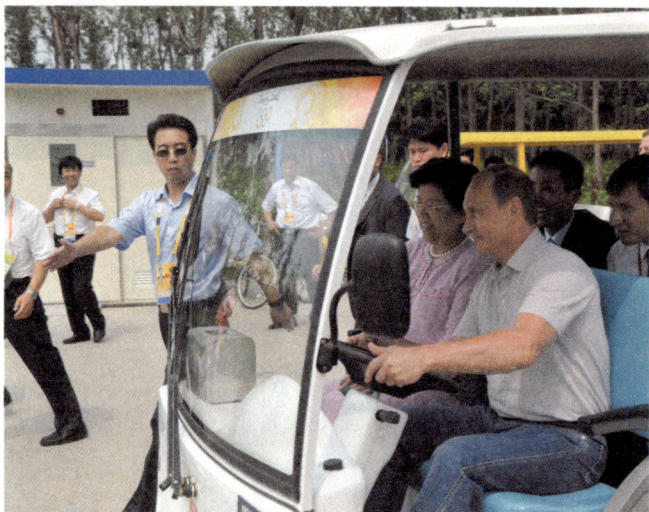

独具风采

普京总理亲驾电瓶车

　　8月9日的北京奥运村，晨曦中迎来了又一个不平凡的日子。前一晚奥运会开幕式精彩纷呈的场景还清晰地浮现在人们脑海，各国各地区的运动员正为准备首日参赛紧张忙碌。一大早，我们交通团队接到对外联络团队通知，当日上午10点半，俄罗斯总理普京将要来奥运村看望本国运动员，他提出在村内活动期间要亲自驾驶电瓶车。

　　就我们交警的职业来说，平日为各国贵宾提供特勤服务已习以为常，而眼下接到这样一个通知，让我们既紧张又为难：紧张的是，普京作为俄罗斯卸任总统和现任总理，乃当今世界少有的风云人物，安全警卫级别极高，自驾车安全问题容不得丝毫疏忽；为难

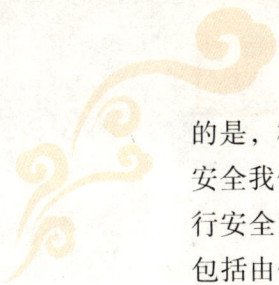

的是，村里交通道路并不十分宽敞，对电瓶车的车况安全我们没有绝对把握。开村以来，为了保证常规运行安全，我们对村内电瓶车采取了多方面管控措施，包括由供车厂家技术人员跟班监控，对各团队驾车人员进行事先考核并制发临时准驾证件，还要严格限定行车时间、行驶速度和运行区域等。对于普京总理提出的这一特殊要求，我们确实感到有些措手不及。然而，无论是出于服务奥运的使命，还是出于对友好邻邦的礼遇，抑或是出于对普京总理个人风格魅力的敬重，这项任务只能完成好，不能出任何纰漏。

在丁保生副主任主持下，交通服务团队立即召集了各业务组负责人紧急会议，迅速做出勤务部署：一是郑重强调，奥运村是为各国各地区运动员和随队官员提供服务的场馆，最大限度地满足村民需求，为他们提供安全便利的交通服务，是团队工作的宗旨，是向世人的承诺，我们必须认真履行承诺。二是明确任务，由后勤保障组迅速选调两辆10座载人电瓶车，组织厂家人员对车辆外观和电压、刹车、方向等重点部位进行全面检测，保证车况完好、操作灵敏、万无一失；由交通管理组对贵宾抵达村内改乘的电瓶车行驶路线进行勘察，确定停车的具体位置，同时在沿线道路部署警力，对其他车辆、人员进行有序疏导，保证贵宾畅行。而我负责全程护卫陪同贵宾活动和现场勤务指挥，协调并处理突发情况。会议只开了15分钟，而后大家带着任务各自分头准备。

9点半，离预定时间还有1个小时，各小组准备工作情况分别报了上来：电瓶车车况已全面检查，各部机件状态良好；贵宾行驶路线和上下车点已勘验完毕，具备安全通行条件；各路段交通警力和交通志愿者也已部署就位，随时待命。

　　一切准备就绪，但我还是忐忑不安，始终悬着一颗心，于是我带领各组人员再一次实地巡查。

　　10点半，贵宾车队缓缓驶入奥运村，在村长院门前停下。普京总理健步下车，与在此迎候的陈至立村长握手寒暄。此时周边的运动员、双方的警卫人员、众多的记者一拥而上，普京总理迅速被淹没在人群里。几分钟后，在警卫工作人员引领下，他来到已准备好的电瓶车旁。普京总理不愧是驾车高手，只见他非常熟练地拧开电源开关，观看仪表，之后左手握住方向盘，右手松开手刹，脚踏电源板，起步、打轮、转向……全套动作干净利落，异常轻松，电瓶车平稳地上路了。看到这里，我一直悬着的心稍有放松。因为此前我曾不止一次想过，如果因不熟悉电瓶车的操作程序启动不了车，我就得赶紧上前帮助他进行操作，现在看来这是多余的了。想来也是，作为非常有个性的领导人，普京善于冒风险，敢于向困难挑战，听说他担任总统时就时常亲自驾驶飞机翱翔蓝天，今天在北京奥运村驾驶电瓶车应当说是不足为奇了。

　　由普京总理驾驶的电瓶车载着其他随团官员、工作人员、警卫人员，同随后的一长串电瓶车缓缓驶向俄罗斯运动员驻地。由于我们事先在车队通行沿途采取了一些交通管制措施，车队行进中没有遇到突发情况，我骑着一辆电动自行车尾随其后，用对讲机不时向丁主任及现场执勤民警通报信息。车队在运动员居住区沿蜿蜒小路缓缓行进，普京总理一边驾车一边与同车的人们谈笑，欣赏着周边绿色的花坛、郁郁葱葱的翠柏，看上去他心情特别好。

几分钟后，普京总理的车队来到了西区B10楼，在那里等候多时的俄罗斯运动员见到总理亲自驾车来看望他们，顿时欢呼雀跃起来，热烈的鼓掌声、欢笑声响彻一片。普京总理一边微笑着向运动员招手致意，一边慢慢地把车停稳，关闭电源，拉好手刹（几个环节一个都没落），下车后与运动员们握手拥抱，互致问候。看到这里，我的心情一下放松了许多。

　　大约1个小时后，普京总理与运动员们握手告别，依旧以熟练的动作驾驶着电瓶车沿原路返回村长院，之后换乘自己的坐驾离开奥运村。望着缓缓驶离的车队，我的心久久不能平静，这固然是因为我们圆满完成了又一次贵宾接待特勤任务，而更为惊叹的是，我当了这么多年交通民警，执行了许许多多外国贵宾交通特勤，今天头一遭遇见普京这样的大国首脑在异国他乡亲自驾车。这或许就是普京总理特有的风格和魅力所在，或许体现了中俄两个传统友好邻邦之间那种不陌生、不见外的特殊情分。参加奥运会服务保障工作以来，我们交通团队先后为70多位国家元首、政府首脑和国际奥委会大家庭高级官员提供过出色的特勤服务保障，而这一次我们依然圆满完成了任务。

（交通服务团队王骐供稿）

班车站托起的梦想

从烈日骄阳的7月到如今阴雨绵绵的9月，我在奥运村，收获着一份属于自己也属于整个北京、整个中国、整个世界的记忆。

当志愿者似乎是一个很久以前就有的愿望，但是真正体会到这份光荣，是在8月8日晚上。我们班车站的志愿者和经理们在寂静漆黑的班车站停车场，一起看着奥运会开幕式的烟花欢呼雀跃，那个时候才意识到，我已经把自己和奥运紧紧地连在了一起，在那个时刻，甚至感觉到了一种圆梦的欣喜。当国歌响起，在狭小的值班室里我们起立，肃静得像是在举行伟大的仪式，甚至感到了鼻子一酸，眼眶中浸满了泪水。在那一刹那，我深深地体会到那句"奥运有我"，有多么沉的分量。

我的岗位在奥运村运动员班车站，每天的工作是协助调度员们做一些琐碎的工作。村内共有74个班车站站位，由4个队负责调度。他们的行车记录表、乘车人数、当天的团体发车安排等都要由我们来负责登记。在工作中，我们发现了班车站站牌中存在的问题，向上级提出了修改申请，得到了批准，更加方便了运动员，还受到了学校和领导的表扬。

在这些日子中，"责任感"和"感动"是我最大的收获。有了这样两个词，仿佛才了解到了志愿者服务的真谛。

运动员从这里奔向赛场

这段短暂的经历让我成长了很多，在不断的学习中，我努力去做一个合格的志愿者。在奥运村的每一天，我都试着改变。从很多的志愿者身上我学习着耐心细致的服务、怎样处理突发情况、怎样让外国人更容易听懂自己的话等等。很多在奥运村入口处的志愿者都会自己留意公交线路、常用景点、英文名称、交通信息等，我从他们身上学到了这样一种积极的态度，再遇上外国人有一些交通方面的问题时，都可以清楚地告诉他们完整详细的路线。我还记得最开始怕自己口语不好不敢与人交谈，而现在经常主动询问别人是否需要帮助，交谈之中也提高了自己的口语能力。

　　另外，我努力做到的就是不论分内分外，只要有人向你求助，就要热情帮助。在村里，经常走着走着就会被拦下，被各种口音的英语问着各种的问题。他们不会管你的业务口和英语水平，在他们眼中好像是志愿者就能够解决这些问题。在这种情况下，我认为是绝对不可以说"Sorry, I don't know."草草了事的，如果不能解决就要打电话向别人询问，或者将其带到负责解答该问题的地方。因为作为一名志愿者，只要解决一个问题，就会为奥运减轻一份负担。有一次在村外的北土城地铁口，有运动员家属向我们问路，在炎热的中午我们带着他们在交通限行的街上转了两个多小时，终于将焦急的客人送到了要去的地方。虽然事情那么小，但我却有着满满的成就感，因为我们是志愿者，没有把人生地不熟的外国客人扔在路上。我想，也许事后他们不会记得我的模样，但是一定会记得这身蓝色的祥云服装，所以才得到了信任。还记得有一天，下雨后我换了便装，走在路上便很少有运动员主动向我打招呼了。我也才深刻地认识到，志愿者在人们的心目中是一个多么亲切可靠的形象。

一个月前，奥运村里紧锣密鼓，我们陪着奥运村一起成长，努力把准备工作做得更好。一个月后，我们已经很熟悉在奥运村大大小小的道路上碰到各国运动员了，来自世界各地友善的笑容，让我们觉得奥运村真的是一个地球村，一切都很像一个家。尤其是看到和平友谊墙上的一句话"如果我们能拥有十六天的和平，那我们也能拥有永远的和平"，看到密密麻麻的签名，顿时被这种奥林匹克盛会所带来的和睦所感动。奥运会闭幕那天，一个澳大利亚运动员在闭幕式结束后的兴奋中欣喜地向我诉说着中国带给他的惊喜和温暖，他不断地重复着"Everyone is friendly!"在奥运村门口，他对着奥运村大叫："Olympic village! My home!"从他的话语里，我感受着作为一个中国人的骄傲，作为一个奥运村志愿者的骄傲。第二天，大部分国家的代表团开始回国，在班车站的门口，贴着这样的标语："把美好的祝福带回家。"看见提着行李的运动员们踏上客车，最后一次向我们挥手再见，即使我们未及相识，却也有着朋友依依惜别的感伤。

奥运会圆满地结束了，我们也换下了这身志愿者的服装。很多年后亲历者不会忘记，在这一年的夏天，我们志愿者们一起努力，托起了华夏民族百年的梦想。当火炬继续在世界传递时，新的梦想又将起航，更会将我们中国人的热情和祝福传递到更多的地方，那里面，也有我的微笑。

（交通服务团队王新梦供稿）

数字在诉说

　　辉煌的2008年奥运会圆满地落下帷幕。作为亲历奥运、服务奥运的团队，我们在奥运村中播撒下了汗水与心力、希望与祝福……参与历史的真切感也许会让我们心中有着一份沉甸甸的收获——也许是一种莫名的感动，也许是一个难忘的故事，也许是曾经一同劳作的欢乐，也许是解决了某个难题后的雀跃，甚至是工作的压力、加班的疲惫，这一切都会深深地刻在我们心中，使我们与奥运紧紧系在一起，成为我们生命中一段辉煌的岁月……

辛劳最美

　　在设备机房与电梯井道，没有注目与掌声，这些默默无声的舞台，播撒了我们辛劳的汗水。日日夜夜，我们值守与巡查在各自平凡的岗位上。为保障各种管线的通畅，我们每天巡查的路程长达145公里。在5公里的低矮建筑夹层内，我们要俯身细看，不留下一个盲点；4500个管井，我们要逐个检查，确保没有遗漏，万无一失。为了给奥运村一个美丽的环境，我们的绿化工人们每一天都要对村内近35万平方米的绿地进行养护，对200余万盆花卉进行修剪。

为把一缕缕凉风送进每一个房间，为让每一个角落都被鲜花覆盖，为让国旗一次次平安地升起，我们忍受着工作环境的狭小和憋闷，忍受着高强度紧张工作所带来的身体不适。每一天，我们都以积极、认真的心态严谨值守，全力以赴地工作。

为保证奥运村环境的清洁优美，让身在其中的运动员拥有良好的居住感受，我们累计投入清洁人员23000人次，清扫道路、广场216000平方米，累计清运垃圾2000吨，共计20000车次，包括为清运大型特殊垃圾投入的厢式货车130余班次，消耗编织袋15000余个。我们实现了垃圾100%分类回收，垃圾的资源化处理率达到95%，远远高于申奥时资源化处理率达到50%的承诺，充分体现了"绿色奥运"理念。在为204个奥运会代表团及147个残奥会代表团举行升旗仪式转场期间，我们组织3000余人次进行升旗广场的场地清洁工作，为各代表团提供了优良清洁的环境。在责艰任重的700多个小时内，团队32个专业的3000多名员工，保障了奥运期间村内设施设备零故障顺利运行！

在这一串串数字背后，我们收获了各方各界的赞誉与荣耀，在这平凡与精彩之间，我们赢得了更多的友谊与信赖。同一个世界，同一个梦想，让我们不断超越，共同谱写百年奥运的盛世辉煌。

（工程和物业保障团队供稿）

挥挥手，让我带走记忆

第13届残奥会圣火在9月17日夜晚熄灭的那一刻，我终于清晰地意识到，一切真的都结束了。这一年多来经历过的点点滴滴恍然如昨，历历在目，像一个多月前奥运会圣火最后的光芒所映照的那样，一帧帧，一幅幅，将回忆的长卷缓缓铺展于眼前。

500多个日子，有如轻风吹拂的书页，被哗啦啦地翻过，一眨眼间便到了尾声。只是这一字一句每章每节，都深深地镌刻在了我的心里。

记得刚进村的时候，每每路过大厅里的开幕式倒计时牌，心里总是有些复杂滋味：一方面觉得已经连续运转了好长时间，疲惫指数快要亮起红灯，而真正的挑战却还没有开始，不免觉得有些力不从心；另一方面，随着开幕式越来越近，也就意味着一切的结束也不远了，又有些戚戚。

赛时的忙与乱，是早就有所准备的，但现在回头想想，我们切身经历的那段日子，已经不是简单的"忙"和"乱"二字便能概括的，在残奥会短短的10天里，我的身份已经不是单纯的协调员，而是身兼数职，极大地挑战自己解决难题的能力。

新西兰代表团在预开村前一天就到了。进村开注册会那天，我将他们从酒店接过来，便不由自主地开始有些摩拳擦掌的雀跃。入村和注册工作都进行得非常顺利，将分配给他们的志愿者隆重介绍过之后，第一天就平静地结束了。然而，随着他们开始查点物资和运输、安装各种设备，我才真正踏上了这段短暂而又回味良多的艰辛历程。

手机铃声，是我进村之后除了代表们的英文口音之外最不绝于耳的声音。预开村这段日子，从早上八九点到夜里九十点，电话几乎就没有断过。事无巨细都得操心：大到整整一车的物资不知什么原因进不来了，临时有人想预支机票去香港视察了，专车使用方式不习惯……小到寻找后院的钥匙，打开阁楼小门挂条幅，打印纸需要续取以至运动员自带的挂衣架需要额外的固定木板……村内各个业务口忙得团团转，很多时候志愿者们协调不下来，就得自己出马。于是短短两三天内，手机里奥运村各业务口的联系电话噌噌地增加，手里的电话基本上就没有怎么放下过，最后实在忙不开，只能戴上耳机边谈边干边充电，时刻备着另一部手机以防万一。

终于快要正式开村了，新西兰代表团这边好不容易安顿得差不多了，志愿者们也渐入佳境，原以为终于可以稍微松口气，但很明显我错了。

不早不晚，就在这时抵村从而将我的忙碌无缝接轨的，是大洋洲奥协的项目主管。由于大洋洲15个岛国的特殊性，他们共享的很多具体事务都由奥协来统一管理，这也就意味着我将帮助奥协主管为这全部15个国家打点好一切，这使我意识到，真正的挑战才刚刚开始。

国家一多，事情必然就乱，但接二连三碰到这么多头疼的问题，是我和奥协主管所始料不及的。首先是临时遭遇房型变更，奥协主管已经按照早先获取的房型图为这近两百人做好了房间分配方案，坚决不同意做大幅度更改，于是我在刚刚充分体会到"协调员"

3个字的十足分量之后，又在接下来的几天里，在奥协主管和相关业务口之间充当起了翻译、谈判代表、调停人等多重角色。经过多番谈判加上各层面的及时协助，房型终于在大部分队员入住前基本恢复原貌。

还没来得及松口气，更耗时费力的事情接踵而来。这15个岛国不但一起居住，还共享办公室空间。他们只申请了4个团的办公空间，但物资却一件也不能少。这就意味着：这15个团的办公物资，合计有近千件家具物品要塞在4个办公空间里，这几乎是不可能的。奥协主管看来也没有预料到这个问题的严重性，因为他完全没有做任何规划。于是我找到物流和技术部门的同事，拿着办公楼层的图纸，一边帮他翻译，一边协助他规划物资的摆放。刚开始我每提一个建议，都会问问他，后来他基本上满意我的提议，就由我和同事确认好各个必要的点位之后，自行规划。一晃两天过去，我终于将所有的物资查点清楚，将办公空间的各功能用房及必备物品配置完毕，多余的物资也全部做了妥善处理。

接下来又花了几天时间，和村内物流的几个志愿者将杂乱无章、堆放在各个房间和角落的所有物资规整清楚，按照之前的规划，指导他们摆放到位。就这样，我跟着他们从一楼到九楼地跑上跳下，从早晨干到凌晨，整个办公楼层总算是焕然一新。在这期间，还发生了很多小事件，但和整个物资规划摆放相比，都只能算是小插曲了。物流的志愿者们和单元楼的管理员们以及技术部的同事们，在这短短的几天内也都很熟络了……

正当我觉得终于可以好好歇歇的时候，却没意识到这正是大拨儿的岛国代表团抵达的时间。其后几天的艰辛不再赘述，大概的情形是志愿者无法待到太晚，有两天只能由我在村里等到夜里11点，将他们接到分配的房间，协助楼长分好钥匙安顿好之后，又遭遇发生行李丢失、分房分歧等突发事件，又是折腾到凌晨一两点，第二天一早甚至赶上参加例会。

也许人运转到一定程度，就会产生无限的动力，牵引着我们继续克服一个又一个的新困难，但不管怎么说，在那段急急讲完上一个电话就得立刻接听下一个等待来电，最高纪录连续切换6个电话的日子里，来电铃声无疑是太让人神经紧张了，甚至到了轮休的早晨，电话也总是从6点多开始响，直到接得再也躺不住。

就这样，随着日历呼啦啦地翻过，眼看着村子里的人日渐多起来，热闹起来，来了又走，很快，又归于寂静。奥运会闭幕的那天，看着圣火熄灭，心情再次变得复杂起来。

离别自然免不了伤感。当各国代表团团长们一个个离开时，我总是静静看着，陪他们清点完物资，微笑，送别，不敢有太多的愁绪。但当所罗门团长在去机场的路上，用他那混杂着浓重口音的英语反复说着感激的话、致歉的话、祝福的话时，我再也忍不住眼泪；当萨摩亚团长沙哑地说了一句，他快要走了，然后无言地看着我的时候，我的眼泪不禁夺眶而出，他的眼睛也红得厉害；当新西兰团长低下白发苍苍的头，弯下他高瘦的身躯和我告别的时候，我还是忍不住哭出声来——他后来告诉我，当时他的心狠狠地疼了，从来没有一次奥运会的结束，会让他如此伤感……

也许这样的离别未免有些稚气，但这说明我们是真心投入了。只有真心投入，才会如此伤感。

参与奥运会的这段日子，虽然短暂，但它留给我们的回忆深刻而又绵长。那些努力的日夜，那些难忘的笑脸，那些焦急的话语，那些拥挤的片断，争先恐后地在脑海里奔腾呼啸。

尽情奔腾吧，就像无数名运动员曾大声对我们说过的那样：我们为北京自豪，为中国骄傲！

—— 苦了、赢了、值了、笑了！——

（对外联络团队郭婷婷供稿）

点点滴滴皆是情

倾心"两个奥运"

值班村长感言

难忘收获

自2008年3月11日，中央正式任命第29届奥林匹克运动会和第13届残奥会北京奥运村、残奥村领导集体，并设同一个村长工作班子以来，至立村长、德印常务副村长率领我们这个庞大的特殊"村委会"，于半年间，在"地球村"里，以"甘愿苦和累，奉献奥运会"的情怀与行动，圆满完成了各项任务，创造了被媒体称作"安全生产零事故、食品安全零事件、礼宾接待零失误、接待服务零投诉、运行保障零差错"的历史性纪录。我们的村子也被全体村民和国际奥委会、残奥委会公认为在奥运会历史上最出色的奥运村与残奥村。

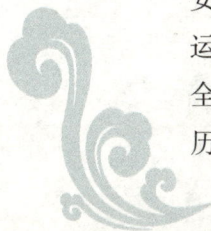

作为村长班子的一员，我有幸参加了两个奥运村的相关工作，与村长班子和全体同人共同践行了各项承诺，推动了"有特色、高水平"和"两个奥运，同样精彩"目标的实现。在与大家的工作、学习与交流中，我感受到了北京的潜力，积累了难得的人生阅历，更收获了情感与友谊。

开村迎客

7月27日上午9点18分，北京奥运村开村了。在一片红红火火佳节般的气氛中，陈至立村长接过刘淇主席递交的金钥匙高高举起，一大群"福娃"从刚刚开启的中式宫门中欢呼着奔跑而入。企盼了百年之后中国"天下第一村"的大红门，终于在古老的北京徐徐打开了。

"北京奥运村位于北京纵贯南北的中轴线的北端，是奥林匹克公园的一部分，南与鸟巢、水立方相距5分钟的车程，北与森林公园一路之隔，据说是历届奥运会中最方便的奥运村。"反复说这话的是国奥公司，也就是这个村的建设者的头儿张敬东，几年的奥运基建开发工作已使他早就有了成功的自信。从这天起，这个地球村将陆续为来自204个国家和地区的1.6万名运动员、教练员和官员提供住宿、餐饮、健身、文化、医疗、宗教、购物、信息、娱乐等全方位服务。

中华元素成为这个国际村的突出特点：多处雕梁画栋的中式建筑喜迎宾客，灰底并饰有龙形瓦当的42栋低层公寓被一条龙形水系环绕着；从9993个家庭式房间向窗外望去，随处可见中国园林或庭院的痕迹；每日上百只的全聚德烤鸭成为世界上最大的万人大餐厅的抢手货；写汉字、扎风筝、捏泥人也是村民们争相

尝试的喜好；福娃、北京奥运会会徽等各种奥运纪念品，更是被刚刚进村的各国运动员们采购后成包成摞地往宿舍里搬；古树掩映、五龙戏水、荷影婆娑的村长院，更是各国运动员和记者们争相踏访的去处。

一下子拥进这么多服饰各异、不同语言、不同肤色的村民，着实让已经准备了多时的志愿者们欣喜不已，更是让管理着这个超级村庄的"村官们"深感责任重大。在欢迎第一个入村的中国代表团的仪式上，陈至立村长说出了她的心里话：希望大家吃得好、住得好、休息得好，把这里当成自己的家。

开村第一天，英国奥运代表团团长西蒙·克莱格对记者说，北京奥运村是他见过的最好的奥运村——他在这句话的末尾不加"之一"二字。真是如此，我们的工作就向"有特色、高水平"的目标又走近了一步。

履行职责

虽是"两个奥运会，一个村长班子"，但身为残疾人和残疾人工作者的我，还是自觉不自觉地把自己往残奥会上拉，逢会必谈残奥，逢问必答残奥，总觉得奥运会上没有残疾人运动员，因此自己也没什么硬活儿，只是个学习和观摩者罢了，可村长办的欢迎仪式值班表一下来我就傻眼了：我和3位副村长一道也被排上了班，而且还有八九场之多。据村长办熊九玲主任说，这是陈至立村长明确提出的要求。我暗想，这回可"逃"不掉了。

接下来，匆忙找出多年不摸的英语词典，查对着欢迎辞中的每一个生词，14岁的女儿也成了我这副村长的英语顾问。夜晚入睡后，我竟时常梦见自己读英语的场面。村长办秘书处刘婷婷除了帮我校正英语欢迎辞的语调，还和张国忠师傅为我设计了乘坐轮椅进入欢迎广场的方案。没有人的时候，我们一遍又一遍地到升旗广场实地模拟，连我拄着拐如何上下台阶的细小动作都做了精心安排。

8月5日，轮到我在村中主持欢迎仪式了。为体现对来京参赛的国际奥林匹克大家庭所有成员的一视同仁，陈至立村长提出，参与主持欢迎仪式的副村长都以"值班村长"的名义出现。这样，我便成了今天上午的值班村长。

上午9点50分，我驾驶着轮椅和村长办的工作人员出现在升旗广场。布基纳法索和德国代表团坐席间马上响起了掌声，我不安的心揪得更紧了。当我起身离开轮椅，拄着手杖缓步登上嘉宾席时，德国代表团全体起立，热烈的掌声再次响起。德国代表团团长握着我的手说："谢谢你，我们为你骄傲。"接着，全体起立，奥林匹克会歌庄严奏响，奥运五环旗冉冉升起，欢迎仪式开始了……

仪式结束后我回到村长院，周小玲、张云飞副主任和李文处长等率全体工作人员祝贺我成功主持了首场欢迎仪式。午餐时，至立村长听完我介绍主持感受后说："对呀，这就是我主张你也要参加奥运会入村欢迎仪式的目的，让全世界的运动员和记者们看看中国对待残障人士的态度，连奥运村村长中都有残障人士，这也反映出我们村长团队的多样性。"

"两个奥运，同样精彩"，这一重要理念让我在参与残奥会的同时，也直接参与了奥运会。

（程凯供稿）

奥运村欢迎你

　　欢迎中心运行工作、住房分配、特殊项目服务、信息服务和访客服务，是奥运村直接面向运动员、官员和访客的多种服务项目中的几个。从7月20日到9月20日，在整整两个月时间内，我们一起为7年前北京向世界的承诺努力着。我们虽不能亲临赛场为健儿们呐喊助威，但却收获了奥运村中的美丽、温暖和感动。当运动员们的脚步渐行渐远，当一切看似趋于平静，我们知道，有关那段时光的记忆早已深深地珍藏在大家心中，每当想起，心情依然难以平静……

　　　　"有朋自远方来，不亦乐乎？"
　　　　　　——记欢迎中心运行工作

　　7年的筹备，7年的等待，奥运村终于装扮一新，迎接着来自世界各地代表团的运动员和官员们。

　　位于奥运村主入口东南角的欢迎中心，是一座3000多平方米的临时帐篷。它是各代表团抵达北京奥运村（残奥村）的第一站。我们深知，奥运村是运动员温暖的家，是他们在激烈的赛场上拼搏之后休息放松的港湾。因此，从这儿开始，我们奥运村人用最亲切的问候为远道而来的宾客解除一路疲惫，通过优质、完善的服务，传递家一般的温暖，让和平友谊之花在奥运村盛开。

　　作为进入奥运村的第一站，欢迎中心运行工作的好坏会直接影响来宾对奥运村的印象。各代表团成员抵达欢迎中心北广场后，需要携带个人和团队行李经安检进入欢迎中心，办理证件激活等相关注册手续，再经验证后进入欢迎中心南广场，在科荟路上乘坐村内班车前往公寓楼，其行李由行李车运抵公寓楼下。这一系列的流程需要各个业务口的密切配合，包括抵离、交通、安检、物流、NOC服务等。代表团先遣队抵达奥运村期间，还要办理注册、体育报名与资格审查、住房分配和财务等手续。在此过程中，欢迎中心运行业务口除了要负责行李寄存区、运动员等候区等全部公共区域的运行和设备设施监管、维护及报修工作外，还要起到上述系列流程无缝隙连接的"润滑剂"作用，成为这个区域的"大管家"。

为达到北京奥运会"有特色、高水平"的工作目标，结合欢迎中心的特点，我们特意突出了"欢迎"这个理念。我们在欢迎中心外设置了可乐冰柜，代表团成员一下车就能够畅快淋漓地享用到冰凉清爽的各类饮料。我们在北广场配备了音响设备，用具有民族特色的音乐欢迎来自世界各地的客人。志愿者们热情地递上北京地图、奥运村地图等资料，使各代表团成员体会到中国人的热情与友善。

欢迎中心是奥运村内少数几个需要24小时运行的子场馆之一。为保证夜间抵达的代表团成员也能享受到同样优质的服务，欢迎中心业务口安排人员24小时值班，特别是在抵达高峰期间，欢迎中心人员昼夜值守、及时处理各种各样的问题，保证了欢迎中心的顺畅运行。

我们以自己出色的工作赢得了来宾一次又一次的好评。我们发挥聪明才智，设计了行李寄存区的运行

流线；为防止客人走错路，我们常常陪同客户前往目的地或者将他们送上车，甚至将客户的行李送到机场；我们还开辟了专门的咨询服务台，帮助客户寻找失物、解决各种疑难问题……来自客户的一句谢谢、一道赞许的目光、一个微笑，就是对我们最好的褒奖。

德国篮球运动员诺维茨基最后一次来到欢迎中心时，高举双手挥动着，用并不流利的中文对每一位相视的志愿者和服务人员大声说着"你好！""再见！"这两个词，第一个令人充满期待，期待着我们彼此间能够有更多的沟通和交流；第二个则表达了他心中的留恋和不舍……太多这样的瞬间值得铭记。当我们感动于赛场上运动员们奋力拼搏的同时，我们也时常为自己辛勤工作所得到的回报而感动。

各得其所妥安居——记住房分配

从欢迎中心出来，运动员们乘坐班车进入公寓区。远远地，大家就会看见自己祖国的旗帜悬挂在某幢公寓楼上，那就是村民们今后一个月的"家"了。在公寓楼上悬挂旗帜，是各代表团先遣人员的杰作。这些先遣人员要与北京奥组委召开代表团注册会议（Delegation Registration Meeting），确定哪些运动员有参赛资格、每个队有多少随队官员和超编官员随行、代表团成员的注册通行权限如何、各个代表团住在哪幢楼、办公室又在哪幢楼等一系列关乎后勤保障的事务。

住房分配作为其中的一个重要环节，是根据代表团注册过程中所产生的符合奥运会标准的运动员和官员

的人数，把运动员村的房间分配给各个NOC或NPC的代表团。在这项工作中，我们要充分了解各代表团之间的友好程度、相互关系、宗教文化差异以及对房间分配的喜好和要求。在不违反国际奥委会关于住房分配原则的情况下（比如代表团团长住单人间，一个卫生间最多供4人使用，男女运动员不能共用一个卧室，不同国家NOC或NPC代表团必须分住不同的房间等等），奥组委根据住房资源统一制定相关的住房分配原则，并做出住房分配方案。

——美女管房——

住房分配工作是一个反复磨合的过程，牵一发而动全身——在整体住房分配方案下，只要有一个团的位置发生变化，就势必会影响到另一个甚至更多个代表团。

从7月20日第一个代表团注册会议开始，直至8月7日，住房分配小组共与204个国家和地区奥委会代表团确定了住房位置和数量；8月27日至9月6日完成了146个残奥会代表团的住房分配工作，另有几内亚代表团在9月15日完成住房分配，残奥会期间共有147个代表团入住残奥村。在此期间，住房分配小组在严格执行奥运村住房分配方案的前提下，本着为各代表团提供最大便利的舒适居住环境的原则，灵活地完成了住房分配任务。

那段时间，住房分配小组的人员没有正点吃过饭，因为随时都会有各代表团的相关数据反馈到住房分配办公室。根据这些数据，小组成员必须在最短时间内，在赛前制定的住房分配原则的基础上，最终确定其住房分配方案，然后带着这些方案跟代表团谈判，直到他们签字确认，住房分配第一阶段的工作才算结束。

住房分配小组几乎每天都感受到来自不同国家和地区代表团的压力。各代表团纷纷认可北京奥运会的奥运村就各方面而言是奥运会历史上最好的奥运村，但是在房间分配、楼层选择方面，他们都有自己的考虑。即便如此，各代表团最终都接受了分配小组提出的住房分配方案。

礼轻情意重——记特殊项目

今年北京的雨水特别足，就在奥运会举办的那些日子里，经常有大雨光顾，在村里，总能看到很多运动员撑着印有福娃形象的雨伞出行。每当这时，我们的心里都是暖暖的，很自豪，因为那是我们为运动员发放的礼品之一。礼品包是北京奥组委精心为各个国家和地区的运动员及随队官员准备的，内有生活用品如洗发水、牙刷、雨伞等，还有福娃玩具、纪念章等小礼品。它们虽不贵重，但礼轻情意重，既方便了运

动员在村内的生活，也体现了我们的好客之道。

随着进入奥运村代表团的增多，项目负责人的电话铃声就没停过，来宾们都希望在第一时间收到礼品包，但运送车辆紧缺、人手不足，使得分发工作面临着许多困难。为了能在最短时间内将礼物发给每个运动员和随队官员，我们想尽各种办法克服困难：没有货车，我们就用手推车把礼品包送到各个代表团的驻地；缺少人手，我们就自己搬运礼品包奔波在奥运村居住区的每幢楼之间。炎炎夏日、连续工作，奥运会期间16000多个、残奥会期间8000多个礼品包，终于在所有团队成员的共同努力和协作下圆满分发完毕。42幢楼见证了我们的来来往往，记录了我们疲惫的笑容和彼此的鼓励。看到运动员和官员们拿到礼品包的满意神情，我们很自豪，很欣慰。

同样的欣慰来自代表团团长会议厅。整个赛期，我们为30次代表团团长会议、每日的NOC或NPC助理会议、7个观察员项目陈述会提供了周到的会务服务。同时，国际奥委会首席医疗官会议、国家体育场田径技术会议、公路项目会议、医务代表会议、各团队培训会也在此召开。习近平、李克强等中央领导同志视察奥运村工作时，在团长会议厅召开会议，我们很荣幸地为他们提供服务。清晨7点前我们摆放好椅子、发放同传耳机、调试好设备，会场上我们传递话筒，会后整理会场、回收设备，会议厅留下了我们忙碌的身影。当我们听到代表团团长们在会上对奥运村的工作给予很高评价、感谢奥运村团队时，我们觉得一切辛劳都是那么有意义。

"有什么需要我帮忙的吗?"——记信息服务

在村中要度过一个多月的时间,不熟悉环境可不行,因此一份奥运村指南、一份奥运村地图是必不可少的。信息服务站的同事们早就为村民们准备好了介绍奥运村和北京城的材料。残奥会期间,为了方便盲人运动员,还有盲文版的残奥村指南呢。

信息服务站位于国际区最热闹的地方,承担了信息咨询、出版物分发和失物招领等多项工作任务。由于在工作中会遇到很多突发事件,因此每项工作不仅要严格遵守流程,也需要根据情况进行灵活处理,才能顺利完成工作任务。例如,我们无法预测村民提出的问题,因此就尽可能多地掌握村内外的各种购物、交通等信息,以便随时提供。再如,由于站内接到的物品报失很多,我们需要及时与交通、住宿等相关业务口联系,为客人在最短时间内找到失物。整个赛时运行过程中,信息服务站全体员工为村民和访客提供了优质的服务,获得了好评。

8月10日,站里来了一位丹麦的教练,他面带微笑地问道:"我和我的队员想在比赛结束后打高尔夫球,请问奥运村附近有高尔夫球场吗?"我们热情地接待了他并请他静候消息。他走后,我们经仔细查询,发现距离奥运村很近的北辰高尔夫球场比较合适。我们及时将这个信息发给了那位丹麦教练,他收到短信后马上打电话表示了感谢。两天后,这位教练又来到站里,我们替他在地图上标明了球场的位置,告诉他球场的收费标准和预定办法,并为其预定了相应的场次。教练满意地称赞道:"你们干得真棒!"

　　8月15日傍晚，信息服务站来了一位澳大利亚官员，只见他边走边擦汗，非常着急地问道："这里是失物招领处吗？""是的，我能为您做什么吗？"他告诉我们："我把我的摄像机丢在村内的T3车上了。"看他非常着急的样子，我们赶紧请他坐下，又递上一张纸巾，让他擦去满头的大汗，然后询问他摄像机的牌子、外观特征、丢失的时间及地点等情况，同时进行登记。第二天，T3车队的工作人员就将这台摄像机送到了信息服务站。高兴之余，我们立即电话通知了那位澳大利亚客人，他连声道谢，并对我们的服务表示了特别的赞许。

　　信息服务站的工作充满挑战，每一个疑难问题都会激发我们倾心去解决；这里的工作又是快乐的，客人的一声感谢让我们觉得一切付出都值得。

我"家"要来客人——记访客服务

　　奥运村既然是运动员的"家"，自然会有亲朋好友来拜访，为运动员鼓鼓劲或是祝贺成功，一张"访客卡"可以实现来访者的心愿，使他们得以进入奥运村这个"世界上最安全的村子"。

　　申请访客卡的流程是这样的：邀请方提前一天提交次日访客的名单及相关信息。访客来村当日在外围接待站乘坐班车或步行经主入口到达访客中心。在访客中心内，访客递交自己的身份证件，取得访客卡。凭借访客卡上的权限，访客即可进入村内访友或是参观。其中，有居住区权限的访客进入居住区时及在今后的行程中，必须有持奥运村注册卡的人员陪同。

开村前很长一段时间里，我们访客中心的工作人员就将主要精力放在设计各类客户群申请和办理访客卡的政策和程序上。查资料，召开头脑风暴研讨会，向国际奥委会专家讨教。经过近两个月的不懈努力，一套得到大家认可的、清晰而周密的政策和程序新鲜出炉了。捧着这一摞厚厚的研究成果，天真的我们怀着稳操胜券的心情期待着工作的一帆风顺。然而，实际情况大相径庭。

为什么这么说呢？当我们将原先所设定的政策和程序通过多种渠道通报给各类客户群时，我们觉得他们理应按照这些规定去执行，那么，所有可能发生的意外情况都可以在我们的掌控之中了。但是，开始运行之后我们才深刻体会到，这基本是不可能的。

我们设定的访客申请截止时间是每日下午6点，但几乎没有一天不是在晚上8点才可以完成申请汇总。截止时间早已过去，但仍有不少申请表如鹅毛般飘落到我们的专用邮箱里。万般无奈，我们只能逐一给这些迟来的申请者打电话，坚持原则但又不失礼节、郑重而又委婉地拒绝对方，将那些既定的政策和程序不厌其烦、一遍又一遍地解释给各个代表团。

按照规定，所有的访客申请都需提前一天提交相关信息，并交给安保部门进行背景审查，当天临时提交的入村要求是不能受理的。可是，每天一大早，访客中心的后台办公室就会被人围得水泄不通，他们全都请求当天临时增加访客需求。其理由种类繁多，且一个劲儿不停地抱歉，要求给予帮助，态度诚恳、楚楚可怜……原因都是那么正当，理由都是那么充分。

答应吧，有失奥运会政策的严肃性和权威性；不答应吧，又有些太不通人情。唉，两难啊！

　　奥运会召开期间是访客人流达到最高峰的阶段，平均每日2000人左右。我们所有的工作人员全部上阵都忙得团团转。让我们忙碌的并不是发卡收卡，而是处理上面提到的那些非常规需求。每天，我们同样的话要说上千遍，对待每一位客人都要热情礼貌，嘴说干了、腿站累了，仍然要保持甜美的微笑。对待个别客人的蛮横和无理，我们还必须将委屈藏在心底，用亲切的语言和诚恳的态度帮助客人解决问题。真不知流过多少泪，受过多少气，我们所做的一切都是希望在规定和现实之间找到一个平衡点，既能帮客人解决难题，又能坚决执行奥运会的相关规定。

　　两个月的赛时阶段过去了。事实证明，我们的辛苦没有白费，一切努力都是值得的。客人对我们的服务满意地竖起了大拇指，领导对我们的表现露出了赞赏的微笑。面对这样的结局，我们要说的是：奥运会是我们一生难忘的经历。

　　（运行团队办公室林苏梅、张帅、陈静、辛娜、洪雁、李丹供稿）

奥运史上最精彩的入村欢迎仪式

"奥运史上最精彩的入村欢迎仪式，创造了零失误的纪录……"但凡看到过北京奥运村入村欢迎仪式的人，都会为这完美的仪式不约而同地竖起大拇指：北京奥运村太棒了！

从奥运村开村起的13天时间内，我们共为204个国家和地区的代表团举行了62场入村欢迎仪式，单日最多为51个国家和地区举行仪式达11场。全部入村欢迎仪式均组织有序、衔接顺畅，所有国家和地区的旗帜升起和歌曲播放均准确无误……我们文化活动与媒体工作团队与兄弟团队密切合作，终于不辱使命，出色地完成了这项重大任务。

坚决不写道歉书

为参加奥运会的所有代表团举行入村欢迎仪式是历届奥运会的一个"规定动作"，更是各代表团入住奥运村后参加的第一项正式活动。从以往的经验来看，虽然参加北京奥运会的有204个国家和地区代表团，但是实际比赛中只有其中一部分代表团能在奥运赛场上升起自己国家或地区的国（会）旗，奏响自己的国（会）歌。所以，还有一部分国家和地区，也许只有在奥运村举行的入村欢迎仪式上，才能升起一次自己国家或地区的国（会）旗并奏响国（会）歌。因此，尽全力做好这项工作，不但是奥运村领导对我们团队提出的要求，而且是我们对各个国家和地区的尊重。这项工作不仅要做好，更要做得漂亮，做得精彩，做得让世人难忘！

历届奥运会，由于参与国家和地区众多，时间紧，日程满，每场入村欢迎仪式包含的国家数量多少不一，且经常由于特殊原因临时变动，因此在历届入村欢迎仪式上没有不忙中出错的：要么是升错了国旗，要么是放错了国歌，要么是拿错了礼物，要么是念错了团长或者贵宾的名字……凡此种种，使历届奥运会的奥运村工作人员似乎感到这种失误难以避免。于是，事先写好一份道歉书备着，一旦出错，马上道歉，仿佛已成约定俗成的准备工作。

不过，我们的回答却掷地有声："坚决不写道歉书！"此语源于我们的自信，而这种自信基于我们细致入微的准备工作。我们想，各个代表团刚到北京，开幕式还没参加，比赛还没进行，场馆还没进入，人家所经历的第一件事就是参加奥运村入村欢迎仪式。这时候怎么能出错呢？我们一定要把入村欢迎仪式做成亮点，让全世界都赞叹北京奥运村的工作水平。

仪式意味着尊严

百分之百零失误

每天清晨，位于奥运村国际区的升旗广场上便会传

来响亮的口令声。这是负责为各个参赛代表团举行入村升旗仪式的升旗手们正在练习动作要领，以保证每一次升旗都分秒不差。由于工作调整，原先经过前期训练的升旗手无法参加奥运村的入村欢迎仪式，新挑选的升旗手从接到任务到奥运村开村，前后只有十几天。为了圆满地完成升旗任务，升旗手们加班加点地刻苦训练：熟记乐曲长度，计算动作节奏，规范步伐幅度……"我们要让每一位入住奥运村的客人都能感觉到我们的真诚和热情。"一位升旗手如是说。

入村欢迎仪式为204个国家和地区奏国（会）歌、升国（会）旗没有一点失误，创下了历届奥运会纪录。对于每场仪式必到的北京奥组委文化活动部副部长、我们团队的副主任丁百之来说，那场景仍历历在目。为了确保所有环节零失误，我们力求在每一步工作上都设置多重保险。例如，为确保各代表团国（会）旗的准确无误，我们特别制作了一寸大小的微型国（会）旗贴纸，每个贴纸均标明了中英文名称和3字代码（每个国家和地区都有的字母代码），一接收到国（会）旗，便马上在其正面一角贴个贴纸，确保万无一失。

丁百之说，入村欢迎仪式前团队接收到的音乐光盘，是把204首国（会）歌存在5张盘里的，举行仪式时按照顺序输入代码即可。但是如果音响师按错键或者看错行了，则放出的乐曲准错，且无挽回余地。丁百之说，她做事的方式不是出了"如果"怎么办，而是提前就不让"如果"的事情发生。为确保不出错，我们就把每首歌录成一盘CD。就这样，3天时间，5张盘变成了210张CD盘。这210个CD盘还要有同样多的MD盘备份，存放在音响师手中，播放时"兵分两路"：在多轨的音频中，4个轨是保证播放国（会）歌的，其中两轨放CD、两轨放MD。两轨同时走，即使现场真有一个设备出了问题，另一个设备也会准确无误地播放国（会）歌。有人问：为何两份文件不选同样介质存储？我们的回答是：如果都是一个介质，若遇受潮等情况，两机都会出问题。

入村欢迎仪式是一项非常复杂的工作。我们团队分析后认为，在整个升旗仪式过程中把握住三个关键环节，就可以确保整个仪式的顺利进行，即歌不能播错，旗不能升错，代表团名称不能说错。为实现这三项"不能错"，团队制定了考试制度。

怎么考呢？升旗仪式的前一天晚上，仪式经理将确认的全部资料发给相关人员尽快熟悉，第二天早晨再三核对后进行考试：播放国（会）歌的工作人员、升旗手、主持人等全部相关人员按顺序说出当天参加升旗仪式的国家和地区的名字。这种考试在升旗仪式开始前半小时内不少于5次，以确保万无一失，以至于大家一见面就说"考试"，拿起电话就报顺序，成了我们每天早晨必做的功课。这个既简单又原始的办法，事实证明最有效。

工作缜密到如此地步，完美的结果是一定可以期待的。

仪仗兵的故事

出色完成奥运村、残奥村升旗任务的三军仪仗队官兵，平均身高1.80米以上，身穿雪白制服，脚蹬锃亮黑马靴，成了奥运村里一道别样壮观的风景。每次

执行升旗任务时，他们都要对旗帜进行8次检验，核对23个项目，雷打不动，一项不少。

每天早上，从陪志愿者到旗库取出当天需要升起的旗帜，到把旗帜交到奥运村、残奥村升旗仪式处登记，每一次交接，他们都要对每一面旗帜所对应的参赛代表团进行核对，依照"旗谱"检查样式、尺寸、颜色、质量是否符合标准。

升旗中，要做到"乐终旗止"。升旗手们不但要对每首乐曲烂熟于心，还得经常盯着闹钟看自己读秒的节奏是否恒定。升旗手们说，最喜欢的还是夜深人静的时候，把闹钟放在耳边听秒钟滴答滴答的声音，一秒一秒地跟着数，有时一数就是1个小时，那时候最能够培养节奏感。有了节奏感，他们人手一个MP3，开始熟悉各参赛代表团的乐曲，直到掌握住每个有特色的节点。

"国（会）歌结束，国（会）旗到顶，这是对升旗手的要求，而且在整个过程中要匀速。"北京奥运村升旗手李金柱说。为达到这个要求，16位升旗手们用秒表计量动作节奏，1分钟的国歌响过，秒表的数字显示"59秒97"，这是升旗手升旗所用的精确时间。"台上一分钟，台下十年功。"不说别的，仅北京奥运会204个参赛国家和地区的旗帜都认清楚，就够记上一阵子。不过，光能认清旗帜还不够，如何配合每个代表团的不同乐曲，将每面旗帜恰好在乐曲终止时升到9米高的旗杆顶端，同样是一件颇费工夫的活儿。升旗手们将每首乐曲都分成12秒一"把"的若干段，然后记忆每首乐曲有多少"把"，自己在心中默默读秒，练习时还有3个人负责掐表，终于练就了乐曲停止和旗帜到顶误差不过一秒的本事。他们为此付出的代价之一是，每天几乎睡不足5小时。

据悉，根据此前奥运村升旗仪式甩旗手的经验，右小臂、大臂与胸前平面成直线即夹角张开180度时，甩旗动作最为美观大方。可是，在残奥村升旗仪式实际训练过程中，由于风向的变化，依照这个角度甩旗，旗面容易裹人，影响了升旗仪式的庄重性。升旗手邹开富，对甩旗动作进行了力学分析。他感到把旗帜甩到170度时效果最好：一方面，旗角由于惯性仍会舒展张开；另一方面，也避免了旗帜张得把人包裹。这一发现得到认可后，全体甩旗手按此标准热火朝天地练了起来。等到正式执行任务时，大家甩旗时张开臂的角度全是170度，没有丝毫偏差。

当意大利的国旗伴随着意大利国歌同步抵达旗杆顶端时，看台上的意大利代表团爆发出了一阵热烈的掌声。"你们的升旗手太棒了！"一位意大利运动员说。他在国外的升旗仪式上经常看到国旗无法和国歌合拍的状况。北京奥运村升旗手如此精确地把握升旗时间，让他感到很惊讶。　法国代表团团长雅克·雷也称赞道："这是我见过的最好的升旗仪式。"

红地毯上的"小黑妞儿"

除了升旗广场上英姿勃发的晒得黝黑的升旗手们，出现在每次升旗仪式中的礼仪小姐也是升旗广场中一道亮丽的风景。"微笑时露8颗牙……"这些严厉得近乎苛刻的要求造就了奥运村里的"美丽天使"。与她们甜美的微笑和典雅的气质相比，这些花季女孩儿

头发上的五环头饰格外引人注目。每一场升旗仪式结束后，她们漂亮的头花都会成为运动员们争相拍照的对象。奥运村升旗礼仪小姐一共有30余人。每个代表团升旗时，通常有6名礼仪小姐在场服务。

她们的美丽与专业水准得来不易。奥运会前，她们接受了专业的礼仪培训。培训的内容包括站姿、坐姿、微笑、手势等方方面面。每天一练就是3个小时。练站姿时，要穿5厘米高的高跟鞋，头上顶着杂志，膝间夹着一张白纸，双手捧着重达5公斤的青花瓷盘和礼盒，而且杂志和白纸都不能掉下来。练习微笑的时候，嘴里要叼一根筷子，只准露出8颗牙齿。练眼神时，规定3分钟之内最多只能眨3次眼。"每天练习结束的时候，自己的眼睛总是醋酸的，腰像断了似的，两手直发抖，吃饭的时候感觉嘴都不会嚼东西了。"礼仪志愿者们说。为了把最美的形象展示给世界，大家觉得忍受再多的苦和累都值得！

辽宁省盘锦姑娘张爽，有着高挑的身材。在结束了20多天魔鬼般的训练后，她和同伴们开始进入工作状态。奥运村正式开村那天，亭亭玉立的张爽第一次走上了礼仪小姐岗位。她说："飘扬的彩带、蹦跳的福娃、欢快的音乐，构成了一幅和谐的图画。巨大的喜悦，感染了在场的每一个人。我永远忘不了那激动人心的一幕。"

从7月27日开村，这些礼仪小姐每天早上8点就得上班，而下班的时间不确定。由于各代表团大都集中在8月4日前后举行升旗仪式，最多时一天有11场升旗仪式。尽管每个代表团的升旗时间被控制在15分钟内，但升旗礼仪小姐的工作强度仍然很大。

对礼仪小姐来说，最大的考验就是烈日骄阳。参加升旗仪式时，她们必须保证注意力高度集中，即使面对太阳的暴晒也得保持良好的形象。李媛媛笑着说："我们的工作性质就是这样，有时候太阳照得让人眼睛都睁不开，但只要看到运动员从身边走过，我们就不记得太阳的毒辣了，而使自己的笑容更加亲切。"

有时风会将几根头发吹到脸前挡住眼睛，她们却不能动，因为在奥运村里她们的形象不能有一点随意。艳阳高照，对奥运会来说，是好天气，但却苦了这些美丽的礼仪小姐。入村前她们皮肤白皙，离村时一个个都变成了"小黑妞儿"。

值班村长印象

在奥运村里，有一座古色古香的中式建筑，红墙灰瓦，雕梁画栋，这就是具有500多年历史的龙王庙。奥运会期间，这座占地面积约3050平方米、古建筑面积约2149平方米的古庙，被北京奥组委确定为奥运村村长院。奥运会期间，奥运村村长在这里接待参加奥运会的各国国家元首、运动员及其他贵宾。

奥运村村长历来由社会知名人士担任：上届雅典奥运村村长玛诺斯是著名银行家，悉尼奥运村村长理查德森曾是澳大利亚政坛明星，北京奥运村村长则是全国人大常委会副委员长、北京奥组委副主席陈至立。

在村长陈至立看来，运动场是竞争的舞台，各地选手你争我夺，追求"更快、更高、更强"；而奥运村是温馨的家，这里是休闲的居处，是交流的平台，是融合的场所。女性当村长，奥运村会更多一分家的味道。国际奥委会北京奥运会协调委员会主席维尔布鲁根就说："中国让女性作为村长是个明智的选择。我们希望运动员回到奥运

村感到放松舒适，而女村长会给他们增添这种感觉。"作为国家领导人，陈至立村长在奥运村的各种活动场合出现，她总是着女士套装，给人一种端庄、大气的感觉，很有中国气派，大国风范。为体现对来京参赛的奥林匹克大家庭所有成员的一视同仁，陈至立村长提出，参与主持入村欢迎仪式的4位副村长都以"值班村长"的名义出现——

"值班村长"陈健，曾任联合国副秘书长和中国驻日本大使。作为负责礼宾事务的奥运村副村长，他协助村长陈至立主持各国代表团的入村仪式。他的一言一行、举手投足之间都流露着外交家的严谨与智慧。英语、俄语、法语、日语，陈健运用自如；每接受一件礼物，他必亲自打开仔细欣赏，外交礼仪，十分到位。

"值班村长"程红，北京市副市长。她的每一次亮相都引人注目：合体的中式旗袍，展现出她作为中国式知识女性的风度，"非常柔美，非常中国，非常民族"，是她留给四海来宾的深刻印象。

"值班村长"程凯，他的另一身份是中国残联副理事长。身为一名残疾人和残疾人工作者，程凯每一次主持入村欢迎仪式都赢得了人们最热烈的掌声。"8月5日上午9点50分，我驾驶着轮椅和村长办的工作人员出现在升旗广场。布基纳法索和德国代表团坐席间马上响起了掌声。当我起身离开轮椅，挂着手杖缓步登上嘉宾席时，德国代表团全体起立，热烈的掌声再次响起。德国代表团团长握着我的手说：'谢谢你，我们为你骄傲。'"这是程凯村长的一段自述。

"值班村长"于再清，现任国际奥委会副主席、中国奥委会副主席。他因村外公务缠身，所以主持的入村欢迎仪式并不多，但他每一次出场所表现出的风度，总会引起众人惊叹——惊叹他的帅气，惊叹他的熟练，惊叹他的经验，惊叹他的潇洒。

　　主持入村欢迎仪式的村长们，风格不同，特点各异，但每个人身上都能折射出北京奥运会和北京奥运村的别样风采。

升旗广场的哈哈小姐……

　　在入村欢迎仪式上，无论是值班村长，还是礼仪小姐、仪仗兵，他们还都能排个班，换个人，有个歇。但有一个人却是场场必到。我们无法准确地说出她的岗位名称，常以"一名工作人员"来指称她的身份，但她的出现总是带来笑声无尽，以至于她成了村里的名人，"哈哈小姐"成了人们对她的称谓。事实上，她的真正名字叫王霞。

　　北京奥运村首次在入村欢迎仪式上添加了一个环节——代表团合影。在奥运村这个"自个儿家"里的合影，当然不需要太严肃。那怎么才能让大家发自内心地笑起来呢，这就是"哈哈小姐"的工作：千方百计让各个代表团每一个成员开心一笑。

　　北京奥运会的204个代表团，来自不同的国家和地区。他们分别属于不同的民族，说着不同的语言，拥有不同的性格……要让他们都能开怀一笑，着实不容易。不过，"哈哈小姐"自有高招：原本不懂得一门外语的她，临阵磨枪，如今6国语言不在话下，不过，内容仅限于在合影前"煽情"的单词；还有，语言不通没关系，动作每个人都看得懂，"哈哈小姐"手舞足蹈，以丰富的肢体语言引得人们会心一笑，在奥运村留下了欢快的表情。这样，很多村民在村里见到她，都会做出一些搞笑动作，同时"哈哈"地乐着……

演唱《心连心》的孩子们

"我们生活在地球村，不分远近一样的亲，手拉着手，心连着心，我们是一家人……"7月27日，北京奥运村开村之日，中国代表团首先入住。由北京师范大学附属实验中学30名同学组成的"同心结"合唱团，为中国代表团表演了"同心结"交流活动主题歌《心连心》。30名学生身着节日服装，整齐地组成一个小小的方阵。他们的欢歌笑语化作流动的音符，在五环下热情跳跃。在悠扬的歌声中，学生们还用手语"讲述"了歌词。他们的倾情演唱，赢得了全场的热烈掌声。

中外媒体记者注意到，在各国代表团的升旗仪式上，都会出现首都中小学生的身影。北京奥林匹克教育"同心结"交流活动主题歌《心连心》一次次在奥运村唱响。当各个代表团抵达奥运村，都会见到前来迎接的"同心结"学校的孩子们。孩子们不仅与运动员一起参加升旗仪式，还邀请他们到北京的"家"里看看。"当我们唱响歌曲时，运动员为我们鼓掌，向我们竖起大拇指。"花家地实验小学"同心结"合唱团的孩子们自豪地说。

为了唱好这首歌，各"同心结"学校也做了充分的准备。北京市朝阳区和平街一中高二年级的武惟扬和康文策，在几内亚代表团的入村升旗仪式上用中文和英文演唱这首主题歌。为此，他俩练习了无数遍。因为几内亚的官方语言是几内亚语和法语，为了让几内亚的朋友感到亲切，武惟扬和康文策在熟练掌握英语口语的同时，也认真学习了有关的法语单词。

孩子年纪小，英语不够熟练，怎么办？北京市宣武区师范学校附属第一小学的英语老师、音乐老师、辅导员齐上阵，每人负责几名学生，逐个把关。几天后，孩子们都可以从容地用外语演唱这首歌了。

最后一场升旗仪式

9月17日，北京残奥会正式闭幕，但在此前的9月14日却出现了一个意外情况：原本可能不来参加北京残奥会的几内亚代表团来到了北京。可能也是知道来得太晚了，由5名成员组成的几内亚代表团并没有提出举行升旗仪式的要求。但北京市市长、北京奥组委执行副主席郭金龙却认为，无论时间早晚，都要平等对待每一个代表团，让他们看到自己国家的国旗在北京奥运村庄严升起。

9月15日下午5时，一场迟来的升旗仪式，也是残奥会的最后一场升旗仪式正式开始。这种程序不减、规模不变的做法，让几内亚代表团成员大为感动。不过，却很少有人知道，这场升旗仪式来之不易。因为，参与升旗仪式工作的全体成员事实上已经解散，大家已各自回到了以前的工作岗位。不过，9月14日晚上一声召集令，让所有相关工作人员很快全部到位，每个人都非常认真地履行了自己的职责，使这最后一场升旗仪式与已往的升旗仪式毫无二致。

（文化活动和媒体工作团队供稿）

升旗仪式零失误的背后

在绿茵环绕的升旗广场，欢迎仪式正在举行。随着庄严的国歌奏响，各代表团的国旗徐徐升起。突然，运动员队伍里传来一阵嘘声，站在村长身旁的团长愤怒地转过头对村长说："你们怎么搞的？这不是我们的国旗，我们强烈抗议！"……

"啊"的一声，我被惊醒，原来又是一场升旗仪式出错的噩梦。日有所思，夜有所梦，这可怕的情景，断断续续地在我睡梦里出现，已近两年。

果然做到零失误

2006年底，我开始了奥运村代表团入村欢迎仪式的筹备工作。在一次研讨会后的闲聊中，匈牙利籍专家拉兹罗突然对我说："你们要准备一个预案，一封以奥组委主席名义写的道歉信。这样当你们在欢迎仪式中出现升错国旗或奏错国歌的情况时，就可以马上平息事态。"

闻听此言，我大吃一惊，脑海中浮现出历届奥运会中国代表团举行升旗仪式的新闻画面。在这样一个备受关注的仪式中，还能容忍旗帜和国歌错误吗？"多谢您的建议，我们会准备相关的预案，但我相信这样的情况不会发生。"我自信地回答。

拉兹罗不以为然地摇了摇头，笑着说："在我经历过的奥运会中，还没有哪一届能做到在欢迎仪式中不出现旗和歌的错误。"

我又是一惊，但随即热血上涌，脱口而出："就算

别的奥组委不能做到，我们北京奥组委也一定能做到！"

2008年8月15日，奥运村新闻发言人邓亚萍自豪地向媒体宣布："奥运村为全部204个参赛国家和地区的代表团举行了62场入村欢迎仪式，全部仪式均组织有序，衔接顺畅，全部旗帜和歌曲操作准确无误。在工作人员的共同努力下，我们实现了仪式各环节零失误的预期目标。"一个月后，为残奥会147个代表团举办的欢迎仪式也零失误完成。

这两个零失误的成绩，兑现了我当初的"大话"，同时再次证明：外国人做不到的事，我们中国人通过努力也是能做到的。作为参与欢迎仪式的一名工作人员，我见证了这零失误背后的辛酸和汗水。

零失误背后的故事

经过分析我们发现，造成往届欢迎仪式上旗帜、国歌出错的主要原因有两个：一是参与欢迎仪式的业务口和工作人员众多，各环节之间的衔接难度很大；二是欢迎仪式的日程变化较大，代表团经常会临时提出变更仪式时间，打乱原定安排。

针对这两个原因，我们与相关业务口制定了一整套欢迎仪式运行方案，明确各自职责，细化流程，还制订了各种应急预案。针对涉及到国旗和国歌的敏感环节，设立多道把关程序，设计了一系列的确认单据，要求各环节经手负责人签字确认，确保每一道把关程序都得到落实。陈至立村长多次召开专题会听取仪式准备情况汇报，对各项细节一一过问，让我们进一步感到肩上担子的分量。

旗帜运送到村后，礼宾工作人员对近千面旗帜进行逐一核对。细致的志愿者们连哪面旗帜上有一点不起眼的小油污都一一记录在案。

2008年7月初，奥运村团队进行大规模的综合演练。我们抓住这个机会，安排了5场欢迎仪式的演练，并在演练中加入了"参加仪式代表团临时变更"和"仪式现场秩序遭人为破坏"等科目，尽量加大演练难度，为赛时可能出现的意外情况做了充分的准备。

零失误背后的战士

奥运村运行团队主任杜德印同志在开村前对全体奥运村工作人员提出了"不怕苦和累，奉献奥运会"的口号，参与欢迎仪式的全体工作人员用行动落实了这句口号。

在欢迎仪式进行过程中，盛夏的骄阳一直热情地陪伴着我们。由于仪式的大部分工作需要露天进行，暴晒和高温就成为考验全体仪式工作人员的第一关。从仪式第一天开始，就不断有人中暑倒下，许多工作人员出现了不同程度的皮肤过敏和晒伤。几天后，从来对防晒霜不屑一顾的男生志愿者们也偷偷抹上了它，女生们彻底放弃了保持皮肤美白的幻想。一包仁丹和一瓶清凉油随身携带，大家都做好了晕倒的准备。

NOC服务主管宋豪新负责代表团仪式前的集结工作。为让代表团准时出席仪式，他需要不断与各代表团的带团助理联系，确保他们按时抵达仪式现场，并将集结情况及时通报仪式现场的工作人员，对代表团可能出现的迟到或变更提出预警。在欢迎仪式满负荷

运行的那几天里，他需要从早上9点到晚上8点一直盯在露天的集结地点。有几次，我在仪式间歇路过那里，眼见他没有任何遮挡阳光的工具，双手各持一部手机、一部对讲机，大声说话时露出的洁白牙齿与晒黑的皮肤形成鲜明对比。这景象让我联想到坚守在上甘岭高地上的志愿军战士。

每一道程序都在排除失误

除了欢迎仪式外，礼宾团队还承担着接待各国政要参观奥运村的任务。我和我的两位副经理以及几位骨干志愿者，从每天早上7点就要开始欢迎仪式的工作，直至晚上9点所有仪式结束后，还要连夜制定并核对第二天贵宾参观的方案到下半夜。奥运会开幕式前后的两天，欢迎仪式每个小时都在进行，而这两天到访奥运村的贵宾团将近50个。

8月8日晚上，参加完开幕式的运动员们陆续回村进入了梦乡。星光下的我们一直接待政要来访先遣团，

直到次日凌晨4点，在办公室桌上小趴一会儿，又沐浴着晨光开始了欢迎仪式的准备工作。

升旗广场旁的帐篷里有一个招待区，里头有一些饮料与食品供参加完仪式的代表团成员享用。由于长期缺乏睡眠，在这里值班的志愿者常在两场仪式间歇的15分钟里睡着。有的侧卧着，有的蜷缩着，有的四仰八叉，在同事面前大家顾不上形象，唯一想着的就是赶紧睡会儿。当下一场仪式结束，对讲机里传来"仪式区全体就位"的命令时，大家都会马上站立起来，整理好仪容，酝酿好热情，用微笑迎接下一个进入招待区的代表团。

开村前，国际奥委会礼宾主管福斯特先生到村内巡视，临走时握着我的手说："你们准备得很充分，我相信一切都会顺利。我对你只有一个建议——别让自己饿着。"欢迎仪式的紧张工作让我非常明白这并非一句玩笑话。奥运会开幕前后的那几天，极端的工作压力让疲于奔命于欢迎仪式和贵宾参观团之间的我失去了饥饿感。每次都是在饭点过后两小时经人提醒才想起吃饭这事。虽然食欲全无，但一想起国际奥委会官员的建议，我还是会随手拿起一个面包，一边走路，一边强迫自己一口一口地往下咽。

不能按点吃饭的岂止我一人？欢迎仪式后来不间断地进行，仪式现场各团队的工作人员大部分根本就没有吃饭的时间。无奈，我只能批准大家取用招待区为代表团准备的食物充饥。在那几天里，从志愿者、仪仗兵、礼仪小姐，到坚守每场仪式的运行团队领导丁百之副主任，都是拿着各国运动员、官员吃剩的面包和饼干充当午饭和晚饭。

欢迎仪式上，负责升旗的仪仗兵给各国代表团成员和出席仪式的贵宾们留下了深刻的印象。200余首国（会）歌长度从20多秒到一分半钟不等，但是来自三军仪仗总队的小伙子们总是能把升旗的速度与国（会）歌演奏的时间拿捏得天衣无缝。台前的出色表现来源于幕后辛勤的汗水，为保证升旗操作分秒不差，仪仗兵每天都要先于其他所有工作人员到达升旗广场练习，风雨无阻。

零失误背后的默契

欢迎仪式参与的业务口众多，往届奥运会欢迎仪式出错，常是因为几个业务口之间衔接有误。　这一问题在北京奥运村没有出现。在这事关国家荣誉的关头，来自对外联络团队、文化活动和媒体工作团队、村长办公室、餐饮服务团队、交通服务团队、安保团队、工程和物业保障团队等部门的十多个业务口，将"精诚无间"4个字体现得淋漓尽致。

运行计划明确了每一项工作的负责单位和责任人，但各业务口的同事们从来没有因为某项工作"事不关己"而高高挂起。相反，大家在做好本职工作的同时，总会热心地提醒一下身边同事是否已将各项细节方面的工作准备就绪。在高强度的工作压力下，各业务口的同事们也难免出现小摩擦，也互相嚷嚷过，互相红过脸。然而，一旦仪式现场出现问题，便再无人去指责谁该负责任，总会有人马上站出来迅速解决问题。

各个团队的同志们通过这些天的并肩战斗，建立

了深厚的友谊，形成了心有灵犀的工作默契。到后来，只要一个眼神，一个手势，各业务口的同事们马上就能心领神会地配合展开行动。大家都知道，这是我们共同的欢迎仪式，每一个人都责无旁贷。

当我写完这篇文章的时候，北京奥运会和残奥会都已圆满结束。来自世界各地的运动员们也已带着他们对北京的美好印象回到了自己的家乡。我相信，在奥运村（残奥村）升旗广场受到的欢迎，将成为他们对北京的回忆中不可磨灭的一页。

奥运村中零失误的欢迎仪式也将成为我们完美的一段记忆，让我睡梦里也能咧嘴微笑。梦里，同事们辛劳的背影没有停顿，大家会心的微笑没有瑕疵……

（对外联络团队陈昊供稿）

精心策划保升旗

7月27日，奥运村举行了隆重的开村仪式，这标志着奥运村正式开始运行。当日，中国体育代表团第一个入住奥运村，并率先在升旗广场举行了升旗仪式。随着五星红旗冉冉升起，奥运会奏响了序曲，与此同时，奥运村工程与物业保障团队也开始了光荣而艰巨的升旗仪式保障工作。

自7月27日开村到8月9日，短短十多天里，奥运村须为参加本届奥运会的204个国家的NOC代表团举行升旗仪式，其保障重点集中在升旗广场，责任重大。

我们工程和物业保障团队的领导高度重视升旗仪式的保障工作。他们带领工作人员高效细致地做好了充分准备：调试检查升旗广场的各种设备设施，为升旗广场播音系统配置UPS不间断电源，为升旗广场导播间配置第二路电源等等。开村前，团队领导按照开村仪式和升旗仪式的整体流程，还精心组织各个单位协同进行负荷传动测试和演练，测试升旗广场双电源自投装置的有效性和正确性，验证UPS电源的不间断供电能力……同时，我们团队又专门研究制定了升旗广场的保障工作方案，其中包括为欢迎中心和升旗广场制定"人员盯防值守计划"及主要领导轮流值班上岗的计划，确保各保障人员到岗到位。这一切为奥运村升旗广场各项工作做到万无一失奠定了坚实的基础。

有电危险

多少汗水保升旗

　　为了保持升旗广场的美丽清洁，保洁人员和绿化养护人员同样付出了辛勤的劳动：在一天最高达到51个代表团举行升旗仪式的高频率使用场地的状况下，保洁人员保证了每场升旗仪式场地的清洁；绿化养护人员在升旗仪式的十多天时间里，不间断地巡检场内的各种植物，确保鲜花的娇艳欲滴，绿草的欣欣向荣。

　　我们团队员工上下一心的紧密配合，为的是将中国人民的友善好客以及对各国的尊重与祝福，融入到一场场完美绝伦的升旗仪式中。

（工程和物业保障团队供稿）

村长办公室奏出序曲

　　2008年9月26日下午，在北京奥运村（残奥村）村长办公室向朝阳区文委移交村长院——龙王庙仪式结束后，北京奥运村（残奥村）村长办公室作为北京奥运村（残奥村）运行团队中的一个重要团队，带着与其他团队密切配合共同创造的为204个奥运会代表团和147个残奥会代表团举办109场欢迎仪式，接待70多位国家元首、政府首脑和王室代表等国际贵宾零失误的光荣业绩和许多富有传奇色彩的故事，圆满地完成了历史使命，退出了历史舞台，永久地载入了北京奥运史册。

-------- "天下第一村"的大红门将徐徐打开 --------

回顾村长办公室项目启动发展的历程，多少往事历历在目，多少心血凝注其中。

2007年8月15日，作为西城区委宣传部副部长、文明办主任，我光荣地成为了市委组织部选派的300余名赴北京奥组委挂职锻炼干部中的一员来到奥运村部报到，担任村长办公室主任。报到之时，奥运村部吴京汨部长向我布置了工作任务。由于村长和村长办公室项目过去一直没有启动，因此，既没有人手，也没有资料，一切都需要白手起家，主要的任务有三个：一是搞清国际奥委会对奥运村村长的人选和职责有什么要求；二是搞清悉尼、雅典等往届奥运会的奥运村村长的背景资料等信息；三是提出北京奥运会奥运村村长和村长办公室设置及职责任务的建议。

肩负着领导的嘱托，我单兵作战，开始着手村长办公室的前期筹备工作。我一边向奥运村部副部长邓亚萍等参加过或观摩过奥运会的同志请教，向国际奥委会的特聘专家、国际联络部的有关同志咨询，一边四处搜集资料、上网查找信息，先后研究了《国际奥委会奥运村技术手册》等多种文件，通过各种途径终于查找到雅典、盐湖城、都灵等往届奥运会、残奥会、冬奥会以及亚运会、大运会等近20位村长的相关情况，获得了宝贵的第一手材料。

9月7日，在报到仅20多天后，我向部领导递交了《北京奥运会奥运村（残奥村）村长及村长办公室工作分析报告及运行思考和建议》。该报告就欢迎仪式工作步骤、仪式时间安排、欢迎仪式议程、村长的推选及职责、村长及其办公室的设置及设施配备等方面，全面介绍了国际奥委会及往届奥运会关于村长及其办公室项目的相关要求。同时，从职务设置、年龄特点、性别比例、职业背景分析了11位奥运会、残奥会、冬奥会、亚运会、大运会等村长和副村长的情况。其中包括：2000年悉尼奥运会奥运村村长格·理查森和悉尼残奥会残奥村村长蒂·费希尔、2004年雅典奥运会奥运村村长伊奥尼斯·玛诺斯、2006年都灵冬奥会奥运村村长玛尼勒·迪·森塔等人。上述材料为北京奥运村村长人选的选定提供了借鉴。最后，该报告提出了关于北京奥运村（残奥村）村长职责、村长办公室工作职责及机构设置的思考，并提出了进一步推动工作的建议：一要高度重视村长工作项目，尽快确定村长人选，明确工作职责；二要抓紧筹建村长办公室，配齐、配强人员；三要加快龙王庙内部装修施工，按期保质完成任务；四要加强村长服务保障工作的研究，形成工作合力。

9月14日，奥运村部召开部长办公会专门研究了这个报告。10月9日，奥运村部向北京市副市长、北京奥组委执行副主席刘敬民同志上报了关于村长及村长办公室工作的请示。10月11日，刘敬民同志就奥运村部关于村长及村长办公室工作的请示作出批示，决定召开专题会进行研究。10月24日，北京奥组委向国际奥委会执行委员会第九次全会陈述了村长工作，承诺2007年年底前后确定村长人选，并报国际奥委会。

在集中各方智慧的基础上，我进一步修改完善了《关于北京奥运会奥运村（残奥村）村长及村长办公室工作的汇报》：根据"两个奥运，同样精彩"的要求和奥运会、残奥会之间转换期短的实际情况，建议北京奥运会和残奥会同设一个村长

班子；根据村长繁重的工作量，建议可设若干副村长；借鉴往届奥运会村长人选确定的经验，建议尽快确定村长（副村长）人选，并处理好北京奥运村村长和青岛、香港协办城市运动员村负责人之间的关系，在村长工作班子中设青岛、香港副村长各1名等。同时，在先后多次与北京奥组委多个部门以及北京市园林局、朝阳区政府等单位实地踏勘村长办公区所在地——龙王庙，研究功能布局和施工装修建设中存在问题的基础上，提出高度重视和加快村长办公区——龙王庙建设的建议。

11月12日，在刘敬民同志主持召开的村长及村长办公室工作专题会上，这些建议得到了各级领导的高度重视。11月23日，北京奥组委主席刘淇同志主持召开第11次主席专题会研究村长工作，决定尽快向中央汇报村长工作的进展情况，并建议将龙王庙改称为"村长院"，要求各有关单位加快村长院的施工建设。

12月1日，刘敬民同志再次到村长院实地视察、现场办公，推动施工建设。12月18日，国际奥委会与北京奥组委交流工作，北京奥组委陈述了村长工作，再次承诺2007年年底前后确定村长人选报国际奥委会。

2008年1月10日，北京奥运会奥运村(残奥村)运行团队成立大会在奥运大厦302会议室举行。会议宣布奥运村（残奥村）运行团队成立，由北京市人大常委会主任杜德印同志担任奥运村（残奥村）常务副村长、奥运村（残奥村）运行团队主任，北京市副市长陆昊同志担任奥运村（残奥村）副村长、运行团队第一副主任，并从市委、市政府有关单位抽调了一批局级领导干部充实到运行团队领导岗位上。这一天，熊九玲、张利民、邓亚萍同志正式出任运行团队村长办公室主任、副主任。

1月11日，在运行团队成立后的第二天，熊九玲同志主持召开村长办公室第一次主任办公会议。会上，我详尽汇报了前期筹备工作成果、需要把握的关键问题、重要时间节点和下一阶段工作建议等，为领导熟悉了解情况、把握工作方向和节奏、顺利开展工作创造条件。

会议之后，村长院装修设计施工、村长办人员调配、运行计划研究等各项工作有条不紊地迅速展开，而我作为村长办公室经理（综合处处长）充分发挥参谋、助手的作用，积极协助领导大力协调推动各项工作的落实。

4月12日，北京奥运村（残奥村）村长第一次会议召开，北京奥运村（残奥村）村长班子正式成立。经中央批准，北京奥运村和残奥村设同一个村长工作班子，由全国人大常委会副委员长、北京奥组委副主席陈至立同志担任村长，由北京市人大常委会主任杜德印、中国联合国协会会长陈健、国家体育总局副局长于再清、北京市副市长陆昊（后工作调动，由副市长程红同志接任）、中国残联副理事长程凯、青岛市委统战部部长臧爱民、全国人大常委会香港特别行政区基本法委员会副主任委员梁爱诗共7人担任副村长。

北京奥运村（残奥村）村长班子和奥运村（残奥村）运行团队的成立，极大地促进了奥运村（残奥村）整体工作的全面、深入开展，也为村长办公室工作的顺利推进、村长院装修施工建设的高水平与高质量完成带来了巨大的推动力。在陈至立、杜德印等领导同志的关心、指导下，在兄弟团

队的大力支持下，村长办公室的工作不断取得积极进展：5月初村长办公室人员构成计划完成，5月底村长院装修施工工程竣工，6月16日村长办公室全体人员正式进驻村长院办公，7月初村长办参加奥运村综合测试演练获得圆满成功，7月20日至9月20日经受了北京奥运会和残奥会的洗礼……村长办公室的建设发展和着奥运村（残奥村）工作的强劲脉搏激跃跳动，村长办人以"甘愿苦和累，奉献奥运会——村长办好样的！"这句誓言鞭策自己，用火样的热情和聪明才智谱写了激昂动人的华彩乐章。

9月17日，当北京残奥会即将胜利闭幕之际，村长办公室主任熊九玲同志对我说，实践证明，你当初对村长和村长办公室职能职责等问题的研究结果是正确的。此时此刻，我那颗一直悬着的心终于落了地，曾经流下的汗水与泪水已化作喜悦的花朵甜蜜绽放在我心灵的深处，悄然散发着袅袅清香。

（村长办公室李文供稿）

8月7日这一天

2008年8月7日，对于大部分中国人来说，也许是个非常平常的日子，但对于北京奥运村村长办公室的工作人员来说，这一天却绝不寻常——在7年漫长的期盼和数不清多少小时的前期准备后，我们终于迎来了北京奥运会倒计时的最后一天。

奥运村村长办公室是奥运村运行团队中一个十分特别的群体，由主任、副主任、综合处、联络处和秘书处共50余位工作人员组成。村长陈至立同志为村长办的工作倾注了大量心血。她对村长院的建设、环境布置、礼仪员着装乃至送给各代表团的纪念品等等大事小情都亲自过问，并提出很具体的工作建议。每次会见外宾之前，她都要仔细阅读我们为她准备的"谈话参考资料"（简称"谈参"），保障了礼宾工作的高规格与高水平。杜德印常务副村长也非常关注礼宾工作，对所有仪式、方案都十分了解。村长办公室每遇重要活动，他都坐镇现场，随时掌握工作进程，提供全方位保障。

7月26日，北京奥运村正式开村前一天，村长办公室的全体工作人员参加了在奥运村升旗广场举行的盛大隆重的誓师大会。盛夏，似火骄阳下，同志们喊出了"甘愿苦和累，奉献奥运会"的庄严誓词——这可不是简单的10个字，它需要我们用严谨细致的工作来践行。正是在这种精神的感召下，村长办从主任、副主任到每一个部门的工作人员，都

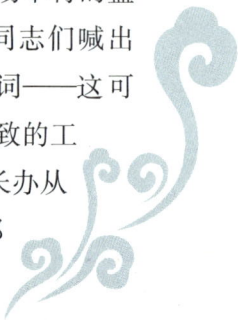

忘我地投入到村长礼宾活动的各项准备工作中。从奥运会倒计时100天、30天，到奥运村预开村、正式开村……早已记不清大家一路上付出了多少艰辛，洒下了多少汗水。

美哉村长院

现在，这一切终于汇聚到了北京奥运会即将开幕前的最后24小时。这一天，进入奥运村参观的各国政要人数和代表团入村欢迎仪式的场数都创造了奥运会的新纪录。村长办的同志们来不及整理自己记忆的行囊，就在清晨第一缕阳光照进红墙灰瓦、古色古香的村长院时，开始了值得终身记忆和回味的一天。

　　清晨5点40分，村长办联络副经理张毅向在村长院门口通宵值班的警卫说着"早上好！"并走进办公室，此时，距他离开这里才刚刚过去4个钟头。他满以为自己是村长院第一个来上班的人，然而在办公室里他发现了邓亚萍副主任。从略带疲惫的神情，张毅看出她又一次因长时间加班没有回家。作为运动员，邓亚萍曾4次登上奥运会的冠军领奖台。此次转变身份，作为北京奥运村村长办公室副主任，她主管联络工作。她以对奥林匹克运动深刻的认识和大气、严谨的个人魅力，证明了自己在管理岗位上同样是最优秀的。在准备村长礼宾活动的过程中，邓亚萍副主任和熊九玲主任、周小玲副主任一起，亲力亲为，率先垂范，耐心指导每一场日程的安排修改，细致地审核制定每一个工作方案。由于8月7日的礼宾活动空前密集，她和联络处一起加班到凌晨3点多，最后只好在办公室里和衣而睡。

　　道一声问候，张毅便收拾好凌晨才定稿的礼宾工作流程和方案表单，动身去和奥运村礼宾经理及文化活动经理召开三方会议了。村长办处于整个奥运村礼宾工作的信息末端，每一场礼宾活动的信息和方案都是由张毅联络奥运村礼宾团队、文化活动团队以及NOC服务团队搜集后获得，由同为联络员的段思宁整理成工作单，再由程瑾向主管领导沟通汇报，最后转发给村长办公室的秘书、行政、后勤保障部门。每天清晨，张毅都要在三方会议上和另外两个工作团队确定当天欢迎仪式的工作方案，合署签字确认欢迎仪式，为全天工作确定作战方案并提供部署的基础。这样的程序，从7月27日中国代表团第一个进驻奥运村起就天天重复着。

这一次的三方会议时间用得最长，所开出的工作单也最为复杂——村长要参加为54个代表团举行的11场欢迎仪式，并且会见18位一类贵宾。这意味着从10点至21点，每一个小时的时段中就有一场欢迎仪式，而且每一场欢迎仪式几乎都有5个代表团同时参加，达到满负荷。在这样密集的仪式场次中，还要穿插18位国家元首和王室代表的会见。如此大量的交叉活动，使得整个工作错综复杂。

与此同时，村长办秘书处的5位同志也早已各就各位。为了参加早上7点钟召开的当日礼宾工作碰头会，住得远的同志清晨5点多钟就从家里出发了，而有人干脆就住在了办公室。会上，负责接收信息的同志拿到最新调整过的当日欢迎仪式内容以及贵宾接待名单和时间安排，然后在第一时间报送给村办各位主任，由他们送达各位村长和副村长。

每一场会见前，以佘运高为首的村长办秘书处都会为出席活动的村长和副村长们准备讲话稿和相关背景材料。这些背景材料包括参加欢迎仪式的代表团情况及其所属国家（地区）概况，以及在往届奥运会上取得的成绩、来访贵宾的简历和对华态度等。这是一项辛苦而复杂的工作。于是，我们有的人从外交部提供的资料中理出脉络，有的人上网搜索中英文的信息。这些材料最后汇总到一人手中，统一字体和格式后报送有关领导。虽然秘书处的工作人员总是在前一天就将这些资料提前准备好，但是每天出席活动的代表团和贵宾名单总是在变化，最多时一天能变四五次，报送领导的材料也要相应做出调整。经过多日磨炼，秘书处已经建立起的责任清晰、分工明确、各尽所长的协作机制，在8月7日这一天运作得非常成功。

张毅手捧三方会议成果——经由礼宾经理确认的村长在8月7日所有礼宾活动的工作单，回到办公室。"接下来就该翻译们粉墨登场了"，他暗自思忖。果然，不到7点半钟，联络处的翻译们都已在紧张准备。他们共4人，分别是英语翻译詹成、侯海强和法语翻译梁玉兰、姜丽莉。他们来自不同单位，形成了村长办公室强有力的语言服务团队。村长办公室礼宾活动的翻译工作可说是一个系统工程，需要多个环节协同配合。台上一分钟，台下十年功。人们看得见的是翻译"风光"的表演，看不见的则是许许多多前期环节的准备。

眼看第一场会见贵宾的时间将至，秘书处的一位同志赶忙放下手头工作，换上正装，带好纸笔，等候联络处的通知，随时准备出发。秘书处的每个人都专门负责一位村长或副村长的礼宾活动，承担陪同和记录工作。在炎热的8月，这是一个辛苦、繁琐和枯燥的活儿。国家元首、政府首脑或王室代表，每次露面都是前呼后拥，单是保镖就有好几个，加上蜂拥而至的媒体记者，场面往往拥挤而杂乱。要在层层人群里紧跟领导和贵宾并记录下他们交谈的每一句话，实在是个脑力和体力双结合的工作——一不留神就被挤出去好远，时不常还可能被不了解情况的保卫人员一把推开。一场活动下来，秘书处的这几位陪同人员两层衣服都湿透了。

9点钟，关岛总督卡马科和夫人从村长院大门走进精巧别致的第一进院子。随着陈健副村长一句"欢迎您来到村长院！"8月7日的礼宾活动正式开始了。陈健副村长身旁，是一支礼宾工作团队：张云飞副主任协助接待；英、法两种国际奥委会官方语言的翻译随时待命；联络员手持对讲机保持和各方面的沟通，汇报会见活动的进度；秘书处的记录员紧张地关注主宾的每一句对话，记录和整理会谈纪要……每一场村长的贵宾会见，都牵动着村长办各个部门的工作神经。

与此同时，在办公室里，秘书处的另一位同志已经在为跟随领导出席下面一场代表团入村欢迎仪式做好准备了。出门之前，她又重新检查了一遍文件夹里的材料：当日活动日程表，贵宾名单，贵宾席座位图和村长致辞的中、英、法文稿。外人很难想象这篇只有短短两页的致辞稿曾经历过数十次修改。虽然领导在仪式上使用的稿件由其本人随身携带，秘书处还是规定陪同人员将3个语种的版本再多带一套，以应不时之需。意外只有百分之一的可能出现，却要做百分之百的防备，这就是"细节决定成败"的道理。

詹成和梁玉兰正在埋头阅读着为领导11点45分的会见活动准备的"谈参"。按照工作表单上的安排，这个时间将会有3个国家的贵宾来访——希腊外长芭科雅尼斯、库克群岛女王代表古德温及夫人、萨摩亚独立王国元首埃菲及夫人。"希腊外长？哦，就是那个身材高挑的美女外长。"詹成一边想着，一边打开谷歌网站搜索着芭科雅尼斯的名字。"库克群岛好像是太平洋岛国吧？女王代表是个什么头衔？萨摩亚独立王国的概况都有哪些内容？"詹成好像是在喃喃自语，又好像是在和梁玉兰商量工作。这些问题的答案应该在秘书处精心准备的"谈参"中能找到，如果不行就上网去找。就这样，时间一分一秒地过去了……

正当他们全神贯注地工作着，桌上的手台突然响了，传出来的是联络处戎军处长的声音——"升旗广场上运动员已经开始入场，请村长准备！"原来现在已是9点45分，8月7日的第一场欢迎仪式就要开始了。詹成和梁玉兰赶紧停下手上工作，拿起笔记本，冲出办公室。外面的热浪扑面而来，似乎是在提醒他们，气温异常闷热，今天是37摄氏度！村长院西门口，陈至立村长和她的工作团队已经准备好即将出发。远远看去，升旗广场上，阿塞拜疆、挪威、南非、科特迪瓦、捷克5个代表团正在集结，《北京欢迎你》的宣传曲回响在热火朝天的仪式现场。

庄严而热烈的升旗广场上坐满了出席欢迎仪式的代表团成员和观众。当仪式在乐曲声和掌声中进入高潮——由村长分别和各个代表团合影留念时，秘书处的陪同人员赶紧利用这个间隙与对外联络团队再次核对出席仪式的外方官员名单，然后马不停蹄地赶到贵宾席，在一片嘈杂中捕捉村长和各国贵宾交谈中的重要语句以及运动员代表的反馈。返回村长院后，这些信息要马上整理成材料，汇总到专用电脑内，准备编写当天领导活动简报。

40分钟的欢迎仪式结束了。迅速清场之后，参加下一场仪式的5个代表团又已开始集结。詹成和梁玉兰赶回办公室，按照分工，第二场仪式的翻译侯海强和姜丽莉已在做准备。然而不管翻译们如何轮换，身为联络处处长的戎军始终在现场镇守。烈日暴晒下，他一次次用对讲机通报现场情况，一次次迎接并送走参加仪式的每个代表团。而此刻，梁玉兰趴在办公桌上，半天才缓过劲来。连日来长时间工作和巨大压力，令她身体虚弱，但她一直咬牙坚持。

回想起来，8月7日前两天也是烈日当空。一大早梁玉兰就觉得身体不适。她强忍疼痛，没有向主管领导提出休息，依然坚持为村长出席的欢迎仪式进行翻译工作。正午1点钟，太阳像大火球似的烘烤着地面，热浪席卷了整个升旗广场。这时，梁玉兰再次陪同村长来到升旗广场。由于整整忙了一上午，午餐也没有吃，她一时间感到天旋地转，终于体力不支，晕倒在现场。为了不影响升旗仪式的进行，她在清醒后硬是坚持到仪式结束，才被同事搀扶回到办公室。这时的梁玉兰脸色苍白，汗珠不停地滚下发烫的额头，但她对大家说："不用管我，躺一下就行，下一场升旗仪式我还得上呢！"经同事们百般劝说，她才由人陪同去了综合诊所。医生在对梁玉兰进行全面检查后，神情严峻地向陪诊同事通报了梁玉兰的病情——高烧近40摄氏度，扁桃腺化脓，必须马上住院输液。村长办公室熊九玲主任等领导百般劝说，梁玉兰才同意回家休息，但为了不影响村长办公室的总体工作，她谢绝了其他同志送她回家的好意，临走前还不忘叮嘱另一位同志一定做好下一场翻译。此刻，在村长办礼宾活动最为密集的8月7日，梁玉兰尚未复原的病体，仍然坚守在翻译岗位上。

　　再周密的计划也不可避免地会被临时变化打乱，严肃的工作中也不乏有趣的时刻：萨摩亚独立王国元首埃菲和夫人，竟然比原定时间提前了25分钟抵达村长院。幸好在他们进村前，手台里有来自奥运村礼宾团队的通知，詹成才来得及冲进安保监控室换上了西服套装。刚刚拉好领带，贵宾已经到院门口了。由于活动太密集，贵宾会见和欢迎仪式不得不同时进行。埃菲先生和夫人进入贵宾会客室时，陈至立村长还在升旗广场，无法立即返回村长院。片刻的等待后，耐不住寂寞的元首竟然主动转过头来，和坐在村长座位后翻译位上的詹成聊起天儿来。还没说上几句话，库克群岛女王代表及夫人也提前到达了。两对同是太平洋岛国的国家元首夫妇拉着手叙旧，这才让邓亚萍副主任悬着的心略微落下。终于，陈至立村长从欢迎仪式现场回到村长院，而风度翩翩的希腊女外长也同时出现在门口。陈至立村长同时会见了3个贵宾团，这种阵势平时可是难得一见。

　　这是来得早的，也有晚的，比如路上耽误了时间，就会直接影响到下一场会见。此时最为焦急的是综合处的李文处长。村长接待外国政要时，综合处的工作如下：一是迅速组织人力做好村长院会客室、展厅、大家庭休息室等重点部位和庭院内环境卫生的保洁工作；二是协调奥运村花店按照当日每个来访贵宾所在国家的风俗习惯，及时配送摆放在会客室等处的插花、摆花和代表村长敬献的鲜花，并安排礼仪员提前40分钟在礼宾现场就位；三是安排安保人员及时监控村长院内和周边的安全动态，配合礼宾部门及时开启安保围栏，确保贵宾车辆顺利通行，同时做好升旗广场上村长（副村长）的警卫工作；四是及时做好会场扩音设备检测、礼品准备、茶水服务、贵宾签到、摄影摄像以及受赠礼品的登记入库等工作。此外，安排厨房、餐厅根据各位村长、副村长的生活习惯和礼宾日程，分别做好餐饮服务，并确保全体工作人员的用餐。

贵宾集中进村长院参观，不但令村长办礼宾工作承担了很大压力，对综合接待工作也是个巨大的考验。综合处的工作任务决定了它工作的特点就是"默默无闻"，他们担负着村长办公室27个岗位中的24个，平均1.5个人就承担着一项工作。8月7日这一天，村长院的礼宾活动达到了最高潮，综合处的工作也史无前例地紧张。高温酷暑下，有的礼仪员中暑晕倒了，恢复过来后重又回到岗位；暑热难耐，厨师们为保证餐厅内的客人在适宜的环境下用餐，关闭了厨房内的空调，冒着高温进行操作；服务员们为确保各种接待工作正常顺利进行，加班加点，顾不上吃饭；物流组为村长的每场会见准备好鲜花和礼品；行政组与联络处、秘书处等部门协调工作，确保每一场活动的时间安排万无一失；院外的警卫和院内的保安员们在如火的骄阳下撤掉遮阳棚，坚守岗位，守护着村长院和来访贵宾们的安全，晒得脱了皮……

繁忙的接待中，不知谁说过一句玩笑话"村长不够用了！"惹得大家乐了好久。而8月7日，村长办公室礼宾工作，真就可以用"村长不够用"来概括：一边是升旗广场上的欢迎仪式，一边是贵宾如云的村长院会客室，从上午11点到晚上8点，几乎每半个小时，都有同时进行的活动。除陈至立村长外，陈健、程红、程凯几位副村长，或出席升旗仪式，或陪同贵宾，轮番上阵，展示中国第一代奥运村领导的风采。其中，曾任联合国副秘书长的陈健副村长，在这届被称为最繁忙的奥运会上，发挥了外交官的特殊作用。赛前他就带领村长办一班人研究确定接待礼仪方面的原则，确保了礼宾工作的顺畅进行。程红副村长在保障奥运村运行工作之外，参加了几十个代表团的升旗仪式。程凯副村长虽身有残疾，却以顽强的毅力坚持学英语，他主持仪式时的完美表现赢得了现场最热烈的掌声。于再清副村长参加国际奥委会委员竞选后也出席了十多个代表团的升旗仪式，后来在残奥会期间则作为国际奥委会主席罗格的官方代表参与了欢迎仪式。

总之，村长和几位副村长轮番参加不同活动，翻译、联络员、记录员们也需要悉数上场，顶着高温不停奔走于升旗广场和村长院贵宾会客室之间。人们眼里看到的是密密麻麻的工作表，耳边传来的是手台里的催促和提醒声。由于涉及的国家和地区太多，又是升旗仪式和贵宾会见穿插进行，大家要不断地相互提醒，确保不出一点差错。与他们相配合的，是村长办综合处李文处长等工作人员，一次次核对贵宾名单，还要准备会客室，安排礼仪人员……整个村长办公室，在巨大的工作任务面前拧成绳，抱成团，共同应对着这从未经历过的奥运礼宾大行动。

8月7日这一天，有14位贵宾相继光临村长院。最为密集的时候，几乎每20分钟就有一位政要出现在村长院。忙碌之余，大家调侃说："随便走进村长院的就是一位总统。"

8月7日这一天，我们记住了参加欢迎仪式的54个国家和地区，每一面旗帜，每一首国歌，每一张激动的面孔，每一只挥舞的手臂，都融合在这"天下第一村"四海宾朋相聚的欢笑中。

8月7日这一天，大家的午饭和晚饭吃的是从员工餐厅领回的麦当劳套餐。紧张的工作中，就连啃一口汉堡包也显得奢侈。有些人没工夫享受它们，只好放得凉了硬了再吃。

8月7日这一天，当最后一场欢迎仪式结束时，已经将近晚上9点钟。来不及收拾忙碌的心情，每一个岗位的工作人员又都开始为次日的礼宾活动做准备，这肯定又将是一个辛苦的夜晚……

从升旗广场回村长办公室的路上，不论是综合处、联络处，还是秘书处，参加接待的工作人员都已累得不想再说话，沉默中忽听有人自语："明天奥运会就开幕了呀！"是啊，那将会是多么精彩的世纪大典啊！亲友们以为我们身在奥运村，可以近水楼台地亲见盛典，但他们不知道，我们一天十几个小时的工作强度，忙到没有时间看一场比赛直播，更别提去场馆亲身感受一下奥运氛围了。然而，虽然我们的面孔和名字隐没在奥运会的光彩背后，但我们深深懂得自己的价值所在，并为自己的付出无悔。

8月12日，陈至立村长在村长办欢迎仪式工作总结报告上作出重要批示："奥运村开村以来，204个国家和地区的欢迎仪式成功举行，达到了完美的境界；各项贵宾接待活动井然有序，充分展现了中国人民热情好客、开放友好的风范。感谢村长办同志们卓越的工作和辛勤劳动。特此向你们表示诚挚慰问和崇高敬意！"

8月7日这一天，我们会永远铭记奥运村内发生的点点滴滴；奥运会也会记住，记住我们为这伟大盛会所尽的每一份心、所出的每一份力，记住村长办公室平凡而又不平凡的工作人员，记住这些点燃夺目辉煌的温暖薪火。

（村长办公室詹成供稿）

我当村里新闻官

"让新闻人物做新闻"，是杜德印主任至今说起来还颇为得意的一招儿。

2008年7月20日，离奥运会开幕没几天了。当着北京奥运村部副部长、奥运村村长办公室副主任的我，正和大家一道，里里外外忙着开村前的各项准备。不想杜主任忽然提出，增设奥运村

言为心声

新闻发言人一职，命我兼任。我知道，这项工作缺人手了。杜主任的本事，早已耳闻目见，钦敬之余，更知此时他有多么不容易，若非必需，断不会临战之时如此调兵遣将，我只能从命。问题是，我能干好吗？

虽说自打做运动员时起我便接受过无数次媒体采访，虽说此前一年多里我一直担任着北京奥组委奥运村新闻发言人，但那时的采访，多是"一对一"的。而杜主任派我这活儿，面临的将是黑压压一屋子人、闪光灯亮成一片的新闻发布会。这会上，必有国内外主要新闻媒体一个又一个精明老到的提问，甚至会遭遇意想不到

的"狂轰滥炸"。在这样的新闻发布会上,我说的每一句话都可以被当做"官方意见"直接引用,一旦出口便无法收回,句句关乎奥运,关乎国家,这可是只能干好而绝不能干砸的事啊!

我的脑瓜就像当年应对重大赛事那样飞转起来。

自九七年退役进清华读书至今,一转眼整整11年了。这11年来,我的心又何曾有一时一刻离开过中国体育?作为运动员,我住过巴塞罗那和亚特兰大的奥运村,了解运动员的需求与感受;作为国际奥委会运动员委员会委员,我参加过雅典和北京的奥运村筹备,了解《奥林匹克宪章》的规则与要求。这样的经历,让我可以随时转换角色。九三年起,我全程参加了两番北京申奥,深知其难,更知申办成功之后举国上下做了何等艰辛的努力。我想,国家和人民那么想把奥运会办好,花了那么多钱,投入了那么多人力、物力,准备了整整7年,要是因为奥运村里缺人手,媒体宣传出了问题,那影响可就大了!18个世界冠军不是白当的,关键时刻还得为国家效力。勇挑重担、知难而上等等打球留下的好作风,早已成了我做人的准则。我愿意多干一点,把中国人民对奥运的真情实意告诉世界,也让世界了解中国人民最朴实、最善良、最能干的一面。如此想来,当日下午,本新闻官走马上任。

像打球一样,首先要有充分准备。我了解到,这次前来报道奥运会的媒体,有来自世界各地的两万余名注册记者和近一万名非注册记者,是运动员总数的三倍,其中包括多家西方主流媒体。长期以来,这些媒体主宰着世界新闻和舆论导向,有些人常常戴着有色眼镜看中国，特别是前不久火炬境外传递受阻等一系列事件的报道，产生了极为负面的影响，也使西方媒体和公众更加关注北京奥运会的筹办情况，更容易就食品安全、环境、安保等敏感话题提出问题或质疑。应该如何与他们打交道？

这有个理念问题。多年海外留学生活和在国际奥委会工作的经验，使我了解到西方媒体特有的新闻报道模式和习惯。我意识到没有必要一味站在对立面去对待西方媒体，而应考虑如何顺势而为，有时甚至还要适当"迎合"一下这样的报道模式和习惯，才能有效地与他们进行沟通交流，达到使之客观、公正报道的目的。于是我决定，除了让记者们自己去看、去感受外，我这个新闻官，最重要的作用是"引导"，也就是说，要在了解媒体与大众关注热点从而知己知彼的基础上，遵循国际规则惯例，用自己的语言和声音去顺应他们的报道模式，从而引导他们引用我们的观点和语言，向世界全面真实地展示咱们中国人精心打造的奥运村和残奥村。

确定了这样的理念，马上紧锣密鼓地干起来。我深知，要应对中外媒体可能提出的所有问题，必须对村里每一个工作环节都非常熟悉，这当然不能仅凭一己之力。为此，我一面计划走访村中各个部门的运行团队，一面着手组建奥运村新闻宣传工作小组。

新闻宣传工作小组半天便组织起来，并立马召开了第一次工作会议。想不到的是，会上，有同事拿出了厚厚一叠积压的媒体采访申请单，我这才意识到，许多媒体的采访申请已提交了一个星期，却一直没有得到正式答复。这可不符合北京奥组委提出的"善待媒体，零拒绝，件件有

答复"的要求。于是我决定就从这些采访申请单入手，迅速调整工作机制与流程，提出坚决贯彻北京奥组委"善待媒体"的原则，要求凡采访申请，一律24小时内予以答复。

根据杜主任要求，奥运村和残奥村的新闻发布会确定采用"3＋N"模式。所谓"3"，是指在奥运村正式开村前、开村后运行期间以及残奥村开村前，各举办一场新闻发布会，向媒体介绍奥运村和残奥村的筹备及运行等情况；而"N"，则指在运行期内，针对可能出现的突发事件灵活掌握新闻发布会的次数。按照这一模式，我带领新闻宣传工作小组做了三类应急方案，确定了通报机制和发布方式，在村内建立协调有力的信息汇集制度，加强国际舆情的搜集研究工作，以便在事件突发情况下第一时间启动应对，做到重大舆情一小时内发布新闻，并提出，要避免因我们的"失语"、回避而导致出现谣言或不实报道的蔓延。例如，曾有澳大利亚某报报道我们迟迟不在奥运村内悬挂该国国旗，并将英国国旗错挂成英格兰旗。我们立即向有关方面核实，确定纯系子虚乌有，便在第一时间临时召开新闻发布会，澄清事实，维护了奥运村的形象。

这一模式看似简单，但我知道，所有新闻发布会的召开都必然伴有大量幕后准备工作，还必须张弛有度，掌握恰当的节奏，才能在恰当的时间成为恰当的新闻。为此，我要求自己做好各方面该做的功课，同时，为选择合适的日期，也着实动了一番脑子。经过调研分析，综合各方情况，决定把这两场新闻发布会定在7月25日和8月15日。

7月25日上午11点，北京奥运会主新闻中心，我以当年参加奥运比赛的状态步入新闻发布厅。面对美联社、路透社、法新社、新华社、中央电视台等110多家国内外主流媒体的130余名记者，我知道，既然上场了，就得相信自己，就得有充分的自信，就得有一种掌控整个局势的霸气，今天的新闻官仍和当年的世界冠军一样，一样是为了祖国！

我镇定自若地把前期走访调查的成果逐一转化为翔实的讲述，清晰、详细地介绍了奥运村的基本情况。紧接着，有来自19家新闻单位的记者提出了近30个问题，不出所料，其中不乏食品安全、宗教、安保等敏感话题。面对记者的尖锐提问，我要求自己，用柔性的语言表达刚性的原则，语言尽量生动，回答软中带硬，既要有亲和力，又不拖泥带水。我的反应还挺快，干脆利索，把他们发过来的"球"——"挡"了回去，主持人悄悄夸我："你可真够快的！"最终，这场名为《奥运村即将开村》的新闻发布会取得圆满成功，北京奥运村也如我们所愿，随着东西方媒体客观、积极的报道，受到了国内外高度关注与广泛认可。不过，此时我才真的有点儿后怕了——我所说的话，网上几乎一字不落，全用！

有了第一次发布会的经验和信心，可以更有针对性、计划性地筹备下一次了。为了以媒体更容易接受的方式介绍奥运村，我把主要精力放在了相关数据、故事的收集和新闻发言稿的准备上。我充分理解，西方媒体和公众比较认可的新闻报道常常要靠数据、实例等客观信息来支撑。为此，我把媒体采访申请单中所关注的问题认真进行了梳理，综合分析出关注度较高的几个方面，然后着重收集这些方面的具体数据，特别是发生在村里的真实故事。我把搜集到的素材融入新闻发言稿，

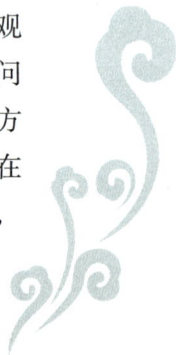

以大量客观翔实的数据介绍奥运村开村以来各方面的运行情况，又加入真实、动人的事例，再对奥运村整体状况加以总结，并上升到精神层面。这一新闻发言稿既具体又生动，在8月15日一天两场新闻发布会上，记者们听了都很感兴趣。就这样，媒体了解到了他们希望获得的信息，我们也通过他们向世界传达了我们想要表达的话语，第二场新闻发布会再获圆满成功。

随着8月24日北京奥运会的成功闭幕，北京残奥会如何举办？整个世界仿佛都在翘首以待。媒体更是将注意力转向了残奥村，想看到短短26个小时的转换之后，我们将呈现一个怎样的残奥村。考虑到残奥村的特殊情况，征得杜主任同意，我决定把原计划召开一场的残奥村新闻发布会增加为两场，目的是在通报残奥村运行情况的同时，对两个村的工作进行一番比较、总结，从而再次运用媒体力量，进一步推进对奥运村和残奥村的宣传报道。反复斟酌后，决定将两场发布会分别定在8月30日和9月15日。

8月30日上午，残奥村第一次新闻发布会。简单介绍大体情况后，我便带领这支浩浩荡荡的媒体大军开始了在村里的实地参观。从运动员餐厅到轮椅假肢维修中心，从综合诊疗所到运动员公寓，从运动员俱乐部到洗衣房……中外记者饶有兴味地参观残奥村的主要"功能区"，亲身感受到了残奥村不同于奥运村的独特之处，而这可是突破了国际奥委会关于记者只能进入"国际区"进行采访的规定的。让人惊喜的是，就在当天，全球各大报纸、网站、电视新闻等等，都出现了大量报道残奥村的文字、图像，还有各类积极评价。实践证明，我们的工作又一次取得了成功。

很快，随着赛事即将结束，残奥村的运行也进入尾声。按计划，我们将在残奥村闭村前召开最后一次新闻发布会，这对于把奥运村和残奥村的新闻报道推向高潮无疑会起到积极作用。我认真考虑了大众和媒体对残奥村的关注点，那就是残疾人最需要、去得最多的地方。于是，为了得到最新的第一手资料，我再次带领新闻宣传工作小组成员在村中四处走访，洗衣房、综合诊所、住宿团队、宗教服务中心……凡残疾人运动员最需要的地方，都留下了我们的足迹。仔细听，用心记，我们看到、听到了无数感动与被感动的故事，我们也被深深感动了——不只为运动员们积极向上的人生态度，还为了我们的工作人员和志愿者的无私奉献。

为了将这些素材体现在新闻发布会发言中，我反复揣摩，无数次修改，努力把自己的感情倾注其间。而此次新闻发言的内容侧重也与奥运村第二次新闻发言有所不同。正如奥运会强调比赛的竞技性，残奥会强调运动员的参与性一样，我曾在奥运村最后一次新闻发言中为奥运村总结出四个"历史之最"（开幕式当日供餐量最大，前来的国家元首、政府首脑、皇室成员最多，入村欢迎仪式最精彩，奥运村最绿色），并首次提出"零投诉"的概念；而在此次残奥村的新闻发言中，我则以"细致、关爱、感动"为关键词，着重突出了残奥村中洋溢的人文关怀、人生感悟，突出了感动与被感动。

9月14日，中秋节。考虑到不少媒体此时对残奥会的关注已大大低于奥运会，许多西方主要媒体甚至已然撤离，且报道残奥会的媒体中有70%的记者已非报道奥运会的记者，对于残奥村缺乏了解，我们便又一次破例，于中秋当日，再次邀请主要媒体进村参观访问，让

他们用自己的眼睛去看，用自己的嘴巴去问，并组织他们与运动员共进晚餐，与国际残奥会主席克雷文等共赏中秋晚会……

9月15日，残奥村最后一次新闻发布会，仍在主新闻中心举行。发布会上，我不仅对残奥村的运行情况作了精彩介绍，还在发言结尾以"规则"和"大爱"对奥运村和残奥村的工作作了感人的总结，再次取得良好效果和圆满成功。

发布会后，我又带领记者们跟踪采访了村里为残疾人运动员提供的4条免费旅游线路（分别开往长城、颐和园、故宫、天坛）和11条交流线路（分别开往11处残疾人的"温馨家园"），使他们进一步了解残奥村为残疾人运动员提供的特殊服务。而连续几场这样的活动，也把奥运村和残奥村的新闻报道推向了高潮。

如今，北京奥运会和残奥会已在世界喝彩声中落下帷幕，我的奥运村和残奥村新闻官一职也已完成历史使命。回顾担任这项工作的日子，时间虽不长，经历却颇多，真的是一次很好的锻炼，也是一次难忘的学习与积累的过程。由于同时兼任奥运村部副部长和奥运村村长办公室副主任，我的工作量增加了一倍，每次新闻发布会一结束，都必须马上转入与开幕式或闭幕式相关的其他工作，中间未曾有过任何停歇，60多个日日夜夜啊，有汗水，也有泪水……然而，每当想到我们的奥运村和残奥村作为国际奥运会有史以来最好、最棒的村子留在了人们记忆中，我都会从心里体味到一种工作之美与奉献之乐。我相信，这样的成功绝非偶然，饱含了我们村里每个人的投入和努力。我庆幸不同的生活经历给了我不同的身份和角色，虽说当的是个"村级新闻官"，可让我实实在在地了解了西方媒体，也增加了自己的灵活、理解与宽容。我更庆幸自己身边有一支战斗力很强的队伍，我们新闻宣传工作小组的每个成员都那么年轻，有活力，有干劲儿，虽非全是新闻专业人员，却都能充分发挥各自潜能，既各司其职，又密切配合，我们合作得非常愉快。

从1992年第一次挥拍参加巴塞罗那奥运会，到2008年成为北京奥运村和残奥村的新闻发言人，我与奥运结缘已整整16年。16年的风风雨雨，真的常常是"金戈铁马入梦来"。而此时此刻，我常常想起的是一位老人——咱们中国人再熟悉不过的萨马兰奇。我与萨马兰奇相识于1991年，我忘不了当年他对还是那么年轻、锋芒初露的我的亲切鼓励，更忘不了他在诡谲复杂的国际风云中顶着巨大压力对中国举办奥运会的倾力支持。他曾对我说："我来中国从70年代开始，不下20次，见证了中国整个的改革开放，我看到了中国的老百姓生活水平在逐渐提高。时隔30年，你看你们那时候穿的什么样？你看你们现在！再看看今天的北京……"他还说，"我不管什么政党，不管什么政府，只要这个政党、这个政府所作的事情能够帮助这个国家的人民改善生活水平，这就是好的，我就支持！"尤其是看到中国把这届奥运会办得这么好，我看见了这位老人发自内心的喜悦。那天他来到奥运村，一见我就笑了，第一句话就问："你高兴吗？"我也笑着说："当然高兴啦，全中国人都高兴！感谢您和那么多国际奥委会委员给了中国这样一个机会！"他笑得更加开心，看得出，他高兴，他欣慰！

是啊，世界给了中国一个机会，中国留给世界什

么？起码有一点我可以自豪地说，我们以中国人的智慧和能力，提高了奥运会的组织水平。奥运发展到今天，是整个人类智慧的结晶，如此一届又一届地借鉴下去，一次又一次地给越来越多的地球人提供沟通与交流的机会，世界大家庭不是会更加和睦美好吗？想到这些，自己16年来付出的一切辛苦，包括那么多汗水和泪水，顿时化为乌有……

有意思的是，杜主任至今仍在说："奥运村的新闻官，非邓亚萍莫属！"其实我想对他说，感谢您给了我这个机会，否则我哪里能体会到如此精彩的人生？

（村长办公室邓亚萍供稿）

村长院回想曲

在北京奥运村66公顷的土地上，坐落着一处古建筑。它占地3000多平方米，拥有500多年的记忆。在现代化楼群设施的包围下，它历史悠久、沉香四溢；在人群熙攘的商业街和升旗广场旁，它闹中取静、庄重得体。这就是龙王庙，这就是村长院，这就是我们奋战63天，拥抱奥运、感受残奥的风水宝地！

曾几何时——我们用智慧和双手精心描绘，不到3个月的时间成就了它。一草一木，一砖一瓦，一滴细流，一抹朱砂……石榴含情楸叶茂，蝴蝶飞舞花枝俏。龙游浅底时，祥瑞扑面来；水映明月处，紫薇送暗香。

难以忘怀——反复设计推演村长礼宾流程的日子。我们把自己与村长换位思考：每一处细节，每一个岗位，每一张表格，每一句表述，都慎密思考、反复推敲；苦苦探索，勇为人先。

曾记得——村长院决定开放，我们应对突变，迎难而上：紧急磋商，迅速部署，调整兵力，调集物资，仅用半天时间，实现对外迎宾。

还记得奥运村游学活动吗？我们仔细听、用心记，让奥运村的每一项服务都烂熟于心；还记得消防演练吗？红灯闪烁，警笛长鸣，我们相互扶持奔走于雕梁画栋之间；还记得中秋欢聚、生日庆典吗？青梅煮酒，粗茶淡饭，村长与我们其乐融融、亲密无间。

大家来自23个单位，平均年龄30岁——从礼宾翻译，到值班文秘；从安保人员，到礼仪小姐……56个人的肩膀挑起27个岗位，56双手臂托起年轻的团队。

罗格、萨马兰奇、克雷文、普京、布朗、萨科奇……一个个叱咤风云的人物在这里登场，一个个精彩的故事在这里演绎。

忘不了——至立村长的端庄，德印村长的稳健，陈健村长的儒雅，再清村长的潇洒，程红村长的娴静，程凯村长的热情。在各位村长的感召下，我们与兄弟团队携手努力，增添了中国奥运外交史的感人魅力！

204个奥运会代表团，147个残奥会代表团，109场欢迎仪式，70多次贵宾会见——中国第一代奥运村人，创造了"礼宾接待零失误"的业绩。我们用真诚让世界听懂了13亿中国人的心声，传递了960万平方公里的盛情——Welcome to Beijing. Bienvenue à Beijing. 北京欢迎你！

世界给了我们60天，我们还给世界5000年。感谢祖国——让我们见证了百年奥运中华圆梦！感谢命运——让我们参与奥运，奉献才智，享受欢乐！感谢北京奥运——书写了崭新的历史，让我们在这滚滚奥运洪流中得到历练，获得光荣！

缤纷的礼花悄悄散去，徐徐落幕了，这"无与伦比的大戏"；古老的龙王庙又将恢复往日的清寂，人去楼空、更深夜静之际——可曾听到，我们的轻声细语……

（村长办公室李文供稿）

—— 曲径通幽 ——

运行团队办公室的华彩乐章

"奥运的脚步已悄然远去。也许在我的奥运记忆里，永远抹不去的是疲累，但在反复回味奥运时，又像是品尝到沁人心脾的甘泉。我今生永远会沉浸在苦尽甘来的幸福之中。"

2008年9月19日深夜，北京残奥会圆满落幕两天后，郝富惠依然沉浸在内心复杂的情感中。久久难以入睡的她，仍坐在电脑前敲击键盘，整理自己在奥运村工作的感受，上述那段话，是她的深切感受之一。

"埋藏在记忆最深处的，是那最刻骨的'累'。"她说。郝富惠是北京奥组委四级项目专家，一名普通的奥运村（残奥村）运行团队办公室的工作人员。9月20日晚上，她仍在办公室忙碌着，充满血丝的眼睛里，写满疲惫。

一

"在奥运村（残奥村）运行团队办公室，像小郝这样不知劳累地忙碌了8个多月254个日日夜夜的行政事务工作人员，一共有20多名。"9月20日晚9时，奥运村（残奥村）运行团队办公室副主任周晓柏感慨地说。此时，参加残奥会的绝大部分代表团已经撤离了残奥村，村里一片静谧，但是依然在忙碌的周晓柏还没有顾上吃晚饭。这位从1999年就开始在北京奥申委工作的汉子，亲身经历、参与并见证了北京从申奥到成功举办了一届"有特色、高水平"的奥运会和同样精彩的残奥会的整个历史过程。

奥运村（残奥村）运行团队成立于2008年1月10日，整个运行团队有27000多人，包括受薪人员、志愿者、合同商等，内设14个专项团队，涉及130多个业务口。办公室其实就是整个运行团队的"管家"——大到文件管理、会务安排、来宾接待、整体协调和日常运行，小到某名工作人员缺少一件办公用品、某人吃饭没有餐票、某台电脑不能上网等，事无巨细，都在办公室的工作范畴之内。

早在运行团队成立大会上，奥运村(残奥村)副村长、运行团队主任杜德印就指出：奥运村是北京奥运会最为重要的非竞赛场馆、运行中心和文化活动场所，是各国和地区运动员及媒体的赛时之家。做好奥运村运行工作，对于成功举办一届"有特色、高水平"的奥运会具有非常重要的意义。大家要以高度的政治责任感和使命感，团结协作，认真细致地做好各项工作，确保在奥运会赛时打造出"有特色、高水平"的北京奥运村，为各国和地区运动员及随队官员留下难忘的奥运村之旅。

为了尽最大努力服务于整个运行团队，从而让运行团队更好地做好奥运村运行工作，周晓柏和他的同事们费尽了心血。以运行团队工作人员的吃饭问题和停车问题为例，周晓柏说："杜主任、程市长对团队工作人员的后勤保障很关心，一开始就问，'工作人员的吃饭问题怎么解决？'当时有人随口说，'晓柏解决。'"于是，周晓柏立刻忙活开了，联系了多家供餐单位，然后是一次次谈判。最终，眉州东坡酒楼以其报出的合理价位和丰富多样的餐饮品种成为运行团队的餐饮提供单位。这看似简单的一件事，在操办过程中却有着太多的"不简单"，比如送餐单位各种手续要齐全，卫生防疫要达标，为防失火只能送餐而不能在村里设置厨房……当运行团队的工作人员吃到可口的饭菜时，都明白这里面包含着办公室工作人员许多辛劳。

在停车位的问题上，周晓柏他们也花了不少心思。运行团队许多工作人员的住家都离奥运村很远，要开车上下班。像办公室的小郝，每天开车往返在位于南三环的家和位于北五环附近的办公室之间。周晓柏他们经过实地考察，最终在办公地点附近租到了一处有近200个车位的停车场，解决了大家的后顾之忧。

二

周晓柏形象地把办公室的工作概括为6个字：办文办会办事。

办文，就是负责团队的公文往来、各种通知、领导讲话稿、文件管理和运行工作。这是一条沟通北京奥组委领导及其组织机构与奥运村（残奥村）14个运行团队之间的重要纽带。奥运村（残奥村）运行团队成立以来，办公室保证了整个运行团队几千份文件不间断地进行运转。他们还在通过电话、手机短信、传真、电子邮件以及专人送取文件等多种形式，确保了在奥运会和残奥会期间各级领导的指示上情下达、下情上送，为整个团队圆满完成奥运会、残奥会的工作任务，奠定了坚实、可靠的基础。

办会，就是操办主任办公会、联席会等等。会务一直是办公室的重点工作之一。完全可以想象，村里住着来自世界各地200多个国家和地区的村民。大家不同的语言，不同的文化背景，不同的宗教信仰，不同的生活习惯，需要运行团队解决的事情该有多少啊！运行团队经常是一天召开多个不同会议来解决各种问题，而且会务要求很严格。不论是确定会议时间、地点、流程、汇报人、下发会议通知、准备会议材料、摆放桌签、调试音像设备，还是会后当天根据现场录音编写会议纪要，都要求做到万无一失。此外，接待外宾、贵宾等，也是办公室的工作内容之一。

至于办事，就不用多说了，办公用的桌椅板凳、电脑、打印机、传真机，工作人员的吃喝拉撒，事无巨细，都是办公室要办的事。

由于有大量的繁杂工作需要处理，周晓柏经常是早出晚归，每天睡上两三个小时是常有之事。"我还不是最累的，"周晓柏说，"办公室里的每个人，几乎都是日日夜夜连轴转。你看小郝，孩子还小，放了暑假，她却没时间照顾，不得不让孩子借宿到一个朋友家里。整个假期，孩子和她见面的时间总共超不过十几个小时，作为母亲，她做出了多大的牺牲啊！"

提到这些，小郝却只是笑笑，平静地说："百年奥运，中华梦圆。当国际奥委会主席罗格先生用'无与伦比'来评价北京奥运会的时候，殊不知有多少中国人在默默地奉献。"因会务准备顾不上吃饭，对小郝来说已然习以为常。文案工作是最费脑筋和时间的——为了写好领导的汇报稿、讲话稿、各项工作的计划、总结等文字材料，她经常要工作到深夜。由于太过劳累，有一次深夜开车回家，她竟开着车就睡着

了，持续几秒钟后，才下意识地睁开眼睛，发现车子正在"画龙"。每一想到这件事她就后怕。

正是因为有众多像小郝这样的工作人员的辛苦付出，奥运村（残奥村）运行团队的工作才赢得村中200多个国家和地区代表团的如潮好评："奥运村的设施是一流的，奥运村的服务也是一流的。"美国射击队教练戴·约翰逊高度评价说："住在这里感觉很温馨很舒适！"很多运动员入住奥运村后都会发出这样的赞叹，他们感觉就像住在家里一样。

的确，经过周晓柏他们的辛苦努力，办公室的工作取得了良好成效。办公室负责运行的来往函件、会议通知、主任专题会会议纪要等一系列文件，已经由北京档案馆收集、整理并收藏保管，成为我国今后举办大型体育赛事可参阅保留的宝贵历史文献。

年轻无极限

尽管劳累，但是周晓柏他们都很快乐。因为他们知道，自己在辛勤工作中，见证着中华民族百年奥运梦圆的历史。运行团队办公室的蒋雯在自己的工作总结中这样写道："我确信，对于经历过奥运会（残奥会）战斗洗礼的所有工作人员来说，无论我们今后走到哪里，无论人生再遇到何种困难，都难不倒我们。北京奥运会（残奥会）的圣火将永远点燃在我们心中，鼓舞着我们勇往直前。"

　　在9月20日的奥运村（残奥村）运行团队总结大会上，杜德印主任饱含感情地说："在奥运村激情燃烧的日子里，我们苦了，但我们赢了，我们值了，我们长了，然后，我们笑了。"

（运行团队办公室王涛供稿）

钢铁意志写忠诚

　　奥运村安保团队有民警、武警、军队、保安、志愿者共计1060人，下设11个工作组，分别担负着奥运村内证件查验、安全检查、巡逻控制、反恐防暴、要人警卫、各类活动保卫、内部安全管理、物流食品安全监管、消防监督检查、核生化监测、情报信息收集、案件受理处置、突发事件处置等安全保卫任务。自2008年7月8日进入奥运村"锁闭期"以来，团队坚持在村内部署70%以上的安保力量24小时高效运转，连续作战，实现了"奥运村安全保卫工作万无一失"的庄严承诺。全体同志以"宁掉皮肉，誓保平安"的高度责任感和使命感，每日枕戈待旦，舍小家顾大家，为奉献奥运克服万难，全力以赴，用钢铁的意志谱写出奥运村安保岗位上一曲曲奉献之歌。

—— 令行禁止 ——

有一种"平凡"叫做忠诚

我们团队的同志常常笑着说："我们有三个共同的特征：黑、瘦、老。"奥运村在所有竞赛和非竞赛类场馆中，运行时间最长、安全等级高、安保标准高、工作任务重，必须24小时高效运转。团队全体同志从6月15日驻村至9月28日移出期结束，从未有过休息日。不管是白天烈日暴晒、风吹雨淋，还是深夜潮湿闷热、蚊虫叮咬，全体人员始终坚持在岗在位，超负荷工作。由于岗位的特殊性，20%以上人员带病坚持工作。

警卫组、巡控组、验证组的同志们牺牲吃饭和休息时间，连续上勤，确保了中央领导视察、各国政要访问、罗格主席入住村内等要人来访活动期间的村内安全；勤务组的同志们日夜坚守，巡视现场，确保了各国代表团升旗仪式、奥运会和残奥会期间文艺演出等一系列活动的现场秩序；办公室的同志们认真细研，反复推敲，制定方案，圆满完成了奥运会和残奥会期间运动员乘坐班车往返村内现场的安保工作……这些都关系着整个奥运村的安全，关系着整个奥运会的圆满，关系着平安中国的承诺。一次次修改方案，一次次实地踏勘，一次次督办工程，一次次加班加点，大家所承担的工作往往是平凡而枯燥的，但同志们却用对祖国、对人民、对奥运工作的绝对忠诚，践行着"誓保奥运平安"的诺言，确保了运动员村工作的零失误、零投诉、零发案。

有一种"方向"叫做使命

安保团队会议室的墙上，贴着"五条禁令"、

"五知五能"、"五知五会"、"天天都是关键时刻，事事都得最高标准，人人都要最佳状态"的警示牌，还有"奥运之星"、安检"每日一星"、"运动员村安保团队政工专刊"、"典型报道、村内体验、安保日记"等政工栏目，这些是安保团队办公室的政工小组为调动队伍士气所作的大量思想政治工作。

针对奥运村运行时间长，安保对象多、协调沟通需求大、连续作战易产生厌倦情绪等特点，安保团队紧密围绕赛时安保实战，抓好决战阶段思想政治工作：一是做好赛时宣传鼓动工作，营造积极向上的奥运安保决战氛围和有利于缓解同志们压力的人文环境，采取摄影、照片等形式做好现场宣传鼓动工作，记录民警工作状态，强化形象意识，调动队伍积极性。二是做好表彰奖励工作，总结、提炼、推广先进的工作方法，宣传先进典型，大力营造"争当标兵、比作贡献"的良好氛围。三是做好领导班子和领导干部跟进考察工作，全面掌握各级领导班子工作整体表现及各级领导干部在实战中经受锻炼、接受考验等情况，加强领导班子建设。四是做好志愿者管理和保障工作，强化思想政治工作，同时活跃文化生活，确保志愿者队伍稳定、安全、和谐。五是做好内部安全稳定工作，采用"帮、慰、导"的方法，有针对性地解决问题，及时化解矛盾，保证团队成员士气高涨。

正是这种严密细致的思想政治工作，使全队上下一心，在以北京市公安局副局长高煜，治安总队总队长李润华，常务副指挥颜廷武，副指挥王卫东、李智杰、肖毅为核心的领导班子领导下，队里建立了各种例会机

制，大伙儿共同研究安保政策和安保实施方案，共同解决工作中遇到的难点问题，共同交流工作心得，以发挥集体力量，相互借鉴，共同提高，确保了整个安保工作政策统一，步调统一。

有一种"亏欠"叫做伟大

为了使奥运村真正成为一个安全、和谐、舒适、方便的运动员之家，我们团队的同志对自己的家庭亏欠得太多太多。证件管理组组长杨建华婚期一拖再拖；李阳同志的母亲重病在床，他从没有时间去照顾……这样的事例，还有很多。同样，吃苦耐劳、拼命工作的同志比比皆是，现仅举两例。

7月20日预开村后，为确保各项安全保卫工作有序开展，作为安保团队指挥核心的常务副指挥颜廷武，副指挥王卫东、李智杰、肖毅，以"一名老党员、一名老警察、一名奥运安保人"的强烈使命感和责任感，要求自己吃、住在办公室，每天工作16个小时以上。

内保组组长孟富强7月中旬在工作中严重摔伤，导致尾骨骨裂，医生要他立即卧床休养。但作为安保团队唯一的内保专家，孟富强同志始终咬牙坚持在工作岗位上，每天检查并指导物流签封、食品安全、重点要害部位与内部单位的安全落实工作。在疼得实在忍不住时，就吃片止痛药或冲个凉水澡减轻疼痛。

这些辛苦，对于奥运村全体安保人员来说，已是家常便饭。信念与荣光在他们心中生长，点点滴滴凝聚在他们的血液里，再多的辛苦与劳累也会沉淀下来，只有付出的愉悦和奋斗的荣誉澎湃在胸，因为他们都有一颗忠诚于祖国的赤子之心。

（安保团队供稿）

村中安检第一岗

　　奥运村安保团队中，有一支由北京市公安局69名民警和天津武警医学院480名安检志愿者组成的负责安全检查队伍。其中一线安检民警100%为女性，被村内誉为"巾帼团队"。她们充分发挥女性耐心、细致、周到、善于沟通、亲和力强的特点，以"理性执法，文明服务，保证绝对安全"为工作目标，在奥运会、残奥会期间，赢得了各国运动员、教练员、奥组委官员以及公安部、市局领导的一致好评。

　　这支队伍于2008年7月3日正式进驻村中，建立"北京奥运安检第一岗"，直至9月20日残奥村闭村，安检工作历经整整80天。

高效篇——提高速度保证质量

　　根据奥运安保工作要求，运动员村实行最高等级安检标准。安检团队通过挖掘自身潜力，充分调动安检民警工作的积极性和主动性，在工作中总结提炼先进的工作方法，有效提升了7个人身安检口和两个车辆安检口的工作，为确保承担任务的圆满完成奠定了扎实的基础。

　　特设安全采访区域，避免二次安检：安检团队通过实地考察运动员村媒体访客中心接待区域，制定出切合实际的"封闭临时采访区域"媒体访客中心安检工作法，即在免检贵宾抵达媒体访客中心前，由安检口外10米处至安检口内，用警戒隔离桩围挡出一块封闭临时采访区域，对需全程采访的媒体人员进行提前安检，为其

工作提供方便。这样，既保证了运动员村安检工作质量，又满足了媒体人员对免检贵宾的全程采访的需要。

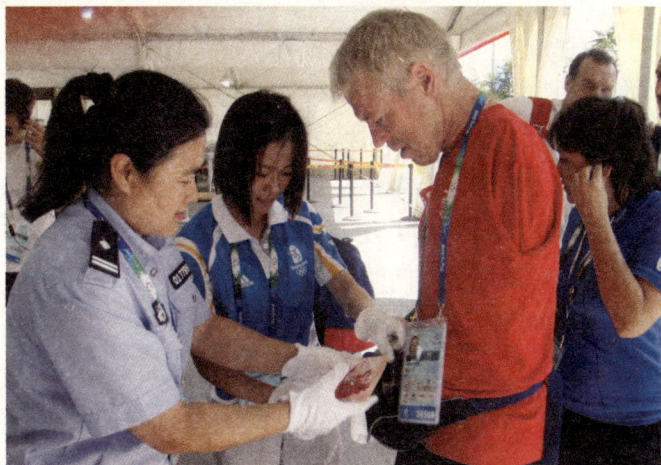
温柔伴安检

安检同款腰包，用注册卡来区分：安检人员在北京天气最为炎热的三伏天入驻了奥运村，在高温酷暑中共累计安检204万人次，物检171万件次，车检16万台次。其中运动员村西门人身安检口是村中工作人员和志愿者每日频繁进出的主要通道。由于进出人员相对集中，大家携带的腰包款式相同，通过安检时易发生腰包拿混现象。针对这一问题，安检民警采用"工作人员身份卡识别法"，让受检人在验证后将奥运会身份注册卡拴在自己的腰包上。在通过X光机进行物品安检后，根据身份注册卡就可以分辨出各自的腰包，提高了安检工作效率。

遥控飞机，由禁改控：按照奥运村禁限带物品的规定，无线遥控设备属于限带物品。针对运动员们携带自购遥控飞行器入村情况较为普遍的现象，安检团队提出了"自保承诺，集中保管"的解决方法，即在对遥控飞行器进行安检后，告知运动员不要在村内操纵遥控飞行器，同时让该名运动员在登记本上亲自签订保证书，并由运动员代表团统一妥善保管上述物品。此方法经安检指挥部同意后，在奥运村各个安检通道执行。我们用细致、周到的工作赢得了运动员们的支持和理解。奥运会和残奥会期间共用此法妥善处理遥控设备436件次，很好解决了安全问题，避免了可能发生的投诉及各种法律纠纷。

通晓残奥礼仪，共享村内和谐：2008年8月28日残奥村预开村，安检团队安检经理陈宇通过借鉴历届残奥会成功服务残疾人的经验总结出了《残奥会安检服务知识》。他从残疾人运动员心理状态、语言禁忌、安检方法、服务规范等方面对残奥会安检工作方法进行详细说明。安检副经理阮晶华利用换岗休息的时间，组织村西门安检通道安检民警向志愿者学习安检用语的手语表达，并在团队中推广，实现安检团队全体全员在残奥会到来之前掌握初步手语，得到了残奥村副村长程凯的表扬与肯定。

轻松篇——细节处体现人性关怀

在确保安检工作质量的前提下，安检团队按照马振川局长"既确保安全，又提供方便"的指示精神，对运动员实行人性化安检服务，用细致周到的服务淡化受检人在安检时的不舒适感，处处体现出安检民警对运动员的关心、关爱与尊重。

充满温情的5厘米差距：每一位进入运动员村的人员都要在安检通道接受人身安检。由于手检器距离被检

人身体过近，有时要有直接接触，因此会给被检人造成不舒服、不自然的感觉。针对这一细节问题，安检团队统一规范了手检人员使用手检器的方法，即在确保安全的前提下，手检器要距离被检人身体5厘米左右，避免手检器紧贴被检人身体。安检民警用感同身受的方式去体会、去了解被检人，手探拉远了5厘米，但却拉近了安检人员和被检人心与心之间的距离。

提前示意，明确引导：2008年8月30日是残奥村正式开村的日子。当一位盲人运动员走近欢迎中心安检通道时，安检副经理齐悦欲上前引导，但她没有径直走向他，而是在距离他一两米远时，先用一声清脆响亮的"Hello！Welcome！"作为声音提示，让他知道她所在的位置。接着，齐悦向前轻轻地拉起他的右手，盲人运动员十分自然地顺着齐悦的手摸到她的手肘。就这样，齐悦引导着这位盲人顺利地通过安全门，完成人身安检。齐悦介绍说："盲人拉住我的手肘部位被引导前行，他们会觉得最舒服，而且事先一定得先让他知道你的位置，如果突然上去引导，很容易吓着他们。"

蹲身平视，目光平等：在残奥会期间，残疾人运动员出入最频繁的是运动员班车站安检通道，日均安检轮椅数达1500余台次。2008年9月2日中午11时，大量残疾人运动员乘班车由训练场馆返回残奥村，数十辆班车同时抵达，形成了安检高峰。看到这个情景，该门区正在轮岗休息的安检民警高秀红主动上前，蹲在了绿色无障碍安检通道的手检位置，对成队通过的坐在轮椅上的女运动员实行蹲身平视安检。当高峰过去后，高秀红的腿因蹲得发麻已站不起来了。这位年近40岁的女同志之所以一蹲就是两个小时，是因为她认为："对坐轮椅的运动员进行安检时，我们不能站着俯视他们，因为他们身患残疾，好多人仰视我们可能有困难，而且他们被俯视时心理上也会不舒服。"

　　　　　快乐篇——安全与欢乐同在

　　中国古代素有方圆之说，此说被引用到安检工作之中后，使枯燥的安检工作变成互动的交流过程。严格遵守安检政策、规范执行安检程序为"方"，使用人性化安检手法、实行快乐互动的安检形式为"圆"，此为安检工作的"内方外圆"。

　　首创"快乐安检法"：这是我们使用率最高、赢得喝彩声最多的安检方法。大家将原本严肃而枯燥的安检程序注入了快乐新内涵，使残疾人运动员们自觉自愿接受安检，并把笑声留在安检通道。安检民警把例行的安检程序解释为一种"闯关游戏"，每当残疾人运动员顺利通过安检门而不发出金属报警声时，民警便会和运动员"击掌相庆"，庆贺这一轮"游戏"闯关成功。安检民警通过调查了解到，外国运动员都有学说中国话特别是北京方言的兴趣。作为"成功过关"的奖励，安检民警会在安检结束后教这些外国朋友说一些北京方言和绕口令，由此引来一阵阵爽朗的笑声。

　　你助我安检，我送中国结：为进一步树立中国安检民警人性化服务的良好国际形象，安检团队组织了"快乐安检，祝福常在"主题活动，此活动得到了奥运村运行团队各级领导的大力支持以及社会媒体的广泛关注。9月16日，媒体访客中心安检民警武晓婧，亲手向国际奥委会主席罗格先生赠送了具有平安吉祥寓意的红色中国结，罗格先生微笑着表示感谢并说："这是我收到的最有纪念意义的礼物之一！"在安检人

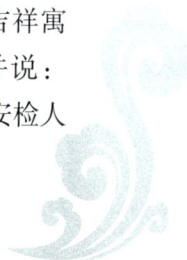

员看来，罗格先生的谢意中，包含着对奥运村富有创意的安检工作的真诚赞许。

奉献篇——因为爱在心中

安检民警尽自己最大的力量传播着爱，把关爱和帮助给予那些最需要的人，想运动员所想，急运动员所急，为他们排忧解难，提供全方位的人性化服务。

全程帮助，友好邻邦：2008年8月20日17时，三名朝鲜代表团花样游泳运动员和教练员来到运动员班车站安检通道向安检民警求助。由于朝鲜运动员不会英语，双方无法交流。于是他们请来语言服务中心朝鲜语的口译员与其沟通，得知她们三人急于出村去商场购买泳衣。在场的任学锋副处长当即为她们写好最近的商场名称和奥运村的详细地址及返回路线，并陪同她们到村内国际区银行兑换人民币，又指派专人全程陪同她们外出。晚8时，朝鲜运动员满意而归，其教练员对安检团队的大力帮助十分感激。

比赛用"腿"，失而复得：2008年9月2日19时，一名加拿大残奥会代表团田径运动员摇着轮椅满脸焦急地回到班车站安检通道，因为她丢失了自己的比赛用"腿"。得知情况后，班车站门区主管王薇马上去备检室查阅相关记录，了解情况，并克服多种困难，终于找到了这只假肢。见到失而复得的假肢，这名加拿大运动员对民警们说，这条"腿"是她的生命，如果丢失，自己将无法参加这次残奥会。"您放心，在我们国家，在残奥村，您绝对是安全的。您有什么困难，我们随时帮助您解决！"当民警对她说这句话的时候，这名运动员眼里泛出了泪花。

（安保团队供稿）

多语服务，异口同心

奥运村语言服务团队纪实

时间脚步迈入2008年8月，北京奥运会一天天临近，随着各国体坛才俊八方而至，奥运村也变得越来越热闹，很快就成为汇聚中外、容纳东西的世界家庭。此时走在村子里的你不难发现，迎面遇到的外宾总是叽里呱啦讲着陌生的语言，就如同他们的发色和眼睛一样千差万别，充满神秘。此时，一支特殊的志愿服务团队默默地开始了忙碌的工作，在各个业务口需要帮助时及时出现，为异域和异语间的沟通搭建起一座桥梁。

人才齐聚

我们奥运村语言服务团队共有90名志愿者口译员，分别是来自北外、北大、对外经贸、外交学院、中国传媒大学和北二外等多所名校外语专业的优秀学生。虽然同是语言方面的能手，可大伙儿各自的"看家本领"却不属一种。英、法、德这些国际通用语专业的人才自不必说，俄语、西班牙语、日语、韩语也算不上稀罕，最难得的是诸如罗马尼亚语、荷兰语、瑞典语、保加利亚语、印地语、老挝语、缅甸语、泰语、马来语等"微型"小语种的口译志愿者也齐聚在这里，极大地丰富了我们的团队力量，也确立了奥运村语言服务较之其他场馆的优势。

作为外语专业的学生和语服工作者，我们每个人都

深谙语言的力量。一门语言就是一种文化，一扇窗口，甚至是一个全然不同的世界。语言不通就无法交流，没有交流就不能实现举办奥运会的真正目的。能够用多种语言与世界各国的朋友们对话是我们国家的荣耀和尊严。用对方的母语道出北京的热情是我们表达亲切友好、热忱周到的最好方式。在异国他乡听到有人说着自己家乡特有的语言，所有来宾都会产生抑制不住的激动和愉快。我们团队的28个语种，覆盖了世界近200个国家和地区。我们每个人都摩拳擦掌，要用自己的专业技能为"北京欢迎世界"扫清语言阻碍，使各国宾客都感受到最真切的人文关怀。

坐镇分工

这么庞大的一支队伍，各个语种志愿者的工作时间和任务错落不一，能否很好地配合运行是出色工作的关键。我们总能忙而不乱，除了默契之外，更重要的是靠组织领导和遵守纪律。这就不得不说到我们的经理了。性情各异的4位统筹者扮演着不同的角色，配合却十分紧密，构成了团队核心组织的"黄金搭档"。

王平经理，我们的"当家掌柜"。从人员面试、统一培训到团队的正式运行，都是她整体组织和带领操作的。她总是和颜悦色却不失威严，事必躬亲又有条不紊。她笑称自己是"tough"的上司，强调团队责任，虽然从未真的对我们发过火，却总能在平和沉着的语调中散发出不容讨价的果决。

韩栋经理，和我们这些学生志愿者打得最火热的大哥。传达烦琐的信息，回答大量的疑问，关心我们的状况，注意细微的需求，是他每天都要面对的工作。一个人关照89个人，需要的耐心和责任是可想而知的。所以他有特别的好脾气，也特别的"禁折腾"，特别的"心思细"。他为我们建了博客，开了QQ群，留下了很多档案记录，点滴不漏。

Chris Dalby，我们的外籍专家，主把语言关的经理，具有英法双国籍，精通好几种语言，连中文也说得不错，我们都喜欢跟他调侃。更难得的是，他是极为负责高效的领导者，也是非常亲切热情的大朋友。他对奥运工作的积极和热忱让我们这些首都大学生志愿者深受鼓舞，和他无障碍地交流与合作，更增强了我们团队的战斗力。

申旎经理，我们的后勤保障，也是一位甜美温柔的大姐姐。平时不显山露水，但关键时刻总能成为我们的"衣食之源"。她工作很忙，但从来都是应对自如，不愧是北京大学MBA的精英。

"响应式"服务

我们团队之所以特殊，就是我们的工作性质与安保等团队大不相同——平时坐在办公室待命，一旦接到求助电话，就得立即派出相应语种的志愿者赶到服务地点，工作的内容和时间完全按客观需要临时确定。这叫"响应式"服务，其特点决定了我们没有突击准备的机会和时间。因此除了凭着几年来在大学学到的语言功底以外，大家都在开村前积极为攻克奥运会的专业术语花了不少工夫，譬如把一篇篇英文的兴奋剂检测、安保检测、礼宾接待专用语，翻译成各种语言，很多都是开创性的尝试。大家闲时充电学习，巩固专业词汇；忙时从容不迫，做到紧而不慌。我们是用"以不变应万变"的心态，面对每天突如其来的口译任务。对于临时寻求帮助的业务口来说，我们是唯一能依靠和信赖的专业翻译，准确有效地传达信息是我们的职责，自信和热情是我们的工具。

为了无障碍沟通

有时，任务会不分早晚，持续的时长会超出预料，那些同事就不能按时下班吃饭，往往要承受身体和精神的双重压力。奥运会开赛前，村内的口译工作主要集中在兴奋剂检测中心和综合诊所的分诊部门，尤其是俄语和西班牙语的需求特别频繁。兴奋剂检测具有高度严肃性和重要性，任何阻挠、耽误兴奋剂检测的人员都要承担重大责任，而对于运动员来说，这项工作意义更为重大，所以我们丝毫不敢马虎和耽误，即使是晚上休息的时间接到通知，也会即刻赶往服务现场。在兴奋剂检测过程中，全程的陪同翻译和等待耗时很长，可能会从清晨忙到太阳下山，或从下午忙到夜晚。陈奇达、谢萍、林萌、黄颖、刘亚莹、何娟等同学都有过相似的经历——工作以外的时间被召唤上岗，有两次甚至到凌晨1点才得以返回。

从7月初的合成演练，到奥运村预开村、正式开村，再到奥运赛事开始，我们团队不仅出色地履行着自己的职责，完成了一项项紧急任务，还尽量给予其他团队支持和援助。一次，摩洛哥柔道队的领队突然病倒，IOC的两个陪同志愿者陪护了两天后难以支撑，向我们团队发出求助。我们的经理通过与上级协商，及时派遣了法语志愿者口译员马明佳到医院陪护，从8月1日晚上一直到2日中午，工作了十几个小时。此外，8月4日到9日，升旗广场每天都要举行十几场欢迎仪式，礼宾工作任务繁重。我们便派送十几名志愿者轮流前去协助，与礼宾团队愉快合作，建立了良好的友谊。

快乐的大家庭

学语言的人的共性是热情友好、开朗善谈，交流感情当然是相当容易和自然的事情。朝夕相处的日子使我们心靠得很近，是同事同学，更是兄弟姐妹。闲暇时候，大家坐在办公室里，总忍不住互相学几句对方的专业语言，试图了解一些原本陌生的异国风情，也会一起围在电视机前看以前的奥运赛事回放，期待中国队有更精彩的表现。

经理总说，希望我们做快乐的志愿者团队，心情舒畅，有所收获。我想我们都做到了。彼此的默契，

在于每次有同事超强度辛苦工作之总能迎来大家的掌声，在于每次有同事急忙奔赴任务而顾不上吃饭时总有朋友主动帮忙，在于我们把办公室装点得五彩斑斓，在于墙上用28种语言写出的"语言无国界"的心声。

奥运赛事刚刚开始时，我们的工作早已进行了多日，而且越做越有激情。奥运村闭村之日，我们已然交上了优异的答卷，为自己，为团队，为北京，也为奥运精神。

祝福我们的团队，祝福所有为奥运付出的朋友。

（对外联络团队杨沫囡供稿）

✤ 地区协调员的使命

作为联络并服务于国家和地区奥委会（National Olympic Committee）的一名工作人员，我工作的核心词汇就是"地区协调员"这几个字。这是一个特殊的岗位。它意味着上岗者至少应精通一门外语，具备丰富的对外联络经验，学习能力强，能够随时加班或出差……随着对这个名称认识的逐步深入，以及对协调员这一角色从初步了解到最终胜任，我完成了在北京奥运会和残奥会成功筹办、举办过程中个人所应履行的工作职责，并为自己能够亲身参与、奉献于这个伟大的事业而感到骄傲。

北京的信使

北京奥运会上一共有204个参赛代表团，我们24名地区协调员日常工作的主要对象就是这204个NOC。在奥运会开幕前，协调员最基础的工作便是作为奥运的信使，在NOC和北京奥组委之间建立有效的联络机制，使得信息沟通顺畅。

从2007年8月初奥运代表团团长会议开始，我在北京奥组委的第一项工作就是同我所负责的9个NOC主要负责人建立各种形式的联系——面对面的，书面的和电话的。团长会期间，我们白天开会，夜里要同代表团一起参加各项活动。代表们休息了，我们还要开会总结当天的工作。无论任何时候，代表团提出任何需求，我们都会第一时间寻找解决办法，工作上的自不必说，其他

要求我们也尽量帮忙，比如酒店信息、航班信息、银行开户、宗教活动、旅游购物……我们将他们视为北京的客人和我们自己的客人，耐心地为他们解决各种问题。通过几天不分昼夜的努力，我在收集到有效联系信息的同时，也已同我的服务对象们成为了朋友，得到他们的认可和信任，就为将来的工作打好了基础。

为了更有效地完成信息传递和沟通任务，协调员需要首先对各项政策具有深刻而完整的了解，才能将信息阐述清楚，并能够解答NOC在政策理解上的各种问题。为此，我们不仅参与了代表团团长卷宗、NOC通告、各阶段筹备工作进步报告、代表团团长手册等刊物的编写、翻译和校对，还将这些资料中的内容通读、熟记，将自己打造成一个NOC知识储备专家，对NOC提出的各种问题进行及时准确的解答。

作为非洲地区协调员，我所负责的9个法语NOC有着不同的文化特点和生活习俗，由此产生了他们不同的工作习惯和对协调员工作的不同需求。而作为非洲地区NOC，我的工作就是了解和克服一些不利因素，通过个性化的方式同这些NOC进行沟通。由于通讯条件的落后和时差的关系，联系非洲NOC往往需要多于别人几倍的时间和耐心；又由于个别非洲国家工作效率的局限，等待他们回复的时间也格外漫长。因此在同NOC日常联络中没有小事，每一个细节都需要我们加倍耐心对待。一个信息发布了，3次以上的沟通和强调是必不可少的；七八个时区的间隔，使深夜接听NOC电话已成家常便饭。

除了书面和电话里的沟通，我们还需要作为北京奥组委的代表，走到五大洲去，利用每一次洲际会议的机会同NOC进行联络，宣讲政策，沟通意见。作为非洲地区协调员，我曾出席过在塞内加尔、埃及以及南非召开的相关会议。通过这几次面对面的交流，许多悬而未决的问题得到了解决或者推进；同时，以诚相待，使得我同NOC代表们的相互理解和友情也进一步加深。在奥运会召开之前，我已经得到了非洲法语NOC的普遍认可，成了他们的朋友。

信使的角色是对地区协调员的初级要求，也是协调员工作最基本的内容，是成功的NOC联络与服务工作的基石。但信使的工作不是简单的传声筒，我们是教员，是使者，是助理，也是NOC在中国最为信赖的朋友。

问题解决专家

如果说奥运会开幕前协调员的工作主要集中在信息传递和沟通层面，而从各代表团团长抵达北京、召开代表团注册会议（Delegation Registration Meeting）开始，协调员则必须以"问题解决专家"的全新身份出现在代表团面前。

对于一个初来北京参加奥运盛会的代表团，他们身处一个陌生的环境，需要面对千头万绪的问题，而他们熟识并信任的朋友首推协调员，因此我们必须义不容辞地担负起全方位协助代表团的工作。同时，组委会的各个业务口在同代表团直接交流中也存在着很多语言和文化障碍，协调员的桥梁作用也就显得十分重要。我们的电话号码公布给奥运村内外几乎所有业务口，代表团和组委会工作人员在遇到问题的时候，第一个拨通的就是协调员的电话。

于是，一边打着手机一边奔波于奥运村的各个角落，成了我们协调员的标准形象，几乎每时每刻都会有各种各样意想不到的问题亟待我们迅速解决：代表团注册名额不够、权限更改、注册转让、信息错误乃至注册卡挂失怎么办？还有，各类注册人员抵达机场没有找到抵离或交通服务怎么办？住房分配不合适怎么办？物资移入不及时怎么办？欢迎仪式参加贵宾信息不全、访客迟到怎么办？代表团访客申请超额、提交太晚、信息不对、入村没有注册人员带领怎么办？代表团申请DSA门票不够怎么办？物品丢失怎么办？涉奥人员入境签证来不及办理怎么办？代表团的人员自行抵达奥运村怎么办？注册记者病倒在欢迎中心坚持要入住奥运村怎么办？……

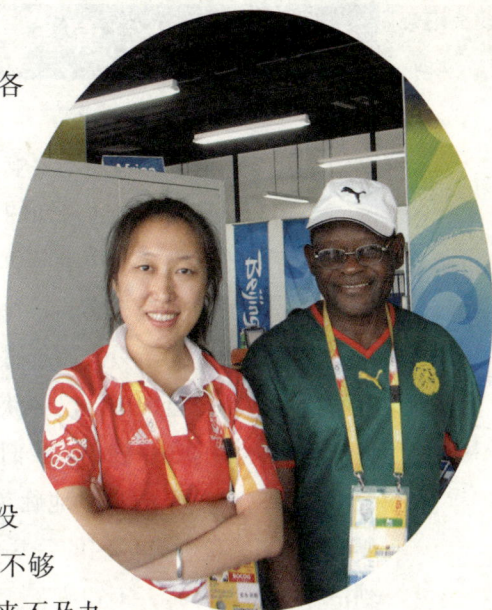

艰辛微不足道

　　太多的情况，太多的问题，使我们成了"十万个怎么办"的解答者、消防队员、全职保姆……不能拖延，每一个代表团的每件事情都要求我们做出迅速判断，在最短时间内给出最佳解决方案，安排并组织代表团助理和联络员们协助代表团解决困难。而当助理和联络员有了困惑甚至情绪时，我们还必须及时发现并与之沟通、疏导，减少志愿者们的心理负担，让他们轻装上阵。

　　电话一个接一个响了又挂了，代表团团长们一个又一个来了又走了，我们的午饭和晚饭就这样时常错过了。记不得多少次靠可乐充饥，记不得多少个半夜走出奥运村步行好远才打到出租车回家，没睡几个钟头又得抖擞精神回村参加团长例会……每天上床休息后的唯一愿望，就是夜里手机铃声不要响起。

高强度的工作和永远未知的下一个问题让我们成了时刻待命的战士，铃声响起就马上投入战斗。这样的生活是辛苦的也是充实的，每一天都为自己体能、耐力和工作效率的新一次超越感到高兴。顾不得赛场上的精彩，不知道中国队已经获得了几枚金牌，NOC成了我们关注的唯一核心。我们像被紧急情况抽打的陀螺，每时每刻不由自主地旋转。9个代表团就像我要照看的9个孩子，他们的每一件大事小情都让我时刻记挂，往返奔波，不知疲惫。我手边有一份7月和8月自己手机的通话清单，也许这些统计数据可以作为一种说明吧：主叫通话1186次，被叫通话1918次，本地通话3104次，其中8月7日一天通话142次。

亲密朋友

在我看来，如果一名协调员仅仅是兢兢业业完成上述工作而没有和NOC结下深厚的友情，那也不能算是一段出色的协调员经历。当如火如荼的奥运会成为一页美丽的记忆时，记忆里最珍贵的，不是艰辛，而是那些真诚的泪水。

开幕式那天半夜走出奥运村的时候，突然意识到，其实全世界盛宴开启的这一刻居然离散场那么近，期待了很久才变得这么热闹的奥运村没有几天就又会回归静寂，于是在快要累死的时候最期盼的居然是能忙一些，再忙一些。

在最后那几天，NOC们把一成不变的"我有一个困难"的开场白变成了由衷的感谢和肯定，然后是千里迢迢带来的黑非洲的小礼物。突然间，一切的艰辛都微不足道了。

　　科摩罗是非洲大陆和马达加斯加之间的4个小岛。该国奥委会主席临走之前特地到奥运村和我告别，带着各种颜色小石子镶嵌的科摩罗地图和科摩罗奥委会徽章。一声发自内心的感谢居然有那么大的力量，融化了所有的坚强。他说这是完美的盛会，他相信同一个世界有同一个梦想。他感谢我的付出，感谢志愿者们的服务，感谢所有给予他们帮助和微笑的中国人。他拿出那几份小小的礼物向我道别，我的眼泪突然就决堤了。我看见他眼里也饱含着泪水。人和人哪怕没有了语言，感情也是相通的。

　　我曾经以为几内亚代表团的团长没有感情，不懂得感谢，若干次将难题留给了我，他只简单的一句"OK"。而最后一次团长例会的时候他在所有团长面前感谢我的工作。他说他的感谢来自内心，非洲人对真诚和感情非常敏感。他对我说："其实每次你都可以说不，规则很明确，你有理由说不；但是你每次都想办法帮助我们……我不仅要感谢你的帮助，还有你工作的方式和你的善良，真心地感谢你！"还有什么比这样的认可和感谢更能补偿工作的辛苦和疲惫呢？

　　喀麦隆代表团的团长临行前和我长聊了一个晚上。他穿着T恤和短裤，说自己在国内完全不可能这么随意打扮，但这里是奥运村，运动员的世界，没有贫困、战争、政治的纷纷扰扰，哪怕今天是赛场上的对手，场下很快就是朋友。这一刻我终于明白了这个村子真正的魅力所在。他说非洲人也许没有那么贵重的礼物，但是他们重感情；我们的相识不是转瞬即逝，而是一份长久的友情。他相信命运会让我们再次重逢。登上飞机的时候他又一次打来电话和我告别，声音是哽咽的。

多哥代表团的团长曾经是位出色的女运动员，到达北京那天晚上，高大的她一看见我就激动地把我抱住。而离村那一天，看见来送别的我又是一句话也说不出来，两个人拥抱着，流着泪。

不能忘记我的刚果（布）、喀麦隆、刚果（金）、科摩罗、几内亚、摩洛哥、毛里塔尼亚、卢旺达、多哥，我亲爱的非洲朋友们，当他们真诚地把我当做各自代表团的一分子时，我感受到了世上最高的荣誉。

8月26日，我送走了5个代表团，几乎不能承受这份离别的伤感。所有的疲惫都消融在这炽热的感谢和祝福中，非洲朋友们的泪水和微笑是我在奥运会上最美的记忆，最珍贵的收藏。

我为自己的奥运经历而骄傲，感激这次难得的机会，感谢我的领导、同事和朋友，也感谢我的非洲朋友们。北京奥运会是一件伟大的盛事，而我是其中小小的一分子。我付出了我全部的努力，完成了我那一份特殊的使命，我感到很幸福。

（对外联络团队刘靓供稿）

老外交官的情怀

　　2001年7月北京申办奥运会成功后我就在想，7年后我要退休了，自己可以为奥运会做点什么有意义的事情呢？当时我在中国驻奥克兰总领馆工作。我们和当地华人共同庆祝了北京申奥成功。2006年，我在中国驻芝加哥总领馆获悉，北京奥运会将接受志愿者报名。回国后，我很快办好了新的居民身份证，在北京奥组委网站上正式报了名，而且写下留言：作为一个退休的老外交官，愿尽一己之力，为北京奥运会贡献服务。

　　机会终于来了，北京奥组委决定调200多名有外事工作经验的老同志，担任北京奥运会期间各个国家和地区奥运代表团的联络员，并且到外交部来挑选。那天许多退休的老外交官齐聚一堂，聆听了奥组委国际联络部和外交部干部司等有关领导的动员，我当即填写了报名表，并且在面谈时再次表示了自己的意愿。

　　2008年2月14日下午，奥组委来电话，正式通知我担任北京奥组委新加坡代表团联络员。从那以后，我有意在网上收集了一些新加坡奥委会和运动员的情况，开始接受奥组委的培训，为做好联络员的工作打好基础。7月20日距北京奥运会开幕还有18天，我们进入奥运村内熟悉情况，准备迎接代表团先遣组的到达。

　　和我一起工作的有4名大学生，他们是来自北京外国语大学本科三年级和二年级的李旭、李露、陈艾菁、朱庆嫒。4人都是"80后"，我们之间年龄差别较大，很多观念不同，但是大家都想尽力为奥运会做出贡献。一个月过去了，我们相处得非常融洽，工作中互相支持，密切配合，就好像朋友一样。我处处关心他们，他们也都非常尊重我。遇到困难，他们都对我讲；我也放手让他们在独立工作中发挥自己的特长。联络部对于我们也很满意，称赞我们这个团队任务完成得很好，各方面都比较突出。

近年来，新加坡政府非常重视发展体育运动，制定了"0812计划"。此次新加坡代表团来北京参加奥运会，就是要实现他们48年没有获得奖牌的零的突破。比赛期间，新加坡总统、体育部长、奥委会主席（也是国防部长）先后到奥运村看望运动员，到赛场观看比赛，为代表团加油鼓劲。新加坡女子乒乓球队终于不负众望，夺得银牌，上上下下一片欢腾。23日晚上新加坡体育部长在北京举行招待会，庆贺这一胜利，200多新加坡侨民到会祝贺，与运动员合影、签名留念。他们的愿望实现了。团长高兴地对我们说，这次的胜利也有志愿者的一份功劳，各方面都安排得非常好。

从新加坡代表团先遣组到达北京，直到代表团离开，共33天，我几乎天天都和他们在一起。我们和新加坡奥委会的黄英弟先生，以及体育理事会的亚当·马斯巴赫先生的合作十分愉快。首先，他们两人作为整个团队的具体办事人员，认真负责，细致周到，每个细节都安排得非常妥当。我们的主要任务是协助他们落实计划，特别是和车队沟通，安排和调度车辆。为

保证团长需要，李旭全程陪同他活动，耽误吃饭和休息是常事。有几次为到机场接人，李旭只睡了三四个小时。团长亲切地称呼他"杜鲁门总统"——李旭的英文名字是杜鲁门。两位女生轮流陪秘书长和副秘书长出行，每次都很顺利。

我在办公室的时间多一些，代表团在村外遇到难处就和我联系，我千方百计及时解决。比赛进行时，他们要连续跑几个场馆，调度车辆就显得困难了。包括他们外出购物、游览、吃饭，我们都要协助安排车辆，查清地址。不少地方我们也从来没有去过，这就需要做很多细致的调研。这一个多月，新加坡代表团对我们的工作没有任何抱怨。

离开北京之前，团长和代表团成员都给我们每个人签字留念，并赠送了奥运纪念品。临走，黄先生说，他参加了很多次国际性运动会，这次北京奥运会是服务工作做得最细致最好的。他把一面新加坡国旗赠送给我留作纪念。乒乓球队领队李斌汉先生还主动和我交换运动服。他要把我的蓝色志愿者服留作纪念，我也穿起了他们乒乓球队的队服。上飞机之前，亚当特地从候机室给我发了短信："Thank you for all your help. I wish you the best and hope to see you again sometime. Keep in touch."我们的工作为北京奥运会增光添彩，也增加了中国和新加坡之间的友谊。

一个半月的奥运会服务工作，大家都感到很累，但我们的心情特愉快：北京奥运会取得成功，中国百年梦想实现了。为保证奥运会的顺利进行，有成千上万志愿者服务于奥运会。我所在的外交部西幼小区就有10名老同志成为志愿者。我们中间有几位老大使，也有70多岁的人。在盛夏时节，不顾炎热酷暑，大伙儿每日往返于西幼小区和奥运村之间。大家互相帮助，有情况及时交流，有问题共同探讨，团结得很好。我们都为有幸服务于北京奥运会感到非常自豪！

投入使人年轻

（对外联络团队潘宏征供稿）

当之无愧的奖牌

我是一名老外交官。北京奥运会期间，担任了俄罗斯代表团的联络员。2008年8月26日，俄罗斯体育代表团把俄罗斯体育部长亲自签名的"第29届夏季奥运会最高运动成就奖牌"授给我。团长说："根据尊敬的孟宪起先生的杰出表现，荣获此奖牌是当之无愧的。"接过这枚精美的奖牌，我激动不已。自己与代表团共同生活的一幕幕难忘场景，浮现在眼前……

机场接人，一波三折

因为我是"老海关"，俄罗斯代表团副团长伊格尔让我陪他去机场接机。2008年7月27日将有5位赛艇运动员和教练员，携带302个重达5吨的箱子，搭乘俄航571航班来京。俄航是俄罗斯体育代表团的赞助商，托运行李物品不限重量。大批医疗保健用品、特色食品、体育器材、礼品和宣传品等，重达30多吨，需要提前运到北京。他们计划先集中几个航班，由少数运动员携带一部分物品过来。俄罗斯体育代表团人数将近900人，所带物品均摊到每人身上的"自用合理"重量，没超过海关规定的额度。

我及时发手机短信，把上述情况向机场海关宋关长做了汇报，并请海关按照"服务奥运，特事特办"的精神，妥善处理俄罗斯体育代表团的行李物品。不一会儿，宋关长也回复短信：请转告俄罗斯体育代表团放心，对运动员携带的物品，中国海关会按政策给予关照，但须事先做出计划，提前一次性向海关申报。

　　我们来到机场后，海关旅检处的何副处长早在迎候。伊格尔把写好的计划向海关进行了申报，然后静候首批5吨物品的到来。571航班正点降落后不久，302个箱子通过传送带很快就在旁边堆积成了一座小山。这么多行李，三四个负责运送的"小红帽"何时才能推出海关？我赶紧求援，请了十几位机场志愿者来帮忙推运。为了加快通关速度，海关还专门开辟了一条通道。过了十几分钟，302个箱子就在"蓝精灵"们穿梭的忙碌中，以"蚂蚁搬家"的方式，推出海关，装满了4辆卡车。

　　刚办完行李物品，运动员过边防又出问题了：一个叫萨莎的女运动员，护照上的姓和边防人员掌握的半年前报名时的姓不一样。后经了解，原来俄罗斯女孩子出嫁后要改姓丈夫的姓，而此次来北京之前她刚刚结婚用的自然是改了姓的新护照。边防人员了解到来龙去脉，要求代表团和奥组委发个传真件证实一下这个情况就放行。我立即向奥组委国际联络部的协调员报告，没过10分钟，传真件发过来，问题解决了。

　　5名运动员和教练员来到机场注册卡激活中心，新问题又出现了：4名运动员的卡全部激活，唯独教练的卡激不活。我连忙又打电话给协调员，原来代表团团长忘了在教练的材料上签名，所以没输进计算机。我迅速找团长补上签名，重新输入计算机，才激活了教练的卡。

　　以后连续10天，俄罗斯运动员根据赛程安排，先后共搭乘83个航班到达，每次随身携带几十个、上百个箱子，尽管不少航班是深夜或凌晨到达，但我都准时盯在

机场，及时协助海关等部门，处理解决这样那样的问题，使得1143件重达30多吨的行李物品，顺利通关海回。

机场海关对俄罗斯代表团及行李物品的关照，深深感动了代表团的领导。8月19日，一位副团长携带写有"相逢奥运，友谊长存"的团旗和感谢信，专门来到北京海关致谢。副团长紧紧握住北京海关甘关长的手，激动地说："北京机场海关现场的工作人员对我团团员和物品提供的热情服务，给我留下了深刻的印象！这是您和您的同事们为2008北京奥运会提供真诚服务的生动范例，充分体现了中国政府和中国人民对俄罗斯人民的友好情谊。"

村里办事，求助各方

俄罗斯代表团人数之多，除中国和美国外排第三。人多事就多，我和助理们早已暗下决心，一定要在真诚的微笑中向代表团提供优质的服务，当好中国人民热情好客的形象大使。为了搞好服务，我要求助理们对代表团提出的各种要求，坚持不说"不"字，而要真心实意、想方设法地帮助他们解决问题，实在解决不了，也要耐心说明情况和难处，求得谅解。

俄罗斯代表团中一位70多岁的资深运动专家，需要到场馆现场出谋划策、实地指挥，但腰有毛病，行动不便，从所住公寓到5号门乘车点，400米的距离他要步行40分钟。看到这种情况，一连几天，我主动联系了村里诊所、交通、物流、服务中心4个部门，先后用救护车、卡车、拉货的电瓶车和拉人的敞篷车，把老专家拉到村外的乘车地点，保证他及时到场指导，最终获得两枚金牌。事后他感激地说：金牌的取得有米沙（他们给我起的俄文名字）的功劳。

自行车运动员阿列克谢依，比赛时摔倒，臀部和背部严重擦伤，穿脱衣裤十分痛苦，急需披穿一件布料白大褂。随队医生和我讲了此事后，我在村里四处找白大褂没有找到，就派助理跑了几家百货商场和医疗器械商店购买，可也没有，最后我又打电话，终于在王府井一家商店买到了。伤员穿上这件白大褂后，真诚致谢。俄罗斯代表团的随队医生说，在米沙的字典里，没有"难"字。

为了创造宾至如归的气氛，我们为每个房间放上一封用俄文写的欢迎信，标上我们的联系电话；为过生日的运动员送上生日贺卡；为金牌获得者献上贺信和礼品；在迎送运动员的汽车上，播放优美的俄罗斯歌曲……我们的行动感动了代表团，他们认为中方派了一位正局级老干部给他们当联络员，是中国政府对他们的支持，是中俄友好的见证。

和我一起工作的几名大学生，累了一天还要赶回学校休息。学校宿舍中没有空调，他们睡不好觉，身上起了痱子。我每天路上挤公交车上下班要用3个多小时，也特劳累。尽管有不少诸如此类的困难，但我们都能积极克服。我们以自己的工作取得了代表团的高度信任。他们把代表团漂亮的服装和背包发给我们，让我们穿上，成为他们中的一员。在告别会上，代表团的团长深情地说："我参加过8次奥运会，接触过许多国家的志愿者，你们留给我的印象最好。"另一位副团长也说："来中国之前，有人对我说，中国人滑头，不好相处，光耍嘴皮子，不干实事。和你们接触后证明，这种说法是不对的，中国人都是热情的实干家。"

情感交流，加深友谊

奥运会不仅是竞技的战场，还是交流情感、加深友谊的平台。通过我们人性化的服务，展现的是我们民族宽厚仁爱的胸怀和广纳百川的气概。为此我们开展了"三个一"活动：一声问候（见面主动用俄语问候），一张征询单（每个楼层贴有需要帮助解决问题的单子，运动员填写后由我们及时解决），一竿子插到底（谁接的任务谁负责到底，中间不转手）。服务则强调"三个细"：细节、细心、细微。

当俄罗斯代表团迟迟拿不到金牌，特别是中俄两国比赛而中国队取胜后，我提醒助理们，千万不要欢呼鼓掌，以免刺激俄罗斯朋友。一个代表团的老顾问问我：俄中之争，你希望谁得第一？我不假思索地回答：希望并列第一。老顾问夸赞我，真不愧为老外交官！

按照分工，我的任务之一就是把团长、副团长照顾好。工作间隙我们聊天、开玩笑，他们主动向我了解中国的计划生育政策等他们感兴趣的所有问题，也认真听我谈看法，谈我在莫斯科工作和生活的经历及趣闻。团长问我，你这么高的级别、这么大的年龄，为什么还来当志愿者？我说，2001年在莫斯科，我亲眼看到了俄罗斯朋友为中国申奥成功提供的帮助和支持。我要用服务代表团的实际行动，回报你们的这份情、这份义。

心灵的沟通使彼此的关系越来越亲近，团长们把我看成知心朋友，甚至有相逢恨晚的感觉。我顾不上休息，亲自去为他们换汇，陪他们配眼镜、吃北京风味小吃，逛故宫、游长城，临走为他们收拾行装……团长们十分信任我，把我当成他们的"私人秘书"，让我为他们来京旅游的妻子和儿女安排旅游计划、订票、陪同逛街、购物。有一位代表团的顾问还让我为其女儿在中国介绍对象。临别时他们说，是奥运把我们连接在一起，今后我们要像朋友和亲戚一样相处。我们彼此留下家庭地址和联络方式，回到莫斯科后，他们还专门打来电话报平安、叙友情。

别了，俄罗斯选手

分别的时刻到了，我们每个中国人都用俄语说出一句发自肺腑的话。团长眼含热泪紧紧拥抱每个人，大家齐呼：中俄友谊乌拉！乌拉！！乌拉！！！

（对外联络团队孟宪起供稿）

守候在和平友谊墙

　　说起我们业务口的工作，首先得了解奥林匹克休战的历史。很多人认为奥运会仅是体育的盛会，是各国体育综合实力的比拼。其实，回顾古代奥运会的历史就会发现，奥运会诞生的起因是维护和平。有种公认的说法是：当时，古希腊城邦间的频繁战争，严重影响了人们的生活，和平成了人们的向往。于是，某城邦的国王派人到供奉太阳神阿波罗的宗教圣地去听取"神谕"。这次，阿波罗的"神谕"是：人们忽视奥林匹亚祭典，已引起宙斯神的愤怒；只有恢复奥林匹亚祭典，宙斯才会给你们和平。

一墙连世界

公元前776年，伊利斯、斯巴达及皮萨3个城邦的国王达成协议，决定恢复在奥林匹亚举行的宗教庆典即第一届古代奥运会；以后每4年一次，在夏至后的第二个月圆之日前后，也就是大约在7月中旬到8月中旬之间举办；在奥运会期间停止战争，以便各城邦的运动员和观众都能参加奥运会，并安全返回。这就是著名的"奥林匹克神圣休战"。它体现了古希腊人理性的一面，同时对现代奥林匹克运动的诞生产生了深远影响。随着1992年"奥林匹克神圣休战"的复兴，以及1993年联合国通过国际奥委会提交的"奥林匹克休战议案"，奥运会成为促进世界和平最有效的运动。从此，奥林匹克的宗旨得到了强有力的支持。

"奥林匹克神圣休战"在奥运会举办期间最重要的体现，就是雅典奥运会发起的奥林匹克休战墙签名活动。北京奥运会期间，我们在奥运村设立了和平友谊墙，供世界各国运动员签名支持"奥林匹克神圣休战"和世界和平。我们业务口的工作主要分为三个部分：一是负责这面签名墙的日常运行，二是负责签名墙启动仪式的总体协调和现场布置，三是接待各国贵宾签名支持"奥林匹克神圣休战"并讲解相关背景知识。

平日，我们每天早上8点到达办公室，然后布置工作现场，将桌、椅、签名板、登记册、纪念品等搬到和平广场。随后，我们将和平友谊墙旁签名处的防雨罩拿下来，等待运动员和官员签名。每人签名以后，我们都会将其个人信息誊抄在打印好的登记表里，信息包括姓名、国籍、人员类型（官员、运动员、工作人员、志愿者和访客）以及注册号码，这些资料都将被输入电脑存档。签名结束后，我们会赠送签名者宣传册等一套纪念

品，分别是印有奥林匹克休战标志的T恤、帽子和徽章。从8月1日这项工作启动，直到8月27日奥运村闭村，我们每个人都勤勤恳恳坚守在各自的工作岗位。

每一次的签名启动仪式最为忙碌和紧张，需要做很多工作，准备数天。而每次仪式举行前的一天，我们都不得不住在奥运村的办公室，因为要加班到次日凌晨两三点钟，然后睡不了几个小时就得早起。我们16个人要花很长时间去布置现场：首先去申请团队电瓶车，然后和物流部门联系好桌椅、隔离链柱和遮阳伞，接着就一趟一趟地将这些东西搬运到和平广场，仪式完毕，同样要将这些物品归还到物流仓库。每次仪式结束，人人都累得筋疲力尽。此外，启动仪式由于要进行新闻报道，我们还得安排好媒体记者，尽量做到仪式现场安静而有序。

接待国际贵宾可以说是我们工作中最让人激动的部分，各国总统签名支持"奥林匹克神圣休战"，代表了各国人民对于和平的向往和憧憬。最初，我们接待贵宾时还有些紧张，但是当大家逐渐掌握接待技巧后，每个人都显得很从容。我们一共接待了30多位总统和10多位总理以及其他官员。给我印象最为深刻的，就是球王贝利，作为联合国特使，在和平友谊墙上签名的场景。贝利非常和蔼，主动和我们所有工作人员合影。

奥运会只有16天，这16天内我们看到了洋溢在每个运动员脸上的喜悦。此时此刻，我们不得不感叹和平的可贵。这也正是奥林匹克运动以及"奥林匹克神圣休战"的真谛——通过体育，建设一个更加和平的世界。正如休战口号所言：如果我们能拥有16天的和平，也许我们将拥有永久的和平。

（对外联络团队张亮供稿）

五环旗下的宗教服务

美丽的相遇和美丽的梦、美丽的诗一样，常常出现在芳草鲜美、落英缤纷的世界里。2008年，在五环旗下，来自五大洲的朋友们相聚北京奥运村，用青春与激情唱响了感恩的乐曲，感激这生命中最美丽的相遇。

相聚在宗教服务中心

宗教服务中心是北京奥运村（残奥村）的一个组成部分。按照国际奥委会要求、往届奥运会（残奥会）的惯例以及北京向世界的庄严承诺，北京奥运村宗教服务中心为赛会期间驻村及入村的有宗教需求者提供基督教、佛教、伊斯兰教、犹太教、印度教五大宗教服务。

隶属于综合服务团队的宗教服务中心，由69位志愿者组成。他们是经过报名、资格审查、测试、面试等程序选拔出来的，并通过通用知识、外语交流、业务技能、宗教礼仪、工作流程5次培训和现场演练，确保每个人既具备奥运会通用志愿者的招募条件，又具备宗教专业岗位资格和丰富的宗教专业知识，能为访客提供高水平的规范化服务。

宗教服务专业性极强。我们除了要不断提高本宗教专业学术水平外，还要了解其他四大宗教的基本知识、礼仪礼节及禁忌常识，为村内的宗教服务打下良好基础。此外，我们还接受了语言强化培训，确保在两个奥运会期间与使用英语、阿拉伯语、意大利语、法语、韩语、希伯来语等不同语言的访客进行无障碍交流。

"我参与，我奉献，我快乐"是我们的宗旨；"微笑服务，贴心服务"是我们的服务准则。69位志愿者相聚宗教服务中心，用真诚的心、灿烂的笑容和实际行动，迎接来自世界各地的宾朋，践行"人文奥运"的承诺。

信仰无疆界

跨文化服务的魅力

一、弘扬"和"文化

"和"是中华民族古老文化的核心。"和平、和谐、和睦、和悦、和合"是我们服务奥运的目标与准则。国家宗教局局长叶小文在参观宗教服务中心基督教活动室时，亲笔题写下"服务奥运，守护奥运，天下一家，共建和谐"；在参观佛教活动室时，又留下了"和谐世界，众缘和合"八字墨宝，指明了宗教服务中心的工作目标。

在宗教服务中心，服务于五大宗教的同事们共处同一屋檐下，组成了一支秩序井然、上和下睦的团队。"君子和而不同"。尽管不同宗教的信仰表现形态不尽相同，但大家为着同一个目标——服务奥运，在共同的服务中彼此尊重，团结共融，相互帮助，友好交流。当某一宗教举行团体活动时，服务于其他宗教的志愿者总是很高兴地承担起前台接待工作，确保宗教服务中心内其他各项工作平安、有序进行。当需要外语翻译时，大家便不分你我，能者多劳，互相协助，达成与访客的无障碍交流。工作之余，我们常聚在一起，相互请教，互通有无。特别是曾在国外进修的志愿者，更是毫无保留地与大家分享最新的国际学术动态，拓宽了大家的世界宗教文化视野。通过分享，我们增长了见识，了解了不同国家的生活方式和风俗习惯等，对提高服务水平很有帮助。

我们69位志愿者将"最美丽的笑容"写在脸上，用和悦的微笑迎接来自全球的访客，为其提供参观讲解、宗教咨询、礼拜或祈祷等服务，共创两个奥运期间的和顺、和睦与和谐。

二、"爱心"无国界

宗教服务中心是奥林匹克大家庭的缩影。在这里，我们奉行"博爱、宽容"的准则，为来访者营造温馨、祥和的"家"的氛围。

8月3日上午，3位面带忧伤、神情凝重的外国访客出现在宗教服务中心基督教二室门口。刚刚结束礼拜还未来得及休息的值班牧师立即迎上前去，一段友善交谈后，客人讲出了自己的宗教需要。3位访客均来自罗马尼亚。其中名叫Christian的母亲于8月2日下午去世，Christian极其忧伤，在两位好友的陪伴下来到宗教中心，希望这里的神职人员为他母亲举行"亡灵追思祈祷"。

值班牧师当即决定，按照这位访客的要求举行祈祷仪式。

Christian手持蜡烛，缓缓走向圣台，将蜡烛放于十字架前，用本国语言低声默祷了许久，并用手在胸前频频画着十字，哀痛之情溢于言表。回到座位上，Christian脸上仍泛着晶莹的泪光。

又一堂礼拜开始了。肃穆的赞美声中，值班牧师走到台前，请全体人员起立，一同为Christian及其母亲献上祈祷。此时，不同国家、不同民族、不同肤色的人们用祈祷表达了对Christian的关怀。整个礼拜过程中，我们看到几位基督徒眼角含着泪水，不时地抚摸Christian的后背，无声地安慰他。礼拜结束后，志愿者及参会人员再次来到Christian面前，值班牧师也再次安慰他，他十分感动。向宗教中心的神职人员、志愿者表示深深的谢意后，Christian平静地离开了。

9月上旬的一天，下着大雨，韩国残疾人运动员洪德昊摇着轮椅来到宗教中心。他的英语不算流畅，要不时掏出手机，从里面的英韩电子词典中查出需要的单词再与志愿者进行交流。得知9月16日是他的生日，值班牧师便邀请他于生日那天到服务中心来，大家要为他过个新颖别致的生日。

到了9月15日，洪德昊缓缓来到宗教中心，进入基督教二室，默默祈祷之后就悄悄离开了。值班牧师听说了这些情况，急忙打听他的住处，又急匆匆赶去，但他不在住所。值班牧师只得请求他的室友帮忙联系，邀请他再来宗教服务中心。

不久，洪德昊再次摇着轮椅来了，进入基督教二室，看到值班牧师与志愿者们为他准备的生日party，他的眼睛湿润了。之后，他说出了自己离开的原因——

在残奥会800米轮椅竞速比赛中，他不幸位居第四。如果说运动员最开心的事是夺得奖牌，那么最遗憾的事就是夺得第四名了，因为离奖牌只有一步之遥。被遗憾和悲伤情绪所左右，洪德昊竟全然忘记今天是他的生日。

此时，面对不但记住了他的生日，还为他精心准备了生日party的基督教值班牧师和志愿者们，洪德昊极为感动，不停地用并不流畅的英语说："谢谢，谢谢你们！"这正是中国传统节日中秋节的次日，值班牧师和志愿者们便别出心裁地以月饼代替蛋糕，为这位远道而来的残疾人运动员庆祝生日。

生日party很快结束了，但中国牧师和志愿者们热情、贴心的服务给洪德昊留下了终身难忘的记忆。洪德昊在欢乐中离开宗教中心。这一天，他收获到比奖牌更有分量的东西，那便是我们真诚的爱和关怀。

镌刻难忘的相遇情

60多个日夜匆匆而过，我们与奥运会、残奥会同行。

当圣火渐渐熄灭，当访客一一挥手离别，当奥运村由喧闹变得静谧……无论是李白的"孤帆远影碧空尽，唯见长江天际流"，还是崔灏的"晴川历历汉阳树，芳草萋萋鹦鹉洲"，都不足以表达我们内心那种特有的感受。

与奥运会、残奥会同行的60多个日夜里，我们为着同一目标、同一梦想，承担了繁重的接待、服务工作，克服了无数困难，解决了一个又一个难题。我们以身为志愿者、能帮助他人而感到无比自豪！

与奥运会、残奥会同行的60多个日夜里，我们坚守着"微笑服务、贴心服务"的原则，与运动员、随团官员真诚握手，热情相拥，倾力相助。难忘每一个走出宗教服务中心的访客脸上所露出的笑容，难忘在宗教服务中心所结下的超越国界的深厚友谊！

与奥运会、残奥会同行的60多个日夜里，我们宗教服务中心所有人员同心协力、团结互助。难忘那些共同拼搏过的日子！难忘这段宝贵的人生经历！

山一程，水一程，送君归向故国行，难舍相遇情；

日一更，夜一更，共赏圆圆明月升，再忆奥运情。

（综合服务团队张文娟供稿）

我是村中佛教法师

　　我是来自北京龙泉寺的贤庆法师，在奥运村（残奥村）宗教服务中心佛教活动室接待访客咨询、主持佛教活动。

　　佛教传入中国两千多年，已成为中华文化不可分割的一部分，所以佛教活动室接待的中国运动员和奥运村志愿者相对多一些。

　　来宗教服务中心的客人怀持着不同的心态——有的人直趋目的地，对其他宗教活动室丝毫不感兴趣；有的人只是好奇地进来看一眼；有的人在经书结缘的桌台前驻足；有的人会进来拜佛，或跟法师打声招呼；还有些人很欢喜地来向法师请教，与法师交流。有机会与不同的访客交流，是法师们非常快乐的事情。我印象比较深的有下面几件事。

来自天津医学院的学生

　　有一批来自天津医学院的学生志愿者，在大门前负责安检工作。一天，他们四五个人结伴来到佛教活动室，与我们做了一些交流。我带着他们一起念诵《心经》，教他们拜佛。他们都很欢喜，感觉意犹未尽，可是当天晚上8点钟要交接班，他们只好依依不舍地离开。

　　过了几天，我又来残奥村服务，一到安检口，就听到一连串欢快的问候声："法师好！""法师好！"我也很高兴地邀请他们抽空再来坐坐。下午3点多，他们如约而至，还带来了两名新同学。我们一起交流佛法，探讨中国传统文化，交流个人德行、学问、修养与整体社会风气的相互关系，一起探讨圣贤"修身、齐家、治国、平天下"的理想，相互勉励不要只为自己而学，要志在天下国家。

我相信这种交流在他们内心埋下了理想的种子。而能用传承千百年的圣贤智慧润泽他们年轻、富有朝气的心灵，也是我们对佛恩、国土恩的最佳报答方式之一。

战胜自己的盲人运动员

有一位著名的盲人运动员，赛前夺冠呼声很高，但残奥会项目过半，他一连拿了几枚银牌，却没能拿到金牌，而且每次都是预赛第一名，决赛第二名。这给他的内心带来不小的压力。他母亲信佛，所以他本人对佛法也有好感，不时跟我们交流内心的感受。

9月13日上午预赛中，他又是第一名。下午要进行决赛，中午12点左右，他来到佛教活动室，希望能得到心灵上的帮助。在岗的两位法师与他谈了一个多小时，大大减轻了他内心的压力。临走的时候，他说："今天，我也许还是不能战胜所有的对手，但我希望能战胜自己。"

决赛中，他终于如愿以偿夺得金牌，并打破世界纪录。回村之后，他特地来到宗教中心的佛教活动室，向法师们报告了这一喜讯。

天天来礼佛的教练

紧张的竞赛给运动员、教练员带来很大的精神压力，有信仰的佛弟子会通过祈求和静坐等方法对心境进行有效的调整。

比如残奥会期间，中国赛艇队教练对佛教非常有信心，坚持天天到佛教活动室来上香、礼佛，并请法师们诵经，祝福他们。在9月11日的比赛中，赛艇队奋力拼搏，夺得一枚金牌。赛后，他们特地来到佛教活动室，向法师们报告喜讯，表达谢意，并跟法师合影留念。

对佛法有信心，使他们在比赛中能够稳定心性，排除内外干扰，赛出风格，赛出水平。看到他们能够为国争光，为残疾人争光，我们感到非常高兴。

重视精神生活的加拿大运动员

有一位常来佛教活动室的加拿大人，是加拿大乒乓球队的陪练，只有20岁，去过不少国家，对东方文化却情有独钟，兴趣浓厚。

我们向他询问加拿大人宗教信仰的情况。他告诉我们，中年以上的加拿大人信奉宗教的比较多，他们也经常去教堂，而年轻人则少一些。以他自己为例，虽然他的父母是虔诚的天主教徒，他却对天主教不是很感兴趣。但这并不表示他不重视精神生活，实际上，真正让他感兴趣的是东方式的"静修"（Meditation）。他在加拿大参加了一个印度人组织的"静修中心"（Meditation Center），感觉很有收获。他说，通过在该中心的修习，他不仅能在静坐时感觉身心愉悦，而且也能在日常生活中保持宁静的心态。

看来，传统的西方宗教信仰仍然是大部分西方人精神生活中极其重要的组成部分，但另一部分人则在寻求不同的精神生活，来自东方的佛教等心智训练可以满足他们的这种需求。

--------- 兼容并蓄 ---------

2008年8月8日，在为出席北京奥运会贵宾举行的欢迎宴会上，胡锦涛主席曾讲过："奥运会是体育竞赛的盛会，更是文化交流的平台。国际奥林匹克运动把不同国度、不同民族、不同文化的人民聚集在一起，增进了世界各国人民的相互了解和友谊，为推进人类和平与发展的崇高事业做出了重大贡献。"

世界从来没有像今天这样需要相互理解、相互包容、相互合作。我们作为佛陀的弟子，有机会通过参与奥运服务，学习奥林匹克精神，为促进世界各国人民加深了解、增进友谊、跨越分歧做一点点努力，是非常有意义的。

（综合服务团队贤庆供稿）

中文学习区的博大世界

北京奥运村里的中文学习区成功了！

无论您是打开电视、翻阅报刊，还是谷歌搜索、上网聊天……几乎所有宣传媒介里都有奥运中文学习区的评论和报道，而且几乎所有评论和报道都给予了奥运中文学习区高度肯定！奥运会、残奥会期间，各国运动员、官员、教练、政府首脑、媒体记者等近5000余人来到中文学习区，学说汉语，学写汉字，抚琴弹曲，感受中华文化。伴随着一个个中国名字的诞生，伴随着一笔笔个性名字跃然臂膀或纸上，伴随着一声又一声的"谢谢，再见"，伴随着一遍又一遍的"保持联系"，方寸之所，不再狭小，博大世界，不再遥远。心灵因语言习得而增进，友谊因文化感受而加强！

而这一切的背后到底有怎样的故事呢？这里，我们精选了几位在中文学习区从事教学工作的教师们获得的感受，来领略一下其中的奥秘。为了表达上的一致和简洁，文章采用第一人称讲述的方式撰写，但注明了讲述者的姓名及所在单位，而文中其他部分均以"我们"称谓。

展现汉语的魅力

在奥运村里，仅仅50平方米的中文学习区"店面"成为了展示汉语之美、传播中国文化的舞台。别看它小，但却"五脏俱全"。小小的空间充满了中国元素，古筝、几案、书画、戏剧脸谱、纸墨笔砚、民间玩具等一应俱全。因此，很多运动员、官员和访客路过门口时都不禁驻足停留，一个个"探头探脑"地睁着好奇的眼睛向屋里张望。作为一个勤快的"好店员"，我按照中国的好客之道，殷勤地请客人到屋内一坐。可是我刚介绍这里是"Chinese Learning Area"（中文学习区），就有人恍然大悟，惊呼道"Oh!! Chinese!!"，然后连忙客气地摆手再见。唉！原来只听说汉语是外国人公认的世界上最难的语言，现在真是亲眼见识到汉语的"魔力"了。

如何让更多的客人们走进来呢？我和同事们动起了脑筋。是啊，我们不能从一开始，就让这么个小困难难住，一定要克服它。我们就用心琢磨，渐渐发现音乐是最好的媒介，因为音乐是无国界的。于是，几位老师分别开始弹奏起古筝曲了。曲声古朴素雅，使很多原本匆匆的过客开始驻足，过去只在门外张望者悄然进屋聆听。办法如此有效，老师们便开始精心准备自己的功课了，原本只是几个老师练习弹奏的《沧海一声笑》，很快就成了学习区工作人员每人必学的"店歌"。运动员中有不少通识音乐者、武侠爱好者，他们都是先学会了这首曲子，然后爱屋及乌地在中文学习区里亲近了汉语、汉字，感受着中华文化，进而亲近了中国。看着他们煞有介事地抚琴、弹曲、假装大侠、拿起毛笔学写汉字，我们十分欣喜，暗自感叹汉语展示出了它的魅力。

中文体验

在中文学习区，有我们刻意设计的将语言与文化紧密结合的一个主题环节，即"汉墨风华"。汉——

汉音名讳：仿来宾姓名音义，为其起中国名字；墨——墨海留香：借助文房四宝，教来宾用毛笔书写所起名字；风——风音回绕：学会读自己的中国名字；华——华彩飞扬：整体讲解所起中国名的含意。事实证明，收获一个中文姓名能成为运动员们"最好的纪念品"，学会用毛笔写自己的汉字名字则是他们的意外惊喜。这一切也自然成了来中文学习区里最好的与汉语"亲密接触"的选择。

从7月20日开始一直到残奥会结束，每天都会有二三十个运动员、教练员和官员来这里学习汉语。仅8月7日一天，我们就接待了271位各国访客，如此热烈的场面又吸引了48位新闻媒体工作者。一时间，奥运中文学习区成为他们报道的主战场。

来访者最热衷于有个中文名字。为了让他们的中文名字听起来既地道又与原名音相似，学习区里事先准备了百家姓，然后综合考虑来访者的原名、中文名的发音难易程度等因素，来为他们起名。我们一般选取他们姓氏的第一个音节为姓，以一个单字或双字为名，并冠之以和美的含义。比如，我们曾为巴西跳水教练Rricarbomoreira取了中文名字"孟波"，为西班牙女子艺术体操选手Sarabayon取的名字则是"夏兰"，很有诗意。还有瑞士残疾人运动员Marcel Hug，得到了一个"洪茂升"的名字，中国味十足。每个运动员都有一张说明自己中国姓氏历史的彩纸，上面列有历代同姓的中国名人。"嘿，李是唐朝皇帝的姓氏，cool！"一名马来西亚教练很满意自己的中国姓。（北京交通大学孙燕琳讲述）

一、石南的故事

7月29号，中文学习区里来了一位漂亮的美国姑娘。她一头金色的短发，手里拿着比赛用的头盔，落落大方地坐在那里。我忙上前与她聊起来。原来，她是听说这里能起中文名字而特意赶过来的。她告诉我，她的名字叫Hether，是美国皮划艇激流回转运动员，过几天她就要参加比赛了。她想起一个好听的中文名字，最好能写在她的头盔上。她想戴着这个写有中文名字的头盔参加比赛。Hether在英文中是一种花的名字，翻译过来就是石南。石有坚强不屈的意思，用"石"这个字正好象征中流砥柱、坚如磐石，预示着她在比赛中能取得优异的成绩。于是，我对她说："就叫石南吧"，并给她解释了这个名字的含义。她听了后非常高兴，说很喜欢这个名字，并问我能不能帮她把名字写在头盔上。我说写没问题，但墨迹大都不能保持太久，尤其遇到水，恐怕很快会被洗掉。她听了我的话，脸上露出失望的神情。沉吟了一会儿，她说："可以帮我写在纸上吗？我去请人帮我刻在头盔上。"我很快满足了她的要求。石南也饶有兴趣地跟着我学写自己的名字。看着她那孩童般欣喜的样子，我也被感动了。

石南带着她的中文名字高高兴兴地离开了。望着她的背影，我在心中默默地为她祝福：石南，祝你好运！石南是否能够如愿以偿地戴着她刻有中文名字的头盔参加比赛，我不得而知，但她那种对中国的友好，对中国文化的热爱，却使我久久难以忘怀。（外交部外交人员服务中心吕宇红讲述）

二、专项服务与教学相长

在中文学习区，我们根据教学需要和来访者的兴趣，开设了"快速课堂"、"文化体验"和"学习资源"3个区域。

在位于房间内侧的快速课堂里，运动员和教练们不仅可以在老师的带领下学习简单的礼貌用语，而且还可以根据他们的比赛项目，学到一些与赛事有关的词汇和情景会话。比如，"我是运动员"、"加油"、"赢了"、"输了"、"祝贺你得了金牌"等等。有些运动员、教练员是汉语课的忠实粉丝，几乎有空就来学习汉语。比如，塞内加尔皮划艇教练马马杜（中文名王勇），我们都熟络地叫他"勇哥"。加拿大乒乓球陪练Pierre（中文名安耀岩），非常喜欢中国乒乓球运动员马琳，最爱看功夫电影《英雄》。为此，我们还为他量身定做了影视欣赏课。还有，残奥会的西班牙领队和两位医疗人员，每天都操着西语口音的汉语，"你好，姑娘！""今天很漂亮！"如此这般开着玩笑走进来，然后再一本正经地问你："劳驾，现在几点了？"他们甚至戏称长城汉语的"跟读模仿"环节为"卡拉OK"。你瞧，他们都多可爱！

在文化体验区，运动员和教练员可以尝试着用毛笔写中文名字、跟老师学弹古筝、编中国结，或者玩九连环、华容道、孔明锁、七巧板等中国传统玩具。52岁的日本盲人运动员新野正仁，主动请求用毛笔亲手写下自己名字的汉字。在陪护的帮助下，他非常认真地写出了"新野正仁"4个字。虽然汉字写得扭扭歪歪，但是他笑得非常灿烂。"我……高兴！"正在自学汉语的他突然用汉语和我们说起话来。我们都非常惊讶，夸奖了他，他还谦虚地回答"谢谢，汉语难！"

俗语常说：教学相长。在这里，无论是哪一种文化体验，都是由我们汉语老师利用工作的间隙"互相学习"，然后再"现学现卖"的。这次在奥运村的服务，让我们许多老师深刻地体会到，要成为一名好的对外汉语老师，应学做了解中国文化的杂家和通才。只有这样，我们才能回应运动员、教练员们对汉语和中国文化的热情。

在学习资源区，整个墙壁的书架上摆着各种各样的汉语教材和文化资料，旁边设有舒适的沙发，供来客坐下阅读。我们也常常为有需要的来客介绍或预订书籍、软件，免费提供北京奥运场馆的地图。（北京外国语大学王祖嫘讲述）

因汉语结缘

来自五湖四海的人，能在北京奥运村的中文学习区相识，在我们看来就是一种缘分。下面讲述几个因汉语结缘的故事。

一、一个津巴布韦的白人家庭

8月11日，中文学习区里来了一个津巴布韦的白人家庭。老夫妇带着他们的两个女儿和一个侄女走进来，顿时让这50平方米的屋子变得更加热闹了。由于快速课堂里已有人上课，我只好请他们围坐在书架旁的沙发上，跟我用小电脑学习。但是他们兴致不减，互相练习着"你好"、"再见"、"谢谢"等，并在发给他们的《奥运30句》上认真地标出难发的语音。

　　没过几分钟，活泼的大女儿兴奋的叫声引来众人目光。"加油！"她高举着右手，带领着全家大声学说："加油，津巴布韦！"而两个妹妹却很淑女地、一板一眼地执著于每个字的发音。哈哈，真是一个有趣的家庭。

　　15分钟的快速课堂结束后，他们的名字也起好了。爸爸叫"白格翰"，名字不仅有学士之风，而且非常适合一家之主的地位。妈妈叫"白盼琳"，母亲心中的美玉自然是自己心爱的女儿，祈盼女儿们有幸福美满的一生，也很符合母亲的慈爱之心。大女儿叫"白和娜"，小女儿叫"白和美"，侄女叫"白和丽"。3个姊妹同为一祖，所以按照中国家谱的惯例，共为她们取一个"和"字，以示血脉相连。他们非常喜欢自己的名字，马上用汉语自我介绍起来，"你好，我是白格翰"，"你好！我是白盼琳"……

文化从体育中飞扬

分别的时刻到了，大家都互相拥抱。白家两代人真诚地对我们说："汉语非常有意思。谢谢你们。""你是很好的老师。""北京奥运会办得非常好，中国人非常友好。"（北京交通大学孙燕琳讲述）

二、最浪漫的访客

我在中文学习区工作了将近10天，大概接待了数百名来自全世界的访客。他们当中有世界冠军，有普通运动员，有运动员的家属，有裁判员，还有随队医生和管理人员等，是奥运会把他们带到了北京，是对中国文化的向往和痴迷把他们带到了我们的中文学习区。

一个来自德国队的访客，给我印象最深。那天，他匆匆走进我们中文学习区，开门见山地用英文和我进行了如下对话，其中文含意是：

"你可以帮我写点什么吗？"

"可以，这是我的荣幸。你希望我写点儿什么呢？"

"我很快就要回德国了。我要向我的女朋友求婚。我想请你用毛笔写'你愿意嫁给我吗'这几个汉字，我要在求婚的时候给我的女朋友看，这样她就会更了解我的心。"

"当然可以，我非常高兴中国书法能把你的爱带给你的女朋友。我非常高兴有这个机会给你写这些字，而且我建议你写'嫁给我吧'而不是'你愿意嫁给我吗'，因为女孩儿喜欢比较强势的男人。"

"好的，那你就写'嫁给我吧'。"

于是，我拿起毛笔，把我的所有感动和祝福都倾注在笔墨纸砚中，给他写了一张"嫁给我吧"。

"你的女朋友是中国人吗？或者她懂中文吗？"

　　"不，她不是中国人，也不懂中文，但是她倾慕中国文化。"

　　墨迹稍干，这个远渡重洋来到北京的德国小伙子就小心翼翼地带着这张散发着墨香、承载着祝福的中国字离开了学习区。

　　这是我接待的最浪漫的访客。我想，他拿着这张写着中国汉字的纸向他爱的姑娘求婚，一定成功了吧！（长城汉语中心李妍讲述）

结束语

　　奥运中文学习区的感人故事还有很多，像埃及建筑设计师的故事、德国击剑运动员Claude的故事、俄罗斯女篮教练的故事等，几乎每天都发生，当然各有不同。我们在被奥运精神感动的同时，也被这些与我们息息相关的故事所打动。

　　中文学习区反响良好，以至于毛里求斯总统来了，新西兰总督来了，各国运动员、教练员、官员乃至各国媒体记者都来了，包括新华社、CCTV、华尔街日报等各大知名媒体争相报道，在中文谷歌上，以"中文学习区"为关键词可检索到515万条报道。这些反响从一个个侧面证明着奥运中文学习区的成功，也可以给我们的国际汉语推广事业和世界文化交流带来启示。

　　回想起来，奥组委文化活动部奥运会文化处邱大卫和樊蕊同志，是在2007年8月，带着奥组委拟在奥运村设立中文学习区这一设想，开始进行相关市场产品及承办机构资质的艰苦调研

与考察工作的。同年11月委里正式发文，确立由国家汉办长城汉语中心承办北京奥运会和残奥会的奥运中文学习区。在2008年上半年，我们十易其稿，中文学习区设计方案才获得奥组委通过，奥组委、国家汉办、长城汉语中心的有关领导和同志们为此付出了极大努力。从环境布局的方案设计、教师遴选和培训、教学组织及安排，乃至教师们每天从早9点到晚上十一二点的辛勤工作，中文学习区倾注了太多人的心血与汗水，特别是来自北京外国语大学、北京民航管理干部学院、中央民族大学、北京交通大学、首都师范大学、外交人员文化服务中心、北京邮电大学以及长城汉语中心等大学和机构及承担学习区教学任务的26名教师、工作人员以及志愿者，他们克服了路途遥远、本职工作繁忙、常常吃不上饭等诸多困难，本着高度的责任心和光荣的使命感，认真、务实、创造性且卓有成效地完成了所承担的任务，使中文学习区成为北京奥运村内一个具有鲜明中国特色的亮点。

（文化活动和媒体工作团队宋继华、邱大卫供稿）

◆ 风筝牵出奥运情

9月11日下午，北京残奥会开幕后的第6天，澳大利亚代表团橄榄球队的Steve Porter和他的3名同伴坐着轮椅在残奥村国际区随意溜达，几排白色的活动板房整齐排列，横平竖直，组成一片小型综合性服务区。透过房间的塑钢门窗，可以清晰看见内里陈设，服务功能一目了然。他们停在一扇门前，门边的牌子上用中、英、法3种文字写着"民族民间手工艺制作展示"。展室不大，150平方米左右，布置得"很中国"：两侧靠墙是中式传统的红木博古架，满满当当放置着彩塑、泥人等各式手工艺品，以几张红木桌椅自然间隔，在视觉上形成错落与层次。走动其间，仿如穿行在一条琳琅满目的小小手工艺精品廊。

这里是北京奥运村（残奥村）商业街中最热闹的地方——由北京奥组委、中国文联、中国民间文艺家协会、北京市文联共同主办的中国民间艺术手工艺制作展示中心。无论你来自亚洲、欧洲，还是非洲、美洲，只要在这里驻足片刻，中国各地的艺术家们就能为你捏上一个泥人，或者剪上一张人物剪影。

房间西端，音乐声起，几位不同国家的运动员对着一面幕布观看皮影戏，不时随着戏里的有趣情节发出笑声。Steve Porter顺着小小精品廊看了个来回：布艺、草编、刺绣、剪纸、面塑、泥彩塑、年画、脸谱、社火面具、葫芦雕刻、皮影、民间玩具……最后他停在了享誉京城的哈氏风筝第四代传人哈亦琦面前。

哈亦琦正在专注地描绘风筝。Steve Porter一边拿起各种题材的作品仔细观看，一边向哈亦琦询问图案的寓意、制作的时间，当然，还有价格。让Steve Porter不解的是，一张宣纸、一根竹篾，在哈亦琦手里只不过窝了两下，用糨糊粘了一下，怎么就变成了一只能翱翔长天的苍鹰呢？"他们对中国传统文化充满了好奇，"哈亦琦说，"来我们这里参观的观众每天都有上千人，他们看到这些工艺品，说的最多的一句话就是：'太神奇了！'"

Steve Porter同样对那些巴掌大小的微型风筝和盘旋在屋顶上的几十米长的巨型风筝着迷，但他提出了一个特殊的要求：让哈亦琦在他们的鞋子上画龙。"我们在中国参加比赛，想在自己身上留些中国元素。"第四次参加残奥会的Steve Porter说。

"这种要求对我来讲还是第一次，"哈亦琦说，"我从未见过如此喜欢中国文化的人。"风筝大师擅长工笔画，他立刻找来丙烯颜料开始创作，而且分文不取。

这幅作品整整花了哈亦琦6个小时，因为他们4位运动员的要求各有不同：Steve Porter要画的龙是红色的，Bryce Alman要画的龙是蓝色的，Greg Smith要画的龙是绿色的，而Carr Cameron要画的是一只红色的狮子。"我们会在比赛时穿上它们。"作为感谢，4人将澳大利亚代表队的队服送给了哈亦琦。

"中国民族民间手工艺制作与展示活动"从7月20日预开村开始至9月20日结束，哈亦琦当了整整两个月的奥运村（残奥村）村民。能在自家门前服务于世界各地的人们，这让20多年前就走出国门、见多识广的哈亦琦无比自豪。"我曾在十几个国家传播中国的风筝文化，但这次面对的是204个国家和地区的来宾，自然有压力。"哈亦琦的村民当得并不轻松：从早9点开始，一直持续到晚上9点，27位民间艺术家全程服务于北京奥运会和残奥会，使各国运动员和官员、贵宾零距离接触到了中国古老而迷人的民间艺术。"在村中的每天几乎都是15个小时的付出，而且要时时接待各国观众，回家累得一动都不想动。"哈亦琦微笑着说。

向往翱翔

在平均每天接待四五十个国家来宾的热闹现场，哈亦琦还是创作了五六件作品，每件作品都需要耗时3至6天。"习惯了，就会静下心来创作。"哈亦琦说，他的很多作品都是半价出手，半卖半送。"虽然我们彼此肤色不同、语言不通，但我相信人的情感是相通的。有的人迷恋中国的传统文化，甚至还提出要看看我的手。"哈亦琦觉得在村中两个月时间里，虽然没有什么"壮举"，但"事小作用大"。他最大的收获是开阔了视野，无论是见识还是思想境界，都"上了一个大台阶"。他表示，要逐步将"文革"后其父开始整理的一部《哈式风筝》画谱补全，并在此基础上加入自己的想法，"对我来说，这是一个大工程，因为完成一张画稿要用3至10天的时间。而且，灵感不可能每天都有。"在哈亦琦的计划里，这套画谱包含了200多幅珍贵风筝画稿，"等画谱完成后，我会毫无保留地把它捐献给博物馆。"

1.6万名运动员、教练员、官员以及近3万名记者是北京奥运会的主要服务对象。他们所到之处，无不和中国文化发生着近距离的接触和互动。奥运村是小小的"地球村"。哈亦琦和其他26位中国民间手工艺制作表演者轮番坐镇，制作各自拿手的手工艺品，铆足了劲儿展示才艺。能出现在村中的民间艺术家，都是极具代表性和艺术价值的大师级人物。

在展示活动期间，陕西华县皮影艺术家和北京皮影剧团的演员轮番表演《卖货郎》《三打白骨精》《龟与鹤》等传统经典短节目。被认为是巴西有史以来最优秀的体操运动员戴尼尔·海波利特对《卖货郎》十分陶醉。他说："虽然我不是很明白故事大意，但非常喜欢这场演出，尤其是音乐部分。"在艺术家手把手的指导下，戴尼尔还体验了一把皮影表演。他感慨地说："太难了，我总觉得自己的手指不够用。"

"Show you a magic……"民间玩具制作艺术家郑辉用简单英语与国际友人交流着。大家无不为他表演的民间技艺绝活所惊叹：刚刚看到的还是京剧脸谱，转

眼成了戏曲故事……这被称为"另类的变脸艺术"的品种叫做"张搭"，是河北武强年画中的特产。来自爱沙尼亚的游泳运动员艾琳娜异想天开，她想请郑辉把自己和家人的20多张照片镶嵌在"张搭"上，成为传统艺术与现代时尚的完美结合。结果，第二天郑辉就让她梦想成真了。

1/2、1/8、1/64、1/128、1/256……随着丝线在杭绣艺术家金家虹手中越变越细，观看的运动员人人都屏住呼吸，睁大眼睛：刚才还是整根的线，转眼用肉眼已经很难看见，只见艺术家用灵巧的手穿针引线，最后大家顺着针才找到了那根若有若无的线。听说这么细的线能用来绣花，一阵惊叹过后外国运动员纷纷竖起了大拇指："中国的艺术，中国的绝技！"新西兰代表团副团长Lynne Coleman每次都在杭州刺绣展台前细细观摩，金家虹于是提议她可以学习一下简单的针法。两人最后像模像样地合作绣了一把"中国印"。老师还赠送了一副刺绣工具给学生，学生也回赠了新西兰的五环徽章。友谊在艺术的交流中更为密切、永久。

美国射击运动员埃蒙斯夫妇是入住奥运村不久后就慕名而来的到访者。不巧的是刚到展厅门外，他就被人们认出并团团围住了。他的夫人只好独自走进展厅。展厅内的民间艺术家听说后当即送给她一个亲手制作的被中国人称为"有福有运"的庆阳福字香包，据说后来她一直随身携带，在比赛中拿到了金牌。

汤加王国王储图普托阿偕夫人来展区欣赏武强年画艺人刘国胜的精彩表演，现场学习彩印年画技艺。看到来自福建的艺术家廖允武为他快速完成的剪影肖像作品

后，他非常满意。他认为，中国为世界奉献了一次最无与伦比的奥运盛会，中国的文化遗产伟大迷人。

古巴女子排球队教练欧亨尼奥对北京面塑艺术家张俊显为他孙子制作的面塑特别满意，之后又拿出已故15年的夫人年轻时的照片，请张俊显仿照再做一个面塑。美国男子水球队教练，称"泥人张"第五代传承人张宏岳是"最棒的艺术家"。

据不完全统计，中国民族民间手工艺制作展示活动，吸引了近3万名来自世界各地的运动员、教练员、官员、注册媒体、访客以及村内工作人员和志愿者，在比赛、工作、活动之余前来参观学习和交流，其中100多家媒体进行了采访报道，30多位外国国家领导人、政府要员和皇室成员观看了展示和表演，近百位奥运冠军与艺术家进行了交流互动。店长王锦强表示，通过展示中国民族民间手工艺，不仅为外国人了解中国起到了很好的作用，同时也让中国人加深了对自己民族优秀传统文化的热爱和了解，"我们对中国传统文化更加自信！"

奥运，不只是体育的沟通，同样也是文化的交流。北京奥运会的成功在于，它不仅奉献了一台世界体育盛会，更在文化层面上加深了中国人民与世界人民的相互了解。2008年的北京，中国元素不只是奥运会的点缀，更是渗透到每一个角落，进入到每一个人的心里。正如北京民间文艺家协会秘书长于志海所说，北京奥运会的最大特点，在于体育之外还有文化与文化之间的沟通，使世人了解了中国人的勤劳智慧和审美情趣，真切地认识了一个历史悠久、爱好和平、包容开放的中国。

（文化活动和媒体工作团队供稿）

村中书报亭

　　我们书报亭坐落在奥运村商业街的一个角落，却是外国运动员和其他顾客光顾较多的地方。在这里，他们可以找到世界几大语种的最新报纸、杂志，及时方便地获得资讯。同时，这里也是展示中国传统文化与现代文明的地方，有很多关于中国体育、武术、服饰、饮食、美术、音乐等传统文化和中国现代化建设成果的书籍。对中国文化感兴趣的人都能在这里找到自己想要的书刊。

　　与商业街其他店里熙熙攘攘的景象不同，我们书报亭大多数时候很安静。即使顾客比较多，大家也很自觉地放低音量，静默地浏览货架上的书报，生怕打扰别人。这就是知识和文化的魅力。在充满奥林匹克激情的奥运村里，似乎只有在这里才可以找到一丝别样的安宁。在紧张激烈的比赛、训练之余，有许多教练员和运动员喜欢到这里来翻看书报，放松减压。有人愿意聊聊中国戏曲，也有人愿意聊聊中国的山水、饮食、风俗等。还有很多位冠军在获得奖牌之后第一时间来店里翻阅相关的新闻报道，让我们有幸与他们分享胜利的喜悦。

———— 阅读的魅力 ————

在书报亭中工作了一个多月，对商业服务一窍不通的我们受到了锻炼，增长了才干，学到了许多本事。服务是一种态度。只有你真心实意地感到为别人服务是快乐的，才有可能服务得周到，才有可能不厌其烦。有了这样的心态，再苦再累的工作，也会让人觉得有乐趣，有成就感。当来自世界各地的运动员、教练员从这里满意而归的时候，我们真切地感受到自己在为奥运贡献力量。工作期间，虽然与每一位顾客交流的时间都不长，但我们热情周到的服务还是赢得了许多人的赞誉。我们还与几位常来店里的运动员或者工作人员成了朋友。以色列的理疗师胖阿姨对北京胡同十分感兴趣，还差点儿让我当了她们的导游；荷兰的曲棍球运动员向我介绍他们的郁金香、风车、奶酪和木鞋子；美属维京群岛的大胖子拳击教练每次见面都会给我一个熊抱；马来西亚的华裔跳水教练送给我一枚徽章……

工作中也遇到过困难，然而只要有真诚友善的态度，问题就一定能够解决。比如许多顾客都想从不单卖的整套海报里抽出几张买走，但经过我们耐心并且始终面带微笑的解释后，他们大都能理解并支持我们的工作。其实，绝大多数运动员都很友善。有一次，我和副店长用店里的小车从奥运村大门口运100个海报筒回店里，虽然捆扎得很紧，但是车子确实太小了，终于还是在路上滑脱，散落一地，那里又正好是运动员流量很大的地方，一时间场面十分混乱。这时几名路过的运动员主动帮我们捡起海报筒，三三两两地帮我们送到店里。这是我们始料未及的，一番感谢握手之后，一片温馨祥和的气氛自然升华。

　　有的时候我们还需要随机应变，使服务周到而充满温馨。有一次，一位希腊皮划艇教练在店里买了两张海报，他说他参加了很多届奥运会，每次都会收集精美的海报留作纪念。从他卷起海报时小心翼翼的神情，可以看出他对这些海报的喜爱。付过钱之后，他才想起自己要赶着去训练，当天也许没法赶回来，带着这些海报十分不方便，一时间犹豫着想要退掉。我说可以帮他把海报送到住地去，并要求他给工作人员写一张请求代收的字条，对方收到东西后在上面签字即可。教练很高兴，乐呵呵地写了字条走了。过了几天，他又来店里买东西，见到我不住地说"谢谢！"我心里也美滋滋的。

　　后来，这样的方式成了一个不成文的规定。好几次遇到预付款订了货，来取货时却忘了带小票的顾客，找当班的人确认交易无误后，我们都会要求他们写一张货已取的字条，这样就省去了他们再回去拿小票的麻烦，他们也十分感谢我们想得周到。

　　书报亭中的一项重要工作是每天两次的到货和退货。奥运村安保检查严格，我们只能用手推车将货物从1000米外的西门安检口推回店里来，往返一次，汗水湿透全身。有一天下午，我和两位同事冒雨出去接货，刚过了安检口，小雨变成了瓢泼大雨，地面上很快有了几十毫米的积水。我们想到回去还要核对数量、打价签、下架旧货，就用塑料布把货物遮好，脱下鞋，赤足冒雨把货推了回去。

　　说实话，书报亭工作很繁忙，也很辛苦，但我们内心有服务奥运、为国争光的信念，所以，我们忙碌着、坚持着，同时也快乐着、享受着。

（综合服务团队易鑫磊等供稿）

陪护不易——为了兴奋剂检查

兴奋剂检查一直是体育界较为敏感的话题，而奥运村中的兴奋剂检查工作更具特殊性，数量既多，过程又复杂。

从数量上看，第29届奥运会一共要做4500例兴奋剂检查，在奥运村里就要完成1000多例，工作任务量之大可想而知。

7月27日北京奥运村正式开村，奥运村兴奋剂检查站也在欢天喜地的《北京欢迎你》歌声中开始工作。清晨，所有检查官和陪护员早早来到检查站等待检查任务。由于各代表团都是第一天到来，信息仍不完善，所以IOC MC的检查任务单很难确定。但我们严阵以待。在等待时，我们一遍遍地阅读《兴奋剂检查工作指导手册》以及应急预案，并反复进行模拟演练。

晚上21点7分，经历一天的守候，我们终于收到了来自IOC MC的兴奋剂检查任务授权书。经过10分钟的准备，陪护员们便进入夜色之中。我们无法获知受检运动员的具体房间号，而受检运动员只会讲西班牙语，无法与我们交流，所以增大了通知工作的难度。我们只能利用事先准备好的印有各国语言的通知单，向运动员们介绍兴奋剂检查注意事项。幸亏早已下班的语言支持志愿者接到我们的求助电话，骑着单车及时赶到，为我们与受检运动员架起了沟通的桥梁。

受检代表队的运动员们经过22小时的飞行后已经相当疲惫，有很多人尚未进餐。我们就用加倍的耐心

与他们沟通，最终得到了他们的认可。北京奥组委反
兴奋剂处陈志宇处长、兴奋剂检测中心赵健主任用
"近乎完美"一词肯定了我们的工作。

当我们填完最后一张检查单，送走最后一名运动
员，收起最后一瓶样品后，时钟已经指向了2008年7月
28日的凌晨3点多。

这开村后的第一次兴奋剂检查虽然辛苦，但还算
比较顺利，后来的困难，是我们始料不及的。

在通知运动员的环节上，奥运村的兴奋剂检查工
作与竞赛场馆大不相同。竞赛场馆是在比赛之后通知
运动员做兴奋剂检查，所以陪护员能很容易地找到运
动员。但是在奥运村里，运动员的行踪是不确定的。
他们有可能在宿舍、餐厅、健身房，也有可能在其他
的任何地方。这可难为了我们。通常一大早开完例会
布置好任务，我们来不及吃饭便要出发去找运动员，
遇上运动员不在预期的地点，大伙儿就要饿着肚子等
待一两小时或者东奔西走去寻找，直到找到为止。有
时候一大早把运动员叫起来，人家难免会把没睡好觉
的怨气发泄到我们头上。我们也只能微笑加道歉，让
他发泄完怨怒，继续进行我们的工作。

其实这些还算好的，因为总算找到了运动员。大
多数情况下，运动员们却是"神龙见首不见尾"。
WADA和IOC向我们发布的运动员行踪信息往往不准
确，我们匆匆赶去，运动员却不在指定地点或根本没
到村，结果只能空手而归，我们戏称这为"空手
道"。这样的"空手道"出现一次两次也就罢了，问
题是经常发生，不仅浪费大家的精力、体力，还有可能

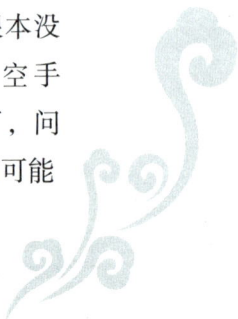

打击陪护员的工作热情和积极性。为了避免这种情况发生，陪护员们给自己增加了一项工作，我们戏称为"踩盘子"——陪护员们暂时充当信息收集人员，前往被检查代表队打听运动员行踪，待信息无误后，再通知同伴出发。然而，有些信息是运动员的个人隐私，从客房服务员和NOC助理那儿能打听到的微乎其微。面对挑战，我们陪护员可不是轻易就会放弃努力的。我们软磨硬泡、声东击西，甚至车轮战术都用上，终于小有收获。

兴奋剂检查不是朝九晚五的工作，早出晚归成了我们的习惯。一天下来，经常能看到沙发上、座椅上、仓库的折叠床上东倒西歪睡着的陪护员们，他们是在补充体力。有的陪护员就算是生病了也坚持到岗，绝不休息。

为了让运动员能更友好地配合我们的工作，大家还自学了几个国家的简单交际用语。见面时，我们用运动员的母语问好，运动员们感到很亲切，一个劲儿地竖大拇指，说："Chinese volunteer，棒！"

北京夏天的天气像小孩子的脸一样阴晴不定，而我们的任务却不能因天气变化而改变或取消，即使下着大雨，我们也必须执行任务。电闪雷鸣、风雨交加的时候，虽然有配备的雨衣，但为了保护通知单不被打湿，我们都用雨衣紧紧地包住它，根本顾不了头脸和身体，任由雨水把自己淋得落汤鸡一样。每当这时我们都会感到一种光荣——这才是我们志愿者的精神！

维护奥运尊严的团队

　　关于兴奋剂检查陪护工作，许多人只看到了我们
"光鲜靓丽"的一面，比如，从事这项工作可以和很
多世界顶尖运动员近距离接触。然而只有尝过胆的人
才清楚什么叫做苦，我们有很多困难是不为外人所
知，有很多辛劳是不为外人所见的。我们不会抱怨，
因为我们是北京奥运会的志愿者，能够参与奥运，奉
献奥运，便是我们最大的满足与快乐。

　　（综合服务团队兴奋剂检查陪护员北外组供稿）

"操盘使者" 兑现承诺

　　音像刻录服务是奥运村（残奥村）内为村民服务的项目之一。按照《奥运村（残奥村）技术手册》的规定和国际奥委会的要求，我们的主要职能是在两个奥运会期间，为驻村居民提供实时的赛事GVOD视频点播和DVD光盘刻录服务，以辅助运动员进行战术、技术分析，提高比赛成绩，并保留珍贵的赛事资料。由于天天与光盘打交道，我们都戏称自己为"操盘手"，别人则称我们为"操盘使者"。

　　据相关资料报告，音像刻录作为奥运会服务项目是从2000年悉尼奥运会开始的。它自推出以来，一直是奥运村中最受欢迎、接待人数最多的服务项目之一。悉尼奥运会进行这项服务的方式是，将赛事制作成录像带，供运动员借阅，服务项目设在图书馆。雅典奥运会采取的方式是，将赛事进行前期编辑后直接输入电脑，运动员通过局域网自主点播、查阅并把所需资料刻录成VCD光盘。北京奥运会结合音视频传播应用领域的飞速发展，更加依托先进的技术手段，首次使用数字高清信号传输电视节目，首次提供GVOD点播服务，赛事资料刻录存储载体由VCD改为DVD，存储容量增加近5倍。同时，由管理层、志愿者与合同商组成专门业务团队，审批了专项运行经费，人员数量、服务场地面积也较前两届奥运会增加许多。在这里，驻村居民可凭借有效证件，在相对封闭的空间免费观看高清、实时的比赛视频。运动员们既可以按照比赛项目选择观看，也可以选择比赛日期来观看。通

过观看下一步将要对阵的对手正在进行的比赛实况，运动员们可以了解到对手的现实状况；也可运用中心提供的设备播放已有的技术性资料，进行战术、技术分析，进而确定自己的备战策略。一些团体项目的代表队更是急需了解将要面对的对手情况，如此提前观战，对他们的备战无疑具有很大的作用。

　　在这里，驻村居民可凭借有效证件，根据中心所提供的赛事编目表享受到"点菜式"免费光盘刻录服务。他们可以清楚地了解到已完成并通过有线专网传输到中心的赛事情况，找到自己需要刻录的节目内容，只需在接待前台提出刻录申请、办理相关手续后，待到规定时间前来取盘就行了。"点菜式"服务简单便利，在奥运会和残奥会期间，这个服务项目受欢迎程度之高，远远出乎我们的意料，光盘刻录数量也大大超出了我们的预期。

　　实际工作中我们也遇到了许多困难。按照奥组委制定的《奥运村技术手册》的规定，音像刻录中心志愿者的上班时间为早班8点半到15点半，晚班15点半到23点。但是，超乎想象的业务量使志愿者没有一天能够准时下班，还不能因为交接班耽误工作，所以早班同学一般下午五六点才能离开，晚班同学经常凌晨1点才赶回学校。大约到奥运会赛程过半的时候，出现了一个比较严重的问题：有些晚上10点的比赛要到第二天凌晨四五点才有信号，有信号我们才能下单刻录，所以这些遗留的订单就只能等第二天早上8点半上班再处理；但次日早上一开门营业，又会有客人源源不断地到来，而能够下单的前台电脑只有4台，又不能把客

刻录工作无闲暇

人晾在一边，这时许多工作人员与志愿者都主动提出值夜班。于是，我们通宵达旦，连续工作几天几夜是常有的事。

下订单是一项很需要耐心和责任心的工作，不能出一点差错，否则客人就可能拿错光盘。由于下订单是用计算机操作，所以工作人员要长时间盯着电脑屏幕，有时一盯就是一个通宵。这样高强度的工作，使很多人都生病了，但是由于人手紧缺，大家都毅然坚持在各自的工作岗位上，没有一个人请假。

一位参加了3届奥运会的加拿大教练告诉我们："你们做得很好！一年前，你们就高唱着'We are ready'。从我下飞机开始，我就知道你们确实做到了，'You are ready'。北京奥运办得很好，这辈子我都难忘。"

最让我们难忘的是一位来自太平洋岛国的老人。他每天都来刻录中心取盘，十分了解志愿者的辛苦。当一位运动员因焦急而责备志愿者的时候，老人主动站出来为志愿者们说话："他们做得很好，他们真的尽力了。我天天都来，他们的工作我都看在眼里，他们是最棒的奥运志愿者！"当时我们真的很感动，这就是真心换来真心，真诚辉映真诚吧！再苦再累也没什么了，因为从我们选择做一名奥运志愿者那一刻起，我们所代表的就不是个人，而是整个中国。我们向世界做出了庄严的承诺，就一定要说到做到！

（综合服务团队刘佳供稿）

服务保障者的微笑

被世界各国运动员和媒体记者称为"地球村"的北京奥运村，自开村以来，已经接待了来自世界204个国家和地区的15000多名运动员、官员，还有7000多名媒体记者，每当他们谈起在北京难忘的岁月，总是交口称赞一支志愿者服务保障团队，夸奖他们是"地球村"一道亮丽的"中国名片"。

微笑打造中国名片

2008年7月27日，北京奥运村开村了。来自世界的204个代表团的朋友们和媒体记者纷纷入村。他们通过安检进入欢迎中心时，便会看见一排身着志愿者服装的年轻小伙恭候村口。一张张年轻脸的脸庞露出真诚微笑，一句句英语脱口而出。他们的一个个微笑，传递着东方文明古国的礼仪；他们的一声声问候，表达了中国志愿者的精神风貌。他们在与走进村中的客人们点头会意之际，便将一件件大宗行李箱放上手推车，引导着大家下榻各自的公寓房间。

2008年3月上旬，当上级将进村服务的重任交给解放军装备指挥技术学院士官系后，系党委立即成立了以康守信为大队长、康秀生为政委的由603名优秀军官和士官组成的服务保障大队。他们按照军委首长提出的"瞄准世界一流水平"和部队首长提出的"奥运村服务要达到五星级酒店标准"要求，从仪表开始，练站姿，练放手，练走路，练请姿，甚至练微笑。他们在嘴上横衔一根筷子，练习脸部

肌肉在微笑过程中的收缩和放松，一个美丽的微笑，让好多战士训练了足足一周，直到感觉那份微笑是发自内心的自然流露，才算"毕业"。

世界一流是一个完美的概念，更是一种无与伦比的价值。从面部表情到身体的"形体语言"，都要充分展示中华民族自信自强、热情好客的风采。曾在三军仪仗队服役两年的三中队长王国良，为让官兵的站姿接近仪仗队标准，用曲别针固定脖领子，夜里睡觉用背包带捆腿，挨个儿纠正姿势，为打造热情好客、落落大方的邀请姿势，让士官一个个"过堂"。这一方法，很快在全大队推开，直至将603名官兵个个打造成"礼仪标兵"。经过严格训练的官兵，无论是行走，还是站立，都是一道世界级的风景，向来自全世界五湖四海的村民们展示了中国志愿者的神采。

7月28日，北京下了入夏以来最大的一场雨。这天，从世界各国飞来北京的运动员潮水般涌到村口。澳大利亚300多名运动员刚下车，就遭遇了这场暴雨，从停车斑马线至欢迎中心安检入口，有近30米的露天行走区。我

身无戎装亦威武

们的官兵走到大巴车门口，一边将撑开的雨伞递到下车运动员手中，一边脱下身上雨衣，遮盖着放在手推车上的客人的行李箱。官兵们将运动员送进各自公寓房间，衣服全被大雨淋透了，可脸上的微笑还是那么灿烂。五湖四海的客人们被中国志愿者的这种举动深深感动了。他们伸出大拇指连声称赞："中国志愿者是最棒的！"

此次奥运盛会，世界各国和地区都高度关注，派出庞大的记者阵容入驻汇园公寓和绿色家园两个媒体村，进行跟踪报道。美国电视台的400名记者，乘坐8辆大轿车从机场一进入汇园公寓，受到了官兵的微笑服务：搬运行李，引导下榻，不到1小时便入住完毕。这些记者后来看到这些官兵，都会情不自禁地伸出大拇指。在奥运村和两个媒体村，由于服务点多面广，有的服务点只有一名志愿者。欧洲一名记者，入住媒体村带着几大箱器材，有摄像机、复印机、传真机等，士官李锋顶着烈日来回搬运了几趟，帮助他入住房间并很快开展工作。看着浑身被汗水湿透的李锋，记者从口袋里掏出欧元表达感激之情，却被李锋谢绝了。记者操着汉语不解地问道："在我们欧洲，服务者收小费，是很正常的事，你为什么要谢绝？"李锋道："奥运会是中国人的百年梦想，您能来报道奥运，我就非常感激您！"记者听后，深情地说："中国不愧是礼仪之邦！"无独有偶，邵合科、贾元超两位同志接待德国和意大利媒体记者，热情主动，服务周到，两国记者分别赠送他俩100欧元，都被婉言谢绝。两国记者异口同声地说："中国志愿者了不起！"

微笑背后的辛劳

四中队学员刘战朝，每次上岗服务总是面带微笑，抢着搬运大件物品。可是回到部队驻地，他的脸就沉下来。每逢开会，领导宣布全体坐下，他总是一个人悄悄走到墙根处，默默站立。教导员付朝晨看在眼里，记在心里，找他谈心。

开始刘战朝只是说："我一定微笑服务，为祖国争得荣誉。"后经教导员再三追问，他才道出真情。原来，小刘患有严重痔疮，由于劳累过度，一下就犯了。他说出自己的秘密，再三恳求教导员一定要让他留在奥运村。面对这样的士官，教导员深深感动了。他让小刘去卫生所做了简单处理，同意了这一请求。

从7月27日至8月7日，奥运村、绿色家园媒体村、汇园公寓媒体村日抵达人数峰值超过2000人。官兵们每天搬运物品近万件，无一遗失，无一差错，无一磕碰。官兵们出色的服务，赢得了村民们的一致好评，也得到了奥运村领导的高度赞赏。

8月9日至11日，全队官兵在鸟巢搬运开幕式道具31440件，无一碰撞和损坏。在搬运2008面缶时，正值高温。官兵们要把每一面都有数百斤重、半人多高的缶装入集装箱内，运到京郊。三中队教导员刘文涛带领官兵们钻进将近50摄氏度高温的车箱，一面面朝下抬，搬入同样高温的库房。没有几个来回，大伙儿浑身就湿透了。人站在原地，地面上就是一摊汗水。大队政委康秀生说："在奥运会服务期间，也不知我们官兵们流了多少汗，只知道最热的时候，平均每人每天要喝掉十几瓶矿泉水。"

在"八一"前召开的奥运村运行团队和学院军地座谈会上，北京市程红副市长将一面写有"钢铁般的团队，志愿者的楷模"的锦旗赠送给学院领导。

8月8日开幕式那天下午，官兵协助奥运村安保部门，手拉手组成两道人墙通道，将13000多名运动员安全送上360辆大轿车，前往鸟巢，接着又忙着照料留守在村里的部分运动员和教练员。晚饭后，突然接到通知，说是开幕式盛况空前，很多国家和地区的运动员都表示回村后要在餐厅狂欢，让服务队以最快的速度将餐厅100多张餐桌和3000多把椅子搬离，腾出空间给运动员载歌载舞。官兵接到任务，以冲锋速度赶往村里那个"世界最大的餐厅"，将100多张餐桌和3000多把椅子搬往库房。深夜11点多钟，近万名运动员回到村里，拥向餐厅，有的唱歌狂舞，有的拥抱欢呼，尽情享受着奥林匹克的快乐。狂欢结束，已是凌晨两点，官兵们又将餐桌椅子一一搬回原处，待回到营地，已是凌晨4点多钟。

微笑感动世界

在奥运村，昼夜24小时都有服务保障大队官兵忙碌的身影。走在村路，他们是一道移动的风景；恭候村口，他们是一条蓝色通道。很多海外记者和运动员都纷纷走到他们身边，跟小伙子合影，说是"要把他们的微笑带回家"。

白旭峰等5名士官，路过水池边发现水中有一道金光闪耀，捞起一看原来是一条金项链，上面镂有英文，通过翻译找到的失主是一位澳大利亚女运动员。

后来，那位女运动员通过村里物流团队找到了官兵们，想认识这位拾金不昧的志愿者，可是每问到一个官兵，总是得到这样的回答："这是志愿者的本分。"女运动员感叹道："通过这件事，让我了解了中国，我被中国志愿者感动了。"像这样的故事，在村中时有发生。奥运会期间，官兵们共拾到钱包、胸卡、手机、项链、照相机等物品41件，都在第一时间送回失主手里，而每当失主提出报答时，他们都是用微笑谢绝。

微笑的名片，源于带兵人精心打造。大队长康守信，身患高血压，每天早晨出发前都吃上超量降压药，始终带兵在一线。有一天，由于天气炎热，搬运物品劳累过度，他突然感觉头晕目眩，士官们都劝他休息，可他只是在地板上躺了片刻，吞下两片降压药，接着又带领官兵服务。政委康秀生常对官兵说："奥运会，百年一盼，一生一次，我们要用微笑照亮人生。"8月初，康政委的老母亲从山西老家来京看病，他却没有时间陪同到医院，只是请人领着去挂号就诊。康政委说："服务奥运，就是锻炼部队最好的机会。我们要通过援奥，带出一支过硬部队。"从3月初团队组建以来，这两位主官就没有回过家，吃住在团队，指挥到现场。官兵们说："在奥运村，哪里活儿最苦，哪里活儿最累，哪里就有大队长和政委！"

62岁的英国志愿者托尼先生，对服务保障大队的印象极好。员工餐厅吃饭人多，有时排队得用1个小时，二中队长王文中就让士官事先替托尼先生排号买他喜欢吃的麦当劳；每次照面，官兵们总是主动向他微笑点头；有时露天作业突然下雨，官兵们会脱下身上的雨衣披到老人身上。一个多月的朝夕相处，老人深受感动，也似乎看出了什么。一次闲聊时托尼先生问奥运村物流团队主管李先生："他们是军人吧？"李先生笑着说："他们是志愿者。"老人又用试探的口气说：

"小伙子个个年轻漂亮，走路竖成行，横成列，脸上的微笑总是真诚感人，我看他们是军人。"李先生又笑道："他们受过军训。"托尼先生是伦敦奥组委派来北京学习的官员，2012年伦敦奥运会，他将主持奥运村的物流和服务保障工作。老人笑着说："我要把他们的微笑带回伦敦，建议政府在2012年奥运会上，也起用军队志愿者。"

（后勤服务团队金红斌、唐新春、孔令尧供稿）

电话卡上有奇缘

奥运会是一个宽广的舞台，在这个舞台上，人们总会找到属于自己的一片天地。赛场上，运动员们在奥林匹克精神的鼓舞下奋勇争先，不断刷新纪录，创造奇迹；赛场外，同样有令人难忘的传奇。代表中国网通公司为北京奥运会工作的我，虽不能亲临现场为运动员们呐喊助威，却因工作而见证了一位奥运冠军的诞生。

2008年8月的一天，我正在中国网通奥运村通信服务中心上班。我们当时的工作可谓勤奋、主动，只要有人在客服中心门口晃动一下，我们就马上热情地上前打招呼，邀请他进来，给他介绍我们的业务。我们会根据客户的需求进行市场细分，什么样的客户适合用什么样的电话卡，我们都会做出详细的分析，从而使用户做出正确的选卡决定。我们这种大面积撒网、重点培养客户群的营销方式得到了广泛好评，在保持固定客户群的基础上不断增加着客户数量。

一天，一位瘦高身材的黑人运动员走进客服中心，他的心情很好，进了门主动和我们打招呼："What's up!"自认为英语还说得过去的我根本没明白这句话的意思，就用英语和他交谈起来。他告诉我，在美国，很熟的人之间才用这句话打招呼。我心领神会，像老朋友一样说着："What's up!"这位美国人大笑起来，嘴里一直说着这句话，现场服务的公司人员都被他逗笑了。

接下来，他问我们手机充值卡需要多少钱。原来他把我们这儿当成中国移动了。我们的卡类产品里有一种通惠卡，用手机或固定电话向美国等地拨打相当便宜。于是我向他介绍了这种卡的功能。他听了以后相当感兴趣，并表示要购买。我们给他办售卡手续的时候，这位美国人竟悠闲地坐在椅子上唱起了小曲，把大家逗得直乐。他要走的时候，我突发奇想，让他在我们的"签名服"上签下他的大名。他也老实不客气，一口气把我们的3件衣服全签上名字，还露出特别得意的样子，让我们忍俊不禁。

仔细一看，他在签名下边还写了"400 m"，我猜这可能是他要参赛的项目吧。于是我特别亲切地说："祝你好运！我一定会观看你的比赛。我支持你。你一定要加油啊！"他听了相当高兴，并表示要和我合影。于是在我们的签名墙前就有了这张合影。

几天以后，世人瞩目的奥运会男子400米比赛在鸟巢举行，据说现场是人声鼎沸啊！我无缘去现场观看，那就看电视支持一下我那位美国哥们儿吧。我目不转睛地看着，等了好几个小组，都没看到他，但是我没有灰心，心想：他一定会出现。终于，我看到了他，就在那里，在决赛场跑道的中央，像一只猎豹一样，身体呈拱形，随时准备奔跑。加油啊！哥们儿，我看好你！我目不转睛地盯着他，并通过解说员知道了他的名字——拉肖恩·梅里特。我在电视这头给他呐喊助威，他在那头离弦之箭一般冲出起跑线，一直向前，超过一个，又超过一个！最后，他把所有对手甩在身后，第一个冲过了终点线！冠军！又一位奥运冠军诞生了！我的朋友拉肖恩·梅里特，这个风趣幽默的美国小伙子，赢得了奥运男子400米决赛的冠军！我由于激动，声音也有些哽咽了。哥们儿，好样的！时间不知不觉过去，转眼快到奥运会结束的时候了。又是一个平静的中午，我从食堂回来，刚走进客服中心，就有同事激动地对我说："快看谁来了！"我揉了揉眼睛，定睛一看，坐在受理台对面的竟然是他——奥运冠军拉肖恩·梅里特！他还是那么放松地坐在那里，我想这种良好的心态或许就是他夺冠的关键吧！这次我上来就学着他的口气，亲切地说："What's up!"他立刻站起来，给了我一个美国式的拥抱。我们用英语交流着，我说："祝贺你，我的朋友，你夺得了冠军！"他一改幽默的常态，异常严肃地对我说："我的朋友，你们的电话卡非常棒，它帮助我联系到了我的家人。也非常谢谢你的支持，它成了我的动力之一，让我夺得了冠军！"

奥运会是短暂的，但是对我来说却是特别的，我见证了一位奥运冠军的诞生。通过奥运会这个舞台，我不仅在工作能力上有了相当大的提高，而且在各国运动员面前展示了我个人、中国网通乃至中国人的风采。这将是我人生中一段难忘的经历。

（综合服务团队闫晨供稿）

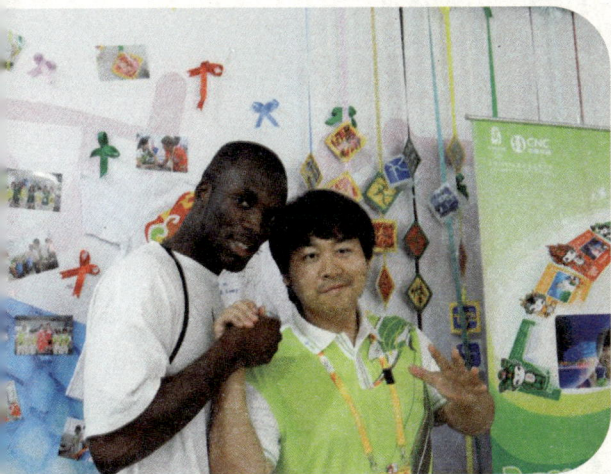

人生奇缘

☩ 绿色家园的财富

2008年8月29日，我目送完最后一位客人离去的背影，面对着朝夕相处了233天的同志们疲惫而热情的脸庞，正式听到了"绿色家园媒体村胜利闭村"的决定。此刻，我的心里有无数感动。回到办公会议桌前，墙上依然悬挂着绿色家园媒体村各种工作图表，它们曾是筹备工作心血和汗水的凝聚，也曾是赛时运行工作的指向标和晴雨表，而今静静与我相对，默默无语。桌上是村内艺术展示的创作者为告别而送来的一把纸扇，徐徐打开，一朵墨染的荷花赫然入目，那么洁净、那么素然、那么祥和、那么芬芳，一下把我的思绪拉回了8个月前——

2008年1月10日，那天，我被任命为奥运村（残奥村）运行团队副主任、绿色家园媒体村主任，拉开了绿色家园媒体村运行团队队伍组建的大幕，自此，绿色家园媒体村筹备工作全面启动，从此我开始踏上服务奥运的征程。

媒体村的故事：谁来为她做出评判？

曾有许多来访的媒体朋友问过我相同的问题：作为主任，如何评价绿色家园媒体村？我也多次思考过这问题的答案。奥运村（残奥村）运行团队杜德印主任讲过一句话："奥运会是没有教训可以总结的。"的确，作为中国第一代奥运村人，历史把机遇与光荣给予我们的同时，也对我们提出了责任和要求：我们的足迹只有一次前行之路，没有倒退和重新来过的机会。绿色家园媒体村作为奥运历史上最大的单体媒体村，虽然她坐落于中国的北京，但是她的村民是来自93个国家与地区、427家媒体机构的6000名记者，这些来自不同国家、讲不同语言、追求不同生活方式、秉持不同价值观念的人们才是绿色家园媒体村的主人，他们的评价，才是对中国媒体村的中肯评价。

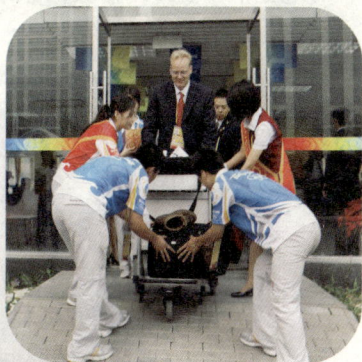

6000记者难忘之地

7月25日，绿色家园媒体村正式开村，从那天开始，我们更深刻地感到：祖国利益高于一切；我们明白：放大镜审视下的绿色家园媒体村，一草一木、一言一行，时时处处、点点滴滴都事关祖国的荣誉；我们理解：为了祖国的利益，个人的得失与牺牲又算得了什么？

　　36天864小时的运行，绿色家园媒体村得到了广泛
关注：共接待包括人民日报社、新华社、中央电视
台、法新社等40多家中外媒体机构的采访，包括俄罗
斯电视台、韩国SBS、法新社、人民日报社、新华社、
中央电视台等上百家中外媒体机构对绿色家园媒体村
进行了近200篇次的报道。共收到入住媒体记者包含表
扬信在内的表扬信息1747条，对各项服务给予出色和满
意评价的达到90%以上。美国记者Timhipps说："我去
过悉尼、雅典奥运会，北京远远超过前两届奥运会，
绿色家园媒体村是历史上最棒的。"加拿大记者Cheristie
James说："这是我住过的最好的媒体村。"法国记者
Jzcqwes Thesizult说："所有一切都很完美，我从来没有
见过如此美丽的媒体村。"德国记者Erik Kirschbam说：
"一切都是顶级的，我很喜欢在这里的居住，我非常
遗憾要离开这里。"巴西记者Dorrit Harazim说："我参
加了8次奥运会，我很高兴北京2008奥运会超越了以往
各届奥运会。友好、高效、优秀的工作条件，服务很
出色，祝贺你们。"加拿大记者Andre St Arnault的留言
是："我爱北京，因为你们，我爱中国。"美国记者
Margaret Mack抒情地写道："我爱北京2008年奥运会！
我爱中国人民！非常感谢你们。"从1972年开始报道奥
运会的德国资深记者Dieper Hennig，在感谢信中这样写
道："这是我7次参与奥运会报道经历中最棒的一次媒
体村体验。祝福北京2008，祝福中国。"真诚的赞扬，
由衷的敬意，正是这样，绿色家园媒体村村民用自己
的眼睛、自己的镜头、自己的言语、自己手中的笔，
记录和书写了这些永远流传的中国媒体村的故事。

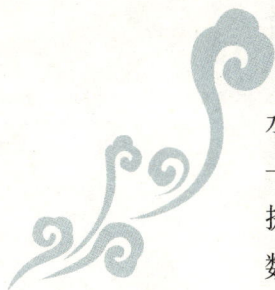

的确，媒体村的故事是朴实的：一把雨伞，一瓶水，一张剪纸；媒体村的故事是热情的：一张贺卡，一张笑脸，一句祝福；媒体村的故事是真诚的：一份提示，一次咨询，一场演出……正是无数的细节、无数的不起眼、无数的微不足道，成就了媒体村的故事，从这里向世界讲述了一个开放、发展、友善、真实的中国故事！

媒体村的记忆：这段足迹如何描述？

墙上图表的信息是那么清晰而明确，多少个夜晚，办公室的灯光映照下，一个个数据反复核实，一张张图表初次生成——的确，媒体村的故事是智慧凝结而成的，媒体村的故事是心血浇灌而成的，媒体村的故事是汗水挥洒而成的，媒体村的故事是无怨无悔、任劳任怨共同汇聚而就的，这段奉献的足迹、这段探索与开拓的足迹、这段跋涉的足迹该如何用文字来描述呢？

第一次读资料，绿色家园媒体村赛时要接待6000名媒体记者，任务如此艰巨。第一次看现场，没想到媒体村的摊子这么大！总占地面积1032公顷的绿色家园媒体村，建筑面积达63万平方米，呈"L"形的村子由南侧C区和北侧D区两部分组成，共有14栋塔楼和2栋板楼，仅功能用房就有395间，奥运期间村里的临时设施就有53项。看着到处都是土疙瘩的媒体村，想着200天左右的交付使用期，巨大压力油然而生。我反复思考：时间虽紧，任务虽重，但承办奥运是祖国和民族的百年梦想，我们是把梦想变为现实的人，一定要向党和人民交出优秀答卷。

于是，无数个"第一次"如同历史的慢镜头，在我的脑海中定格着绿色家园媒体村所踏过的足迹：1月18日，第一次工作人员见面会；1月24日，第一次主任办公会议；3月14日，第一次培训会议；4月9日，第一次小合成桌面演练；4月14日，第一次全体人员动员大会；6月14日，第一次"体验之旅"；7月11日，第一次综合测试……还有那无数的调整和布局：安保围栏由河中调整到沿岸布线，使媒体记者全方位享受水系景观；安保值班村内110、消防值班村内119、医疗值班村内120等电话设置，使媒体记者方便快捷地得到服务……正是这些无数的第一次和数不清的调整、调动和布局，见证了绿色家园媒体村人奉献的足迹，抒写了绿色家园媒体村人奋斗的篇章，筑就了绿色家园媒体村人坚忍不拔的品性与精神，想起这些，就情不自禁充满感动与骄傲。

197天的前期筹备，使杂草丛生、机器轰鸣的工地变成了鲜花锦簇、整洁秀美的小区，5层组织框架近9000人团队的组建、66万件物资的完整移入、5月9日媒体村通过最后工程验收到6月3日16栋公寓楼全部交付使用、十大保障体系的完善、几百个工作界面的明确、上万项维护任务的完成、51次的推演测试、2000人参加的体验之旅和综合测试、93个国家和地区、427家媒体机构6000名注册记者的平安入住、安全完成70万人次的安检交通服务、5大类15项的综合保障、赛时36天864小时的运行……这一串串数字见证着绿色家园媒体村人克服的重重困难，见证着他们团结一

致、全力以赴、艰苦奋斗、忘我拼搏的工作精神，见证着他们良好的工作状态和高昂的工作斗志。这就是绿色家园媒体村运行团队留给奥运历史的足迹，这一段足迹将成为我永远的人生记忆！

媒体村的财富：这段体验如何升华？

看着《绿色家园媒体村赛时流程表》的最后一行数字，想着渐去渐远的绿色家园媒体村的记忆，回首过去近8个月朝夕奋战的日日夜夜，面对熟悉而亲切的媒体村的花草树木，思考这一份已经初步完成上交的答卷，不知该如何去梳理这份难分难舍的奥运情结，不知该如何汇聚这难以言尽的付出与奉献，更不知如何去升华第一代奥运村人的智慧与足迹。快乐共同分享，收获一起感悟，媒体村的故事留下的是一笔宝贵的精神财富。

多元文化的定位、多维视角的理解，使绿色家园媒体村真正成为和谐共处的地球村。奥运会是世界性的体育盛典，也是一次全球性的文化盛会。绿色家园的工作必将在多元文化的背景下接受评判。因此从多元文化的高度和视角，审视绿色家园媒体村运行工作，才能确保媒体村工作得到来自不同国家和地区、具有不同文化背景媒体人员的一致认同。而这些绿色家园媒体村人思考了，探索了，也实现了。

自信心的树立、面对面的沟通，使绿色家园媒体村真正成为平等交流的温馨大家庭。奥运会是我们与国际社会，包括媒体的一次全方位、多层次的深度接触，无疑这是一次巨大的考验和挑战。媒体村的工作特点要求我们既是出色的服务员，又是优秀的宣传员，还应成为友善的民间外交家。我们深信：只要我们本着真诚和友善，并在此基础上搭建与媒体沟通、交流的平台和机制，6000名客人与近9000名主人就能够建立起平等、真诚、友善、和谐的工作生活关系，共享奥运的欢乐和热情，使媒体村真正成为一个国际大家庭。

研究媒体规律、更新服务理念，使绿色家园媒体村真正成为展示国际化、个性化服务标准的大舞台。 媒体是一个特殊的群体，有着自身的需求特点。这就需要我们，积极开展满足媒体特有需求的针对性服务。如媒体更为强调的是"我需要，你出现"的适度服务理念，于是我们减少了开门迎候、大厅服务等前台人员的数目，将大量工作转入后台，并增加了一系列特色自选动作。这就顺应了媒体人员的工作和生活特点，有效避免了服务的"过度"或"缺位"，因而获得了入住客人的一致认可和好评。

理解奥林匹克文化的真正内涵，使绿色家园媒体村成为讲述中国故事的桥梁和纽带。 媒体既是奥运百年发展的见证者、参与者，也是奥林匹克文化的宣传者、助推者和创造者。作为奥运的一部分，媒体村的工作在弘扬奥林匹克文化中发挥着重要作用，这是我们从运行团队成立之日起就形成的共识。为了讲好中国媒体村的故事，我们全体人员始终牢记"祖国利益高于一切"！

绿色家园媒体村运行工作现已圆满落下帷幕。圣火已熄，记忆难忘，大幕已落，感动仍在，时间渐远，但奋斗精神将永存。我们深信：这一段足迹，将永驻绿色家园的每寸土地；这一段生命，我们与奥运一同欢呼；这一段辉煌，我们与祖国共同荣耀。绿色家园媒体村运行期间发生的大大小小故事将伴随着6000入住媒体记者的记忆和评判而走向世界的各个角落，为北京奥运会的历史画卷书写上亮丽一笔。徐徐掩上纸扇，我的感动仍存心间，我的思绪仍在飞扬。我坚信：媒体村的故事仍会传诵，媒体村的足迹将永印心底，媒体村的财富将伴我一路前行。

　　　　　　　　　　（绿色家园媒体村赵津芳供稿）

媒体村夜班小记

　　我喜欢媒体村的夜晚——柔缓的夜风中，望着明月在天空绽放出明亮的微笑，一张张相视的面庞都露出了会心的笑容，微笑着的媒体村流动着温暖的气息。

　　作为技术部派来媒体工作间的媒体通信志愿者，我们有许多的机会与在media workroom工作的记者进行交流，而一个多月的志愿服务也给我留下了很多美丽的瞬间，其中最难忘的还是夜班的工作。它在我们的工作经历中增添了很多特别的回忆，无论是夜间工作的记者、紧张的夜间比赛，还是同班搭档的partner以及同时间值班的其他岗位工作人员，都给我带来了许多快乐和感动。

记者们

　　由于白天记者们大多奔赴场馆进行现场报道，晚间的媒体工作间反而显得更加热闹些：紧张了一天的记者们喜欢拿上一瓶啤酒来到media workroom，或是寻找朋友一同聊聊赛事，或是欣赏电视上的赛事回放，或是继续紧张地着手文字编辑。22点通常是媒体工作间的高峰期。而当时针指向午夜时刻，工作间的记者就会明显少了许多。凌晨还在工作的记者们一般有两种情况：一部分人带着夜宵来给自己打精神，截稿就准备回去休息；另一部分人已养足了精神，做好了通宵工作的准备。后者中不乏后半夜会趴在桌子上小憩一下或是干脆一觉到天亮的——也许是媒体工作间清爽舒适的环境会给他们带来好梦吧！

同事和赛事

与白班比起来，夜班常常显得很漫长并消耗体力，因此与一同值班的搭档的合作尤为重要。为了在值班室保持清醒，午夜后两个人需要轮流休息，大家总是把先休息的机会让给对方，而先去休息的人也常会早早地赶回，接替自己的伙伴。经过一夜的工作，早餐成了我们补充能量的重要环节。与休息同样，我们喜欢把先吃饭的机会让给对方。志愿者间相互的关心与默契，为夜班的工作添上了一笔最暖的色彩。

虽说奥运赛事多在日间举行，但夜晚的赛事也同样精彩无限，几场比较难忘的夜间比赛，包括中国巴西女排赛、跳水10米台决赛、百米飞人大战、体操单项赛等等，每逢焦点时刻，媒体工作间所有的人都会停下手头工作共同注视电视上的比赛，而百米飞人大战更是吸引了许多特意来看的记者，将电视围了几圈——短短的几秒钟竟能汇聚如此之多的关注目光，这就是奥林匹克运动的魅力吧！

难忘瞬间

最感动的瞬间：因为帮忙修电脑，我们和一位菲律宾记者熟悉起来。这天午夜，这位老爷爷离开工作间时和我们微笑着告别，而一早6点多勤奋的他又回来工作，发现还是我们两个人在helpdesk值班。他打招呼时显得很惊讶，"Morning! You are still here? All night?" 我们笑着点了点头。过了一会儿老爷爷去买早点，回来时带着两个奶酪蛋糕对我们说："These are for you, please, take it! You work so hard!" 看着老爷爷认真而和蔼的面庞，一股暖流在我们的心中回荡开来。

最意外的瞬间：一只手掌大的蛾子在凌晨3点多突然闯入media workroom，似乎是屋里凉爽的温度让它格外满意，竟不顾正在工作的诸位记者而大摇大摆地随意飞行，已经有些疲倦的记者显然是被这只大型号的虫子吓了一跳，有的为了躲避而离开座位，有的用手边的一沓资料试着驱赶虫子……而同样害怕虫子的我们急忙到外面请来援兵，把大虫子抓住放飞到了外面。这只意外来客在工作间引起了一阵小小的惊动，大家对这小插曲还是一笑付之。

最快乐的瞬间：在志愿服务工作中我首先懂得了微笑是各个国家之间都通用的语言，每当有记者走进媒体工作间，我们都会抬头送去微笑，而记者们也会礼貌地回以笑容和问候，让工作间里充满温暖。一次一位加拿大记者在离开时对我们笑了笑，我们也笑着回应，"Bye! Good day!"本来要出门的他似乎想起什么，走到我们的helpdesk前，问道，"Do people usually smile to you?"

"Yes, we get a lot of smile every day."

"Wow, your smile are beautiful you know, thank you for helping us!"

听到对我们的称赞，那一刻我们感到了发自内心的快乐！

———— 不畏烦难 ————

最着急的瞬间：一位阿拉伯世界来的记者朋友只会简单的英语，他希望使用传真机传送十几页紧急文件。由于对方接收信号不是很稳定，一次性的十几页发送总是显示失败。这位朋友显得很着急，有些不耐烦地对我们说着听不懂的语言。我一面试着用简单的英语安慰他，一面采取一次一页的方式进行发送，每成功一页就拿着这张文件对他比画着说："It's good!"他明白了我的意思。把文件全部发送成功后，他竖起了大拇指，笑着说："Good, good!"

志愿服务感言

一个多月的志愿服务时光很快过去，还有许许多多难忘的瞬间镶嵌在我们的记忆里。美丽的绿色家园媒体村已经成了我们共同的家。我们每天会送出许多微笑与祝福，同时又收获着很多的快乐与感动，共同绘出了我们充实而多彩的志愿服务画卷。

我很荣幸能成为奥运志愿者大家庭的一员，而在媒体村的日日夜夜，也渐渐铸成了一种难以割舍的情怀。无论在学校还是在村里，我都会自觉地随时补充岗位知识；从起初觉得12个小时值班有些漫长，到后来很珍惜在岗的每一分钟；从初到媒体工作间的陌生感觉，到后来像呵护家一样打理这里的一切；从对媒体记者感到颇有距离，到后来与大家像朋友一样每天微笑问候……通过交流我们了解到，来自五湖四海的记者朋友们在慢慢了解北京，学习中国文化，有些人已经迷上了博大精深的中国艺术。谈到我们的运行服务，记者们总会微笑着竖起大拇指，许多人喜欢上了热情的Chinese friend；而说到这次奥运盛事，记者们会赞叹赛事的成功、享受比赛的精彩……听到这些声音，作为一名大学生志愿者我深深地感到了自豪，为了我们的共同努力，也是为了大家团结奉献的志愿者精神！

　　夜已深，夜幕下的媒体村像是进入了美丽而温馨的梦境。媒体工作间外，还有许许多多的岗位在通宵值班。淡淡的夜色中皓月当空，银色的月光让绿色家园多了一层不同的色彩。这是一抹祝福的色彩，我们祝福媒体村大家庭，祝福每一位在这里生活和工作过的媒体朋友，祝福这一段奥运会志愿服务的难忘时光！

（绿色家园媒体村宁静供稿）

66天在汇园

在2008年夏花绚烂的季节，因为奥运，我们对外经济贸易大学住宿服务团队的全体师生，与北京奥运会的两大媒体村之一的汇园公寓，结下了情缘。

从年初3月的报名、面试、体检，到正式成为媒体村团队的一员；从4月的理论培训到6月的入村实操，再到7月之后的统一住宿、实战演练、上岗倒班……我们从陌生走向熟悉，从熟悉走向亲密，我们就像是一个大家庭一样，老师关心着学生，哥哥照顾着弟弟，姐姐疼爱着妹妹，在相互鼓励和扶助中一路走过。在一个短短的夏天，收获着215名师生的苦乐、辛酸和成长。一种欣慰、感激之情荡漾在我们心中，也时刻鞭策着我们，坚持！再坚持！我们做了什么？我们还能为这些媒体记者做些什么？我们还能为汇园公寓媒体村做点什么？

大部分同学都要负责打扫客房。说实话，有时候，真的很累！每天伴着晨曦出门，披着星月回家；每天数十次地抖动床单、清洁马桶；每天上百次地进房敲门；每天几百次地接听问讯电话；每天十几个人挤在狭小的工作间里，相互偎依着打个小盹……擦不干净的污渍，我们就跪在地上，用手指一个个抠，满手都是划伤的口子，满手都是打起的血泡。

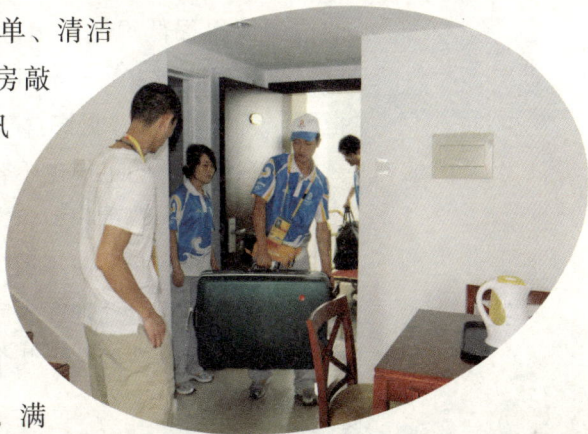

服务到家

　　真的如好多人所说，我们的工作是平凡的，我们永远在幕后，甚至连给客人展示微笑、展示热情的机会都没有，从来不会有客人看到我们工作的情况。我们永远做最基础琐碎的活儿，不会有太多人留意面盆旁是否有水迹、地毯上是否有灰尘。我们永远没有时间去看看比赛、没有精力去练练口语……但是每当客人满意离去，经理赞许地点点头，参观者夸奖一两句，我们都会非常自豪，我们为自己做的工作骄傲！我们无怨无悔！

　　因为我们明白，百年奥运的分量太重太重；因为我们明白，百年奥运承载着13亿中国人不容辜负的祈盼；因为我们明白，为了奥运，有太多人做出了远比我们多千万倍的牺牲；因为我们明白，能参与奥运，我们已经是太幸运的人……所以，在面对个人得失之时，我们可以把自身所得看得很淡；所以，在面对困难与委屈之时，我们可以把自己看得微不足道；所以，在面对周围的每一个人的时候，我们可以把自己的位置放得很低很低，永远是一种谦虚的姿态；所以，在任何时候，我们都可以笑对一切的劳苦，擦一把汗，继续弯下腰，做好自己的工作。

　　而前台同学的工作也不容易。除了一次次地奔波于各层客房间去熟悉户型，一次次拿着消防电话、灭火器冲到报警房间去演练消防直击、跑位，还要一直站在前台去迎宾，处理客人问讯，见到客人露出一次次微笑，标准的站姿站上几个小时。其实，这些倒是最平常的。

　　时间飞逝，随着2008年北京奥运会闭幕式的帷幕缓缓落下，村中的媒体记者纷纷离村退房，这一切仿佛在

有意无意提醒着我们，到了与汇园公寓媒体村挥手告别的时刻。60多个日日夜夜，一幕幕鲜活的工作或生活的画面，脑海中常常闪现。那种淡淡的忧愁、心中的不舍与满满的收获交织在一起，却是我们最真切的感受。面对空空的客房，面对记者离去的背影，我们心里竟升起了莫名的失落。无论是那个微笑着教我们希腊语的年轻人，还是那个在签到的第二天就匆匆询问哪里可以买到鲜花的美国男孩，又或者是那个仅仅懂一点英文只能用手语请求我们帮他开门的日本大叔……他们的一言一笑，都让我们感到十分亲切友善。我们虽未真正相识，却是熟悉的陌生人。微笑与友谊已经将我们的心紧紧地联结在了一起！

　　走之前，他们在留言桌上写下了一句句道谢和祝福。还记得上面有一句话是"feeling of home"，当看到如此的字句时，我们心中涌起的是一阵深深的感动——我们用自己的付出感动着客人，同时也在感动着我们自己。在服务奥运的这段经历中，尽管有苦有累，但是我们收获的是一次次震撼心灵的感动，收获的是一段段美好的回忆。中华梦圆，中国用十几天的时间回报了世界的信任，给奥林匹克交出了一份满意的答卷。我们也用两个月的时间让世界记住了奥运，记住了北京，记住了汇园公寓媒体村。

　　现在回过头来看看，从一开始报名时莫名的期待，到后来培训时的泪水、汗水，再到逐渐适应、习惯并在岗位上出色地工作，在此过程中，也曾有过抱怨，有过动摇。但想到之前自己的付出、努力，想到一种志愿为奥运服务的心情与冲劲，一切都走了过来。奥运的圣火已经熄灭，这段工作即将画上圆满的句号。过去的点点滴滴仍然历历在目：苦过，累过，笑过，我们已然走过；感动，感激，感谢，媒体村的这段经历永世珍藏。

我们收获的不仅是一次工作的机会，更收获了一份珍贵的友谊。从团队的组建开始，就结识了许多新的朋友，与同学们逐渐熟悉起来是通过一次次的集体培训与活动。在进村后的工作中，与同伴们的友谊变得更加紧密。一起上下班，一起值班站岗，一句句的问候，一次次的帮助，体贴与温馨感动了每一个人。当然，更要感谢老师、楼长、领班还有媒体村的老员工们，是他们的关心呵护、细致照顾让我们的工作岗位充满温馨、友谊。短短两个月在漫漫人生路上是多么的微不足道，但是这两个月却是值得我们珍藏的，让时光将这美丽的记忆酿成甘甜的美酒，多年后开启，醇香依旧。记忆变成了过滤器，把所有美好的回忆留下，沉淀过后，饮之醉人。

从2008年6月25日到8月28日，一共是66天。这是一条承载着光荣与梦想的路，对外经济贸易大学的215名师生一起，伸出双手，捧着自己的梦，和着汗水与泪水，走在服务奥运会汇园公寓媒体村的路上。我们一路同行，传递着友谊，不知疲倦。进村以前，我们枕戈待旦；进村以后，我们向媒体记者递出了一张张北京奥运的名片。这名片里，有我们大家的灿烂微笑。当记者们的一张张照片，一段段视频呈现在世人面前的时候，当世人通过记者的文字读出一届成功奥运会的时候，我们知道，我们工作的价值已经得到实现。

2008年的夏天，因奥运而注定不平凡；2008年的我们，因奥运而如夏花般绚烂！

（汇园公寓媒体村供稿）

亲历其盛，不亦快哉

一

今为公元二○○八年七月二十五日。余昨日正班执勤，宿于村内，午夜方寝。今早即起，同事约出西公建，以沐朝阳。甫出，即觉热浪滚滚，又一"桑拿天"矣。今日副班执勤，亦不得松懈。闻知陈君亲视村务，或听外间有万人宿帐以求一票者，圣火传国，即入神京。

越明日，即开村。届时万国（地）于升旗广场奏曲展帜，维持秩序即余之职守。恐事有突发，于广场南坡外安保围栏处设两门，以备不虞。昨日下发锁钥，今日即亲往一试。二钥一铭"金象"，适于东门；一铭"精准"，适于西门。余启"金象"门，小路蜿蜒起伏，行十余米即入广场。广场中心形饰与前有异，圆形舞台已不复见，新建一门楼，饶有中华之风，平阶西延，覆以红毡，颇似西洋T台。穿广场北行即商业街，店铺鳞次栉比，或售物、或美容、或交易饰品、或教授汉语，尚未开业。商业街之北为媒体访客中心，因勤务调整，余部于此中心内得一备勤处，虽窄小逼仄，然气爽神清，不觉室外之炎炎烈日。月初演练升旗，余侍立在侧，汗浸衣衫，肌肤毕见，但不敢稍有懈怠。今得一暂息之所，为余部之福矣。出访客中心南行，复穿行广场，由"精准"门出，闭之，回西公建。

奥运之会，百年一遇。总队特立新法，命日录所感，余今日所记为其一矣。

职司安保，侍卫英贤

二

今为公元二〇〇八年七月二十九日。奥运启幕盛典，友人叶君嘱予制文以记之。

夫奥运之会，肇源泰西之希腊，秉和平之意旨，弘体育之精神，绵延千载，神迹犹存，止争灭战，城邦繁盛，于今想望流连。基督教起，独步西洋，奥林匹亚遂成遗墟。近世法兰西男爵顾拜旦者，再启奥运，尝致书清廷，共襄盛举，奈何岁在甲午，忧在东瀛，遑论西洋之邀？光绪季年，名士张伯苓氏布问天下，奥运盛会聚盟神州当何时欤？后国人三入赛会，均退以白身，徒为世人窃笑吾邦无人也。

新中国体育勃兴，正国人欲伸其志于天下也，岂意台蒋窃我神州之位，敌邦阴纵"两国"之谋。中华志在一统，义不容间，遂几与世绝二十余年矣。及邓公复出，国行正脉，新治渐开，中华神州正位于世，五星圣纛拨雾见天。首战于洛杉矶，夙愿得伸；复战于汉城，稍逊其志；再战于巴塞罗那，多有斩获；及至雅典，已名列三甲，无让他人矣。

遥想当年，京师亚运礼成，方拟展及奥运，宾延天下。惜落败悉尼，然志犹未已。龙年千禧，再申衷绪。唯公元二〇〇一年七月十三日，萨翁亲莅盟会，口敕神京。顷者九州震动，在在鼎沸，耆老涕泗，少壮横行，皆曰不图今日得见中华之兴也。受命以来，尽心竭力，奇招迭出，妙想频仍。会徽图以印篆，神京起舞。吉偶名以福娃，五体相连。新建主场，雅称鸟巢，银丝蒙覆，内嵌赤瑛，初觉潦草简易，实则内蕴精巧，盖神工耳。迄今万事俱备，只待启幕盛典。

余职司安保，侍卫英贤，不得亲睹盛典，驽钝才浅，愚昧识薄，更难逆料其势。必有元首司礼，万国环入，神州健儿其殿后耳。歌动众神，舞惊群仙，雷音震地，烟霞经天，神京不夜，亿万难眠，何其盛欤。年初伊始，迭遭大难，冰雪肆虐，震魔猖獗，赖上下一心，众庶用命，天佑圣眷，可以万国聚盟相酬。吁戏，答张氏之问，竟用百年。余欣逢治世，亲历其盛，不亦快哉。惟愿佳绩层出，民殷国富，中华一统，天下乂安。

（安保团队甄宇供稿）

⊹ 心与2008共舞

　　每天晚上8点，我们团队的每个成员都像迎接一次期待已久但准备充分的大考一样，有些紧张、忐忑，也有些兴奋。当夜色中的舞台灯光亮起的那一刻，我们所有人就开始了一次历时90分钟的考试。而为这张考卷给出评分的，只有响彻升旗广场的欢呼和掌声。

　　从2008年7月27日奥运村开村到奥运会闭幕，从残奥会开村一直到9月16日残奥会闭幕的前一天，整整40场精彩纷呈的文艺演出在升旗广场举行，从入夏到仲秋，奥运村（残奥村）文化活动和媒体工作团队将近200个工作人员，度过了人生当中一段最难忘的激情时光。

泪水伴笑颜

　　7月31日，阴有阵雨转多云，最高温度32摄氏度。

　　为了在升旗广场完成一次完美的演出，世界闻名的中国残疾人艺术团推掉了很多重要的邀约，于下午3点赶到了奥运村（残奥村）。此时，距离演出正式开始还有5个小时。

　　百分之二百的重视，百分之二百的投入，是每一个参加村中文艺演出的演员们共同的状态。推掉回报丰厚的商业演出，推掉广告合约，许多声名卓著的艺术家和演员争着来村中演出，哪怕一场也好。为了准备这场重要的演出，中国残疾人艺术团的演职人员一到现场，就组成团队活动身体，准备彩排。

　　下午4点，几粒细微的雨滴落在地上，让大家担心的事情终于发生了，天气预报说阴雨转

多云，这雨终于下了。雨从小到大，从淅淅沥沥终于到倾盆而下。大家心里火烧火燎，盼着雨能够早点停。当有人询问当晚的演出是否会因雨取消的时候，残疾人艺术团的演员们说："只要有一个观众，哪怕天上下刀子，我们也照演不误！"

几乎是在所有人的默默祷念中，雨下了一个多小时之后终于停了，残疾人艺术团的成员们立刻开始清理舞台。之后，演员们开始为晚上的演出走台。他们的认真甚至较真儿，让所有现场工作人员和先期到场的观众啧啧赞叹。

晚上8点，演出正式开始。残疾人艺术家们的精彩表演赢得了包括在场的各国运动员、教练员和工作人员一次又一次热烈的掌声。不想演了3个节目之后，雨又下起来，演出被迫停止。但是，观众没有离去，演员没有想到停演，所有的人都站在那里，所有的人都望着舞台，他们等着雨停下来的一刻。

雨停了，演出继续，当天演出的最经典的节目是《千手观音》。表演刚刚开始，雨又下了起来，表演被迫中断，工作人员和演员们赶紧冒雨把演出设备覆盖好。雨稍稍小点，演员们又上台再演。就这样，演出一次次被大雨打断，又一次次重新开始，台下所有观众都被中国残疾人艺术家们的精彩表演震撼，更被他们的敬业精神和心向奥运的赤诚所深深感动，许多观众热泪盈眶。

曾经在40多个国家和地区演出的中国残疾人艺术团第一次在雨中完成了完美的表演，雨水和泪水交织在一起，台上的手和台下的手握在一起。在雨中，千手观音更加慈祥静穆；在雨中，那双双张开的手臂仿佛在召唤着生命的洗礼，光芒四射；在雨中，超越时空的爱绽放出感人的异彩；在雨中，奉献的温暖呵护着每个人的心灵。

天涯共此时

节日快乐！——一声问候让所有残奥村中的人一生难忘，难忘那个在残奥村升旗广场度过的中秋之夜，歌声美，舞翩跹，皎洁的月光辉映着上千张欢乐的笑脸。

9月14日，一场名为"花好月圆"的中秋晚会在残奥村升旗广场举行。因为早就听说有这样一台晚会，不到7点升旗广场就坐满了人。等到演出正式开始时，整个广场已是水泄不通了。

说是特色晚会，其"特色"就在于浓郁的中国风味。从锣鼓到中国龙，从蒙古族顶碗到佤族舞蹈，每一个中国演员的节目都充满中国元素，让外国运动员们大开眼界。同时，晚会也是各国运动员共享的一次大party，乌干达运动员上台献出的非洲舞蹈，让中国观众连连叫好。

国际残奥委会主席菲利普·克雷文，在陈至立村长陪同下来到演出现场。克雷文先生也加入到演出的互动环节中，当他高兴地接过著名魔术师秦鸣晓、姚金芬变出来的中国传统的五仁月饼时，马上吃了一口，连说："中国月饼好吃，中国魔术不错！"

月饼、月亮、月兔，中秋元素荡漾在残奥村的舞台之上，增添了无限喜庆。这一刻，在明月的见证下，台上台下同享人性之美、天地之

爱。这一刻，在明月的见证下，来自中国的演职人员和来自世界各地参加北京残奥会的朋友们的心贴得更近了。

圆月高悬，将近深夜。我们拖着疲惫的身体踏着月色回家。每个人都知道，回到家也不能和亲人说上一句话，因为时间太晚，家人已然入睡。大家已有太久没和家人吃过一顿晚餐，这个中秋又没能和亲人一起

风情万种的中国元素

度过，只能等待来年。但是，团队的每个人依然感到幸福和满足——天上的圆月作证，这个中秋我们把太多的快乐送给了更多的朋友，一些遗憾和伤感也随之烟消云散。

挥手别奥运

话题要从8月23日奥运村文艺演出的最后一场谈起。

当舞台上响起那首熟悉的歌曲《难忘今宵》时，在观众有节奏的掌声中，现场演职人员不约而同地唱起来："告别今宵告别今宵，无论新友与故交。明年春来再相邀，青山在，人未老，人未老。"泪水情不自禁地流下，人们相互拥抱，这仿佛一个深情而盛大的仪式。工作人员被日光晒得黝黑的脸上挂着泪花，绽放出欣慰的笑容。往日的辛劳，融进了这泪花和笑容之中。

我们永远记得，北京最炎热的日子里，每天的演出和排练，如果只用一个字来概括的话，那就是"累"，虽然这个字从来没有出现在演出团队任何一个人的语言中。无论是灯光、舞美、道具、视频，还是导演、演员，将近两个月的时间里，他们来村中，每天都要从停车场走两公里的路到达演出地点。大家搬运道具、清理现场、引导观众，这个团队中的每个人都身兼数职。

泪光与微笑中，演职人员也许会想起当初升旗广场还是一片黄土地时的往事，想起无数次研究演出方案直至凌晨，想起每天在烈日下一次又一次的彩排，想起从炎炎酷暑走到金色秋天的每一次雨、每一阵风和每一种感动。

在村中主持了一半以上场次演出的北京电视台主持人孔洁说："无论是酷暑还是雨天，在这里付出的有汗水和辛劳，但收获更多的是满心的喜悦。因为在这里所有参与演出的演职人员是在用全部的心去奉献一次次的演出，也是在用全部的心去收获来自世界的朋友的热情的掌声。"

残奥会闭幕前一天，是残奥村升旗广场演出的最后一场，导演组带着如许的留恋和感慨写下了这样的导演日记——

今天，是40场演出最后一场。以后，也许再不会有这样的没日没夜，也许这样的相聚真的是最后一次。很长时间，这熟悉的村子就是我们的家，是我们每天待得最久的地方。我们在一起的时间比和家人、爱人还要长。我们在这里为了一个目标工作。我们流过汗、流过泪。我们淋过很大的雨，还让太阳晒得很黑。为了奥运会，为了残奥会，为了我们第一次举办要最圆满、最精彩，我们付出了最大、最多的努力。我们就这样告别了那段燃烧着激情，忘了自己还会劳累、还会生病、还会痛苦的日子吗？再见，难说；难说，再见。

从村中的小舞台到奥林匹克的大舞台，从赛场上的"更快、更高、更强"到艺术上的至善至美，从海纳百川的北京到世界四海一家的理想，2008年最美的季节里，北京奥运村升旗广场的舞台上永远飘荡着的是被五环辉映的真情之旗，飞扬着的是来自中国对世界的挚爱与感动。

（文化活动和媒体工作团队供稿）

成竹在胸

正部级的村主任
—— 记我们的村干部老杜

　　如果一个"头儿"，在他任务完成、机构撤销，其部属也随之奔赴各自新岗位之后，可人们凑到一块儿，还老在念叨着他的"好"，那这个"头儿"可就是真正的好了。

　　我们运行团队的杜主任——常务副村长杜德印同志，就是这样一个"头儿"。村里人常常不以"主任"、"副村长"为意，直呼"老杜"，他照样笑眯眯地答应。

　　出版社的编辑好生奇怪：怎么这么多稿子差不多篇篇都提到老杜、杜主任？——不过，怕显得重复，有的可得删掉啊……

那就删吧。反正我们心里有底，杜主任干了那么多活儿，就是删他个十件二十件的，保证瞧不出来！

老杜，北京市人大常委会主任，正部级干部，市委书记刘淇同志钦点大将。2008年1月10号，我们奥运村运行团队正式成立那天上任，一直干到9月21日，团队解散。当时，刘淇同志指示：快，尽快打开局面！

怎么快？在我们眼里，那时村里还真是百事待举，从哪儿下手？且看老杜如何调兵遣将、摆局布阵。他只提了两点：一是"要用机器，不能单用零件！"这当然是指我们这个团队的运作必须与市政府的体制相衔接，从而用上政府的职能与资源；二是"人找人"，最大限度地放手。在北京摸爬滚打几十年的老杜自然心里有本账，他只点了14个部门的正主任，其他一概不管。这14位可都是政府各职能部门响当当的专家级干将、一线岗位的局长副局长，比如管旅游的梅蕴新，管酒店的于德斌，管商业的李顺利，管交通的丁保生，管安全的高煜……用杜主任的话说，"各个都是恨活儿的人（指有责任感）、拿活儿的人（指有能力）、不瞅（音qiu）鞭的人（指'不用扬鞭自奋蹄'）"，由他们去"人找人"自然会找最能干的、最肯干的，再说村里的任务这么重这么急，谁会只为任人唯亲净找些个笨人、懒人来给自己添乱？于是，老杜只管这14路诸侯报来名单就签字，好不潇洒！

一个多月，人都"变"出来了，而且每个人都能够各把一口，各负其责，为村子赢得世界赞誉立下汗马功劳。至于后来任命邓亚萍当新闻发言人等等，更是老杜的高招儿。吴京汨部长至今赞叹：杜主任能把奥组委的、市政府的，还有社会招聘的两万七千多人捏到一块儿干活儿，真不容易！他还说，刚开始我也不知道政府部门参与进来会是什么情况，很怕前期工作都被推翻。可杜主任几次跟我说，"你们做了很好的工作，打下了很好的基础"，又把好几项重任交给了我，这让我非常感动，我只有更努力地去干……由此，我们都见识了杜主任的知人善任、举重若轻，见识了他的胸怀与包容。

7月3日到4日，组织2000多人进村，对村里全部设施功能和各类服务进行大测试。人多，发现问题就多，真是方方面面、层出不穷，有人编了顺口溜："交通基本靠走，通讯基本靠吼，安保基本靠狗，厕所基本没有……"想到奥运将至，胡子眉毛的却缠成了团儿，急得一个部门负责人直掉眼泪，另一部门负责人甚至说：抽自己嘴巴的心都有！

人人都这么辛苦，干了这么多日子，这是为什么？

照例，工作餐就是工作会，老杜边吃边讲了"三个一"。他说，首先要明确"一个概念"——今天充分发现了问题和差距，说明这次活动已经取得圆满成功；然后讲了"一个故事"——自己小时学习极好，考试几乎全是100分，但这些全忘了，只有小学五年级一次考试错把"裹"字写成"衷"，得了98分，于是这两个字至今不忘，这说明人对错误的记忆最深；最后说了"一个词儿"——"着急"，光着急没用，得把

这两个字倒过来，变成"急着（音zhuo）"，就是赶紧抓紧，解决落实，不就什么事儿都没了吗？——一句批评没有，真是"每临大事有静气"！可这一桌子骨干谁不明白，这不就是在给我们上挫折教育课吗？

很快，大家达成共识，主要是设计与实用相脱节。比如：运动员大餐厅原设计为中央空调，且以北京近年8月份平均气温33.8度为基准，并未采用"极限高温"数据，要求室内达到国内节能标准26度即可，而国际惯例是22至23度。老杜说：咱们得顾及老外的生活习惯，如果奥运村按国内标准，运动员吃饭的时候各个汗流浃背，他们怎么受得了？再说，要是一连多日35度以上怎么办？北京这两年夏天可常有几天是四十二三度啊，那我们再好的饭菜和服务也没用啦！于是马上请专家论证，随即拍板：增装85台柜式空调。果然，后来赛事正酣时老天爷也热得可以，这85台空调全部投入使用有时还略显紧张，但大餐厅基本还是凉丝丝的，并未因此而出现任何投诉。

诸如此类，根据各部门所提，杜主任一一果断处理：立即调整村内交通线路，增加设施运力，使出行更加方便；立即重做景观设计，增植多种植物，使环境更加绿色温馨；立即给洗衣房搬家，增扩工作面积，也使居住区更加安静……真是大刀阔斧，毫不含糊！一系列有力措施，确保开村前解决了大测试发现的全部问题。活儿都干完了，老杜一笑，说这叫"胸宽事小，眼高坎低"。新闻官邓亚萍则说：这一连串决策真是太正确了！杜主任这样做，是为运动员着想，也是对国际惯例的尊重……由此，我们又都看到了杜主任掌控全局的魄力，看到了他指挥团队直面困难、走出困境的大将气度。

中国人民大学。志愿者动员大会。

杜主任讲话：50年代有个电影，叫《我们村里的年轻人》，今天，我欢迎你们成为"我们村里的年轻人"！讲三个故事，全是咱们志愿者参加7月4号全村大测试的事——第一个，有个志愿者，态度很好，却一问三不知；第二个，有个举牌子做引导的，把牌子举到头顶上，成了遮阳伞；第三个，有11个参加测试的人员口渴，两个志愿者费了好大劲只找到11瓶矿泉水，全给了这些客人，自己汗流浃背，却一口没喝。这说明什么？说明我们志愿者既需要有激情，更要有责任感，还要有技能。好，我就讲这些。

——从头到尾，不到5分钟。而事后不少志愿者说：这话虽短，但对我们触动很大，其实，杜主任不仅在教我们做事，还在教我们做人……这无疑大大促进了志愿者队伍建设。实践证明，这些"80后"不仅尽职尽责，非常出色地完成了任务，不少还以自己优异的表现深深感动了外国代表团成员，不仅被当成团里的一分子，离别时依依难舍，有的还能化解偏见、消弭隐忧，甚至使个别代表团"带敌意而来，怀友谊而去"……一位埃及国际奥委会委员至今赞叹：从来没见过这么好的志愿者，我们得到了像是在家里一样的温暖，你们的志愿者真是太棒了！——而我们知道，这世界级赞誉的得来，谈何容易！

7月27日，奥运村开村。26日下午，全村誓师大会。

杜主任讲话："大家辛苦啦！"开头第一句就招来台下一片眼泪哗哗。这是怎么了？从大测试到此时，满打满算不过3周，可这3周，干得实在是太苦了。为了尽快解决大测试发现的所有问题，大家干得比前6个月还苦，说是"没白没黑地干"，说是"玩儿命地干"，绝对不掺假。老杜就是这样，总能把话说到人们心坎上，引起强烈共鸣。紧接着他提了一个概念：我们是中国第一代奥运村人！——可不是吗？这又引起了大家的自豪。然后他一个部门一个部门地表扬。还是那样胸有成竹，还是那样情真意切，只讲"相信……"没提一句要求，更没说一句套话，可讲得人人干劲倍增。

团队常开的是两套会——主任会和专题会，前者解决重要问题，后者处理专项问题。老杜却总是笑呵呵地说："多干活儿，少开会，常在一块儿吃顿饭（指工作餐）！"这样的饭，其实全是用来交流工作，很多问题都是在饭桌上就处理了，既节省了时间，气氛还很融洽。每到这时候，老杜的俏皮话儿可多了，村里好多人都能学上两句，什么"大伯子背兄弟媳妇，费力不讨好"，说的是对外国运动员不要过度服务；什么"鞋子好不好，只有自己的脚知道"，说的是要以客户需求为中心，一套一套的。大家都爱听他说话，累极了，受委屈了，更爱跟他聊聊。而他总是听你尽情倾诉，然后让你笑着离开，我们老杜就有这个本事。想想吧，每天会有多少矛盾集中到他那儿，可再大的矛盾也就到他这儿为止。老杜说：我知道，好多人的工作是汗水加泪水，不用评比，我敢说这村里

"人人皆先进，个个都优秀"，有什么委屈跟我说，我当大家的倾诉对象……

我们不止一次听他说过：这么大个队伍，怎么带？我相信大家对奥运的真情，每个人都真心想把奥运办好，我更相信大家对民族、对国家的大义；我的工作就是充分保护和调动，而不是伤害这份真情和大义……由此，我们又都理解了杜主任的平易、亲切与风趣，理解了一个真正能够在一线拼杀、带兵打仗的人的责任、使命与大爱。

如何处理敏感问题？如何应对可能出现的突发事件？更是十分棘手。比如，发现个别外国运动员带进了一些政治性标语，大家都为之担忧，不禁议论纷纷，有的说该这么办，又有的说该那么办。到底该怎么办？其实所有人都在看着杜主任。想不到老杜淡淡一笑，说：咱们什么都甭干。不是有《奥林匹克宪章》嘛，就请国际奥委会按照规矩办！

果然，在各国代表团团长例会上，由国际奥委会官员郑重重申了相关规定，之后，在整个奥运会、残奥会期间，那些标语竟无一条在村里打出来——看来谁都知道厉害，要是真打出来，那是要取消参赛资格驱逐出村的啊！老杜依然淡淡一笑：这就叫"无为而治"！……当然，还有咱们的工作呢！我相信，咱们那么多工作人员、志愿者，那么出色的工作和真情实意，绝对会感动他们，能够化解这些人心里那点儿敌对情绪，你们说是不是……

这话绝对正确。我们的副主任周晓柏曾认真总结

道："我觉得杜主任一是站得高，二是抓得准，什么事也没出他所料。他的思路还总是与众不同，总能在关键时候把我们的观念调整过来。"还真是这样。老杜虽说长期在政府部门做行政工作，但他对国际政治也很有研究，处理相关问题很是得当。工作中，我们常常会感到他对政策的把握，对人的心理，乃至文学艺术、民风民俗等方面的融会贯通，感到他处理问题的大气与大智慧。更为难能可贵的是，即便如此，老杜仍是一颗平常心，总能从普通民众利益的角度考虑问题，这样的例子太多了。程凯副村长曾说：杜主任实在是位"本色领导"……由此，我们又都感悟了杜主任的智者之风，感悟了他的大家风范。

好多人都说：跟着杜主任干活儿，多苦多累都值！

交通总管丁保生累病了，老杜多次询问，派人看望。

负责开闭幕式大集结的警官王骐忙得顾不上吃饭，老杜心疼，虽说自己也是忙到很晚才吃饭，还要嘱咐我们："一定得把王骐叫上！"然后便吃边谈工作，直到看着他吃完。

有时，我们办公室的小伙子都累透了，什么也不想干了，老杜偶尔走过，道一句"辛苦！"人们立马精神起来，因为谁的名字他都叫得出，他甚至关心到晚上的熬夜加班：这些孩子几点回家的？怎么回去的？……

风趣的老杜还在会上说过：你们大胆地干吧，出了什么问题我来承担。充其量把我的市人大常委会主任免了，还得保留一个括号（正部级）。但有一件事你们可得严格把关——我的车进村，一定要认认真真地安检，要是这车把问题带进村，那可连这个括号也留不下了！

——有情、有义、有担当，这就叫人格魅力！

最难忘的是，闭村前，老杜嘱咐我们一定做好6件事，称为"六个一"：给每人发一份在奥运村工作过的证书，给每人发一个留住奥运村标志性景点的纪念邮册，给每个部门团队发一个为奥运做过贡献的纪念牌；然后开一个纪念会，再请从未进过运动员餐厅的工作人员在那里吃上一顿饭，最后出一本名为《北京奥运村纪事》的书。

9月20日，闭村纪念会上，杜主任平实质朴又饱含深情的讲话，引得全场一片唏嘘。最后，他把《为了谁》的歌词稍加改动用作结尾："疲劳写满你的裤腿，汗水湿透你的衣背。我知道你是谁，我更知道你为了谁。你最累，你最美。谢谢你，我的乡亲，我的战友，我的兄弟姐妹。"这些话句句子砸在全村人心上，又让多少人泣不成声……

曲终人散，但我们散得有情有义。经历过"非典"的杜主任，指挥过千军万马，早已练就得喜怒不形于色，而此时，他的泪水夺眶而出……

来自市政府的同事们说，"非典"时候，身为市委副书记的老杜主动请缨，负责社会防控，组织、指挥了社区防控、隔离人民医院、70万建筑民工防护等著名战役，整整56天没有回过一次家……老杜说："那是在和平年代，第一次感到自己的工作和老百姓的生命联系在一起，做得好就能少死人……"

如今，整整5年过去，杜主任又站在了北京市最需要的岗位上，带领我们整个团队，克服重重困难，共同创造了一个奥运史上最棒的奥运村，为北京、为祖国赢得了荣誉，真得说是刘淇同志知人善任。刘淇书记和郭金龙市长都说过：有老杜在那儿，整个儿奥运村，我们就放心了！

而老杜这样对我们说：我心里一直有两个基本概念，一是奥运是中国的事，作为一名共产党员，责无旁贷，不留遗憾；二是我是北京生、北京长、北京培养的干部，我要回报北京人民的养育之恩，此外，别无他求。如今，北京奥运成功了，我和全国人民一样高兴、欣慰、自豪，但心里很静，很踏实。功劳不要，荣誉不要，还回市人大，干好自己该干的事……

此时此刻，我们都看到了一位共和国部长的从容淡定，明白了什么叫做"有容乃大，无欲则刚"……

正部级的村主任，恐怕满世界也难找出第二个。254天，我们有幸在这样的村干部手下工作。大家都说，假如再有这样的机会，我们还愿意当杜主任的村民！

（运行团队办公室供稿）

———————————— 意气风发 ————————————

回味一生

—— 记奥运村副村长程红

北京市副市长程红，是北京奥运村、残奥村副村长，是北京奥运村、残奥村运行团队第一副主任，主要负责协助团队主任杜德印同志做好每一阶段重要任务的落实工作，将奥运村建成运动员之家和团队工作人员之家。

一

在奥运村，每天都能见到她在一线指挥协调的身影，一次次的讨论、研究，一步步的勘查、整改，为运行团队每一阶段具体工作的落实提出了清晰缜密的思路。

初到奥运村工作，她深入研究国际奥委会各项工作规则和《技术手册》，以及奥运村相关方面的各类合同，悉心听取各部门工作汇报。为最大限度的缓解奥运村运行团队内部的压力，减少内耗，集中精力为运动员做好服务。她提出"峰值测算控制原则"和"现场服务与非现场服务相结合"的观点，要求各团队根据峰值测算工作量和人力资源配置需求，落实工作人员在村外的办公、用餐、住宿问题，很好地解决了团队高效运转的管理难题。针对奥运会闭幕后奥运村将转换成残奥村的特殊情况，她提出"从严标准、从难考虑、从早安排、从细服务"的"四从"要求，注重对残疾人运动员开展有针对性的适度服务，充分体现"三个更加"（更加注重人文关怀，更加注重细节，更加体现对运动员尊重）的工作理念……

在杜德印主任的委托下，她亲自主持奥运村唯一的一次测试赛，为了使这次测试赛真正成为对奥运村、残奥村"赛时"各项服务和设施的检验，她不仅强调测试赛的全方位、多角度，更强调测试赛的针对性和专业性，带领大家连夜起草和完善工作方案，多次召开会议，确定参加测试的人员、内容、流程等具体问题，并亲自协调外交、商务、宗教、新闻出版等9家中央单位和北京市22家单位共2100多人，一起顺利完成了此次测试。通过此次练兵，锻炼了队伍，积累了经验，虽然发现了问题，但更坚定了信心，深化了认识，明确了改进工作机制、查漏补缺的方向，为奥运村今后的顺利运行奠定了坚实的基础。

奥运村就要正式开村了，"大战之前，气要鼓"，为了正确引导大家以良好的精神面貌迎接各国运动员的到来，减缓工作压力，凝聚士气，鼓舞斗志，进一步提高责任感和使命感，激发大家的爱国情怀，她提议召开一次奥运村誓师大会。在大家的共同

组织筹备下，誓师大会取得了很好的效果，特别是在杜德印主任提出的"甘愿苦和累，奉献奥运会"誓言的鼓舞下，大家面貌焕然一新，以良好的精神状态吹响了夺取全面胜利的"集结号"。

在负责村里运行工作同时，她还担任值班村长，在奥运会、残奥会期间，共主持43个国家15场运动员的入村仪式。为了集中精力，又不耽误其他工作，她就把行程尽量压缩在一天。时值烈日酷夏，她经常在升旗广场连续爆晒五六个小时，一会儿就已汗流浃背。皮肤被晒过敏了，红了、肿了，但她始终以饱满的精神、友好的姿态、娴熟的英语与外宾交流。她以东方女性独有的优雅和端庄，与工作人员一起为各国运动员奉献了一场场精彩的入村仪式，让各国运动员充分感受到中国对远道而来的朋友们的真诚和欢迎，为入住村中的所有宾客留下了美好的第一印象！

奥运会结束的日子一天天临近，为了让各国运动员把在中国、在北京奥运村的这段美好记忆带回自己的祖国，给奥运村服务画上圆满的句号，在奥运会闭幕的第二天，各国运动员告别奥运村的日子，她安排百余名工作人员同杜主任一起，亲自到"村口"送别，看着连夜赶制的"不说再见，我们永远是朋友"的横幅，听着一句句饱含感情的"再见"、"奥运村会想念你们的"的话语，运动员们无不被眼前这感人的一幕所震惊，包括中华台北队在内的许多运动员都洒下了惜别之泪，许多运动员连忙拿出录像机，把奥运村留给他们最后的、出乎意料的感动永久的记录。此时此刻，"历史上最好的奥运村"永远铭刻在了人们的记忆中。

奥运会结束，许多同志们将离开奥运村、不再服务残奥村，为了给参与奥运村工作的同志们一个永久的纪念，她与杜主任商议，决定在奥运村总结暨残奥村动员大会上，颁发给所有服务奥运村的同志们每人一份"纪念证书"和"奥运村纪念邮折"，让奥运村成为大家珍藏一生的回忆……

在奥运村向残奥村转换的过程中，每次看到奥运村里挂着的各国历史文化遗产的照片，她都在认真思索，如何能使我们国家的国画也在奥运村里得以展示呢……抢在残奥会开幕的前一天，两幅北京市文史研究馆馆藏精品绘画便悬挂在了团长例会会议室外，作品一经展示，就得到了各国代表团团长的高度关注与好评，纷纷在作品前合影，既展示了中华优秀传统文化的博大精深和宏伟气势，又增进了与各国之间的友好交流。残奥会结束后，她还特意邀请这些作品的创作者80多岁高龄的老艺术家们来奥运村参观，表达对她们为奥运村所做贡献的感谢。老艺术家们很感激她能为他们提供这样一个为奥运服务的机会。

无论是察看奥运村各项硬件设施建设，召开协调会研究临建配套工程，解决工程中难点问题，还是听取工作汇报，讨论运行团队各项业务的衔接问题；无论是赛时运行体系的设计，还是督察工作机制的启动；无论是对内抓好运行团队的培训和协调，还是对外抓好与奥组委、奥运会残奥会运行指挥部等各部门工作的沟通与对接……在奥运村运行过程中，程红同志随时把握运行情况，加强应急事件的处理，做好团队建设，在大家的共同努力和理解配合下，整个奥运村的工作和生活更加井然有序。

二

　　程红同志还兼任中央奥运会食品安全工作协调小组工作小组组长和北京奥运会残奥会运行指挥部服务协调组组长的职务，负责奥运会整个餐饮供应和安全保障的全面工作，而奥运村运动员餐厅正是这项工作的重中之重，这项在"聚光灯"下的工作，绝不能出现任何问题。

　　从奥运前对我国食品供应质疑最大，甚至要带着自己国家的食品和水来奥运村等诸多负面报道，到最终：确保了无一例食品安全责任事故的中央肯定；从试运行阶段出现的部分食品原材料供应紧张，严重的时候餐厅只有葱、姜、芹菜三种蔬菜的状况，到日供品项、数量全部达到"100%"的目标；从初期各国代表团团长会议屡次提出的增加巧克力热饮及清真食品品种数量等问题，到各种口味餐点及甜品、水果全部超出既定菜单范围，更加丰富多样的供应保障；从起初爱玛客公司一天连续几封的质疑信件，到后来的对接、融洽、合作、感谢、好评如潮……在她的协调和大家的共同努力下，各国运动员和官员都在奥运村享受到了安全、可靠和丰富的餐饮服务，使最易遭到的挑剔和敏感问题，反倒变成了亮点，得到了运动员、国际奥委会官员和各国媒体的高度赞扬，这其中的心血和智慧可从"仅奥运村一餐就需供应3吨大米"的数字上窥见一斑。

　　程红同志每天要往返市政府，参加北京奥运会、残奥会运行指挥部会议，处理市政府分管日常政务和

突发事件。在奥运会开幕的第二天,各国运动员基本上都已顺利入住奥运村,因忙于开幕式运动员返村各项工作至凌晨三点才入睡的她,刚想稍微歇一口气,市委市政府紧急会议,决定:由她担任"8.09"美国游客遇袭案件善后工作协调小组组长,牵头负责"8.09"案件善后各项工作。从奥运村匆忙赶出的身影,又出现在各种协调会议的现场,当晚十一点又已到医院,看望伤者和家属……

三

在处理重大突出问题上,程红同志坚定果敢;在奥运村团队工作中,她又细致入微、体贴关爱。

为了缓解欢迎中心高峰期安保人员的劳累,她特意请物流团队为欢迎中心安检工作人员增配一定数量的折叠椅,保证休息。到筹备升旗仪式工作现场慰问时她说:"对某些国家来讲,可能这里是他们能将本国国旗升起的唯一地方。"这句动情的话语是对所有工作人员的鼓励和嘱托。为了使运动员在欢迎中心能够更加便捷、快速地通过安检,她组织引进专用设备,建立了"专包机行李安检专用通道"。为了弘扬中华民族传统美食,她千方百计让运动员终于吃上了正宗的"全聚德"烤鸭。在残奥村开村仪式上,欢庆之中,她突然发现喷洒的彩带落在了通道上,很可能对残疾人运动员和官员轮椅的通过造成障碍甚或是危险。她连忙从主席台上轻轻走下来,耳语叮嘱工作人员立即清开彩带。这个细心的举动,及时消除了隐患,为村中运行工作又增添了一个圆满……

程红同志的一言一行感染着奥运村运行团队的每一个人，同时也被村里幕幕场景所深深感动。她说给她印象最深的有"三幅背影"：一是看到开幕式结束后，人们还沉浸在欢乐之中时，安保团队官兵们已顾不得欣赏绚烂的烟花，排队跑步前进，迅速在主干路组成4条900米整齐划一的人员隔离线，迎接返村的运动员们；二是在工程物业团队刊物上的一张照片，有一位清洁工大姐，推着一辆装得满满的垃圾车忙碌着，看不清她的面容，只有一个平凡而伟大的背影映衬着美丽的开幕式或是闭幕式的烟火；三是在欢迎中心，从背后看到奥运会结束后志愿者们在门口与安保人员合影留念，前面半蹲着，逐一抬高，相互搀扶着，默契配合成一个完美的圆弧形。虽然看不清他们的面容，但从他们爽朗的笑声中，分明体现了默默奉献就是快乐的志愿者精神。这些坚守岗位的武警战士、这些在村里默默工作的清洁工，这些热情无私的志愿者，他们是真正的中国脊梁，他们是村内两万七千多工作人员的代表。正是他们的奉献、平凡和尽职尽责，谱写了奥运村历史上的华彩乐章。她为拥有这些可敬可爱的"战友们"而感到无比欣慰和自豪。

四

程红同志是个严谨的人，讲话有理有据，工作步骤清晰，做事一丝不苟。

早上6点半出家门，7点半到奥运村召开各国代表团团长例会，9点在奥运村主持会议，专题研究物业报修快速流程和宗教神职人员落实情况。下午1点主持各国代表团入村欢迎仪式，5点又返回市政府参加北京奥

运会、残奥会运行指挥部会议。晚上7点出席华人华侨捐资共建国家游泳中心政府招待会，9点又已奔赴奥运村处理紧急事务，晚上11点终于回到家里，又接到"广东黑玫瑰西式糕点不能按时进京，明日起供应受限"的紧急电话，与广东省、国家质检总局、商务、公安等部门的协调解决又持续至凌晨两点……这就是她普通而又忙碌的一天。

白天召开会议、协调事务，她就经常在晚上10点钟离开办公室时，还把成堆的文件拿回家里批阅。奥运村运行的紧张阶段，也正值孩子期末考试的关键时期，不管在奥运村工作到多晚，她都坚持回家，她说虽然晚上到家孩子已经睡了，但每天一早能让孩子看上一眼，也是对孩子的一种鼓励，更是对她自己一种莫大的安慰。

连续两个多月没能按时下班的她，一天终于在天还没有黑的时候到家了，正在院子里玩耍的孩子，突然见到妈妈，连喊带跑地扑到了她的怀里……

发现问题绝不放过，遇到难题绝不示弱。日夜操劳，顾不得休息的她，上火了，嘴上起包了，腰上也长出了不明原因的红疹，但是为了奥运村的顺利运行和祖国的利益——再难的工作也上，再多的委屈也扛，再大的责任也担！

五

程红同志深深懂得，在这半年多的日日夜夜中，在团队主任的带领下，在奥运村两万七千多名工作人员的共同努力下，奥运村运行团队已出色完成了运行任务。在收拾办公室时，她把团队办公室为她用打印

机打出来贴在墙上的照片一张张小心翼翼地摘下来，虽然有一些还是被极不情愿地撕坏了，但她还是一张都没舍得丢下。

在紧张忙碌的这些日子中，她经常透过办公室的窗户，望着眼前美丽恬静的奥运村，想，什么时候抽个时间，穿上自己喜爱的衣服，一定要到奥运村里走一走，好好地感受一下这个倾注了所有人心血和智慧的美不胜收的"地球村"的模样，静静地呼吸一下这里的空气，亲手触摸一下这里的设施，也像追星族一样，为在村里训练的运动员加油呐喊……可直到奥运会结束，各国运动员们都离开了这里，奥运村运行团队开始撤离，她的这个小小的心愿却终没能实现，但是她没有丝毫的遗憾，因为她和同事们一起服务的奥运村，为祖国和人民赢得了荣誉，得到了运动员、各国政要及媒体对奥运村的赞誉，她无比的骄傲和自豪。永远忘不了为了奥运村的每一个日日夜夜，永远忘不了一起并肩作战的同事、战友和姐妹兄弟，永远忘不了对奥运村一草一木、一枝一叶的眷恋……

这里的一切一切让她回味一生……

（运行团队办公室周晓柏供稿）

拼上命，值了！

——记奥运村运行团队常务副主任兼秘书长吴京泪

　　从40岁的不惑到50岁的知天命，这位2001年调入奥组委工作的专家型干部经历了太多的艰辛和苦衷。谁曾想，一位多年驰骋篮球、手球运动场上的壮汉子，如今已是体检单子上多项指标"不合格"的亚健康人士了。他就是奥组委原运动会服务部副部长、原场馆管理部副部长、现奥运村部部长、奥运村运行团队常务副主任兼秘书长——吴京泪同志。

　　岁月流逝，并没有抹去他的业绩。从奥运村的规划设计到推进方案，从奥运村的建设开发到功能布局，从奥运村的使用要求到各项技术标准，从奥运村的人员组织到运行方案，无不倾注了这位专家型干部的心血。记得奥运村运行团队成立初始，时任奥运村运行团队第一副主任的陆昊副市长对来奥运村运行团队工作的领导干部常说的一句话就是："奥运村的一切运行计划，都在吴京汨的脑子里，你们要多向他请教。"

他的心血没有白费。2007年1月，国际奥委会协调委员会工作组会议上，他领导的奥运村部制定的方案得到了充分肯定。国际奥委会认为奥运村的布局合理、方便运行，"具有最好的奥运村的潜质"，对整体方案表示出了高度赞赏。这一运行方案奠定了奥运村和各项工作圆满成功的基础。

奥运村运行团队成立后，是他坚决贯彻党中央、国务院的指示精神，按照运行团队主任杜德印同志指示，实现奥运村工作与政府职能部门的"无缝隙衔接"，在最短的时间里完成了奥运村部加入奥运村（残奥村）运行团队的工作，实现了团队的融合。

是他按照中央提出的"节俭办奥运，廉洁办奥运"的方针，全力支持团队监督办公室的工作，建立健全了11项团队通用制度，签订了291份"廉洁办奥运"责任书，制定了333项重要岗位责任制和数百项应急预案。凡是重大事项都请监督办公室把关，听取监督办公室的意见和建议。

是他建议建立两级赛时指挥体制，实行奥运村（残奥村）赛时指挥的"扁平模式"，从而保证指挥运行的高效。奥运村（残奥村）运行团队成立了"奥运村运行指挥中心"和各专项团队运行分中心两级组织，并成立了奥运村总值班室和各专项团队值班室，保证了奥运会运行指挥部与奥运村运行中心之间、奥运村运行中心与各专项业务团队之间的信息畅通和指挥决策顺畅、快捷。

是他赛时每日主持召开各国代表团团长例会，建立了快速、高效解决问题的机制，使各国代表团提出的大部分问题都能在例会上得到及时协调和解决，在奥运会和残奥会最后一次代表团团长会议上得到了前所未有的赞扬和感谢。他还加强了与国际奥委会和国际残奥委会驻村官员的沟通与合作，在合作中相互尊重，在一些重大原则问题上则据理力争，把握主动，保证了奥运村（残奥村）各项工作的顺利进行。

是他在两个奥运会赛时几乎没有回过家，在简陋的办公室里度过几十个日日夜夜。每天清晨7点半，他主持召开各国代表团团长例会；白天，他检查并协调各团队的工作，帮助解决困难，批阅上报和下发的大量文件；晚上，他在电视电话会议室汇报工作，听取奥组委领导的指示和要求；夜里，他还要经常接听国际奥委会（国际残奥委会）驻村官员和代表团团长、秘书长的求助电话，及时协调解决问题，同时考虑第二天的运行安排。

是他得知因连天阴雨导致地下室一些代表团的物资存放区地面积水、墙面长霉，便连夜组织工作人员调来除湿机、排风扇、电暖器，保证代表团的需求。当运动员的床位紧张时，他及时安排订购了一大批床，保障运动员的休息。当工作人员太多，就餐出现困难时，他及时责成办公室，遴选餐饮企业进驻奥运村，解决工作人员就餐的难题。

是他在奥运会和残奥会开、闭幕式的时刻，一直坚守在奥运村中央的大道上，配合团队主任协调组织相关团队，顺畅有序地安排各国代表团登车，确保数百辆运动员班车及时地驶向鸟巢，又在开、闭幕式结束后迎接各国代表团返村并随时与开、闭幕式现场指挥中心联络汇报，直至深夜。

是他严把资金使用关口，没有奥运村运行团队物资采购审核小组的成员一一签字，决不最后签署意见。一切按规定办，按程序办，不该花的钱1分也不批。他严格遵守各项制度规定，率先垂范，又以人为本，科学地管理着庞大的队伍，使奥运村（残奥村）的各项工作顺畅开展。

在奥运村运行团队工作总结大会上，杜德印主任在发表了充满激情的演讲之后，也紧紧地握住了吴京汩的手。此刻，吴京汩的眼睛模糊了。他知道杜主任的一片深情，他明白其中的含意，他知道奥运会的成功和奥运村实现安全生产零事故、食品安全零事件、礼宾接待零失误、接待服务零投诉、运行保障零差错的"五个零"目标的不易。

当奥运村（残奥村）运行团队被党中央、国务院表彰为"北京奥运会残奥会先进集体"，他本人被评为"北京奥运会残奥会先进个人"的时候，他谦虚地说："这都是杜主任和团队领导领导得好，成绩归功于全体工作人员。"这个老红军、老将军的后代没有辜负党和人民的重托，在我国成功举办第29届奥运会的过程中留下了骄人的业绩。对于这段经历，用他的话讲：拼上命，值了！

（运行团队办公室何晓林供稿）

献出赤诚之心

—— 记奥运村运行团队常务副主任梅蕴新

　　梅蕴新同志从出任奥运村（残奥村）运行团队常务副主任职务的那一天起，即便是在中途不慎骨折住院治疗躺在病床上，也没有放过一点点时间，不断地思考着奥运村（残奥村）的运行工作。在运动员村第一栋楼房宣布竣工交付使用的第一时间，他就率领运行团队所有部门的办公室人员立即挺进到现场指挥的最前沿，并第一个坚持24小时留守在那里，随时掌握各部位筹备工作进展。在奥运村（残奥村）的运动员村和绿色家园、汇园公寓媒体村，无论是餐厅、公寓，无论是前台、后台，无论是地下、地上，也无论是为运动员、媒体记者提供服务的场所，还是为工作人员提供的操作间、休息间，到处留下了他深入调查研究的脚印。

在奥运村（残奥村）运行团队的14个专业服务团队中，梅蕴新同志负责分管安保、交通、住宿、餐饮、综合服务、物流、工程维修等7个团队，内外接口工作错综复杂，交点数以千计。他作为这支队伍的负责人，每时每刻都处于不断进行协调的工作状态。他事无巨细，常常带领大家反复推敲验证到深夜，攻克一个又一个接口难点。在预开村前期的筹备阶段，从物资移入、公寓验收，到组织开荒、完善工程维修，再到公寓楼的冷热水和空调通风的运行，他都事必躬亲。在奥运会（残奥会）的开幕式、闭幕式的组织工作中，从人员车辆的集中时间，到用餐时间，到公寓楼敲门催叫时间，再到服务人员进行迎送的时间，他都是一一过问，提出具体要求，详尽制定并落实计划方案。这些工作，为各个团队之间相互支持、相互配合，不断增强凝聚力，共创奥运工作辉煌，起到了从配合到融合再到整合的效力。

他始终把队伍建设工作放在重要位置：

他做到了严格要求队伍。为了及时发现问题，他经常深入一线细致观察，有时一直工作到深夜，召开会议研究对策，布置检查督导工作，确保服务人员保持良好的精神面貌和工作状态。

他做到了以人为本，言传身教。村内从管理干部到一般工作人员，无论是谁生病、家庭发生困难、过生日，都有各个团队领导的探望和慰问，使每一位干部和工作人员亲身体验到"人文奥运，人文管理"的成效。

他做到了注重培育员工养成科学严谨的作风。他十分重视科学预测、实际演练工作。在培训工作阶段，他分别听取了各个团队和相关单位的培训方案汇报，参加了所有桌面演练、实际演练活动：从餐厅的餐台设计、

用餐人员流程，到各种场地的防滑措施、无障碍设施，到国际区商业用房的室温控制、空调风口的安装位置，到住宿服务"金钥匙"、"两信两卡"（欢迎信、祝贺信，生日卡、贺卡）的设置和使用，再到消防器材配备和安全防范措施的细节，他提出了许多细微化管理和贴心服务的建议，成为实际服务工作中的一个又一个亮点，为运动员们送去了许多惊喜因而受到普遍好评。与此同时，他在安全工作方面控制了多起排风扇冒烟和跑水险情，消除了重大事故隐患。

梅蕴新同志带领团队工作人员忠实地履行着"甘愿苦和累，奉献奥运会"的钢铁誓言。为了更好地创造运动员满意的生活环境，他多次到达中国代表团驻地，征求代表团和运动员的意见和建议，及时调整有关工作流程方案，不仅为中国代表团夺得奥运会（残奥会）金牌总数第一，提供了优质的后勤保障服务，而且为满足各国运动员的需要，以更好地发挥竞技水平提供了真诚的帮助和奉献。他主管负责的各个团队在奥运村（残奥村）的服务工作都得到代表团的赞扬，收到各种表扬信件2000余封。

零投诉、零失误、零事故，北京奥运村（残奥村）出色的服务工作给世界留下了美好印象。国际奥委会主席罗格先生和国际残奥委会主席克雷文先生分别为北京奥运村（残奥村）留下了题词："伟大的奥运村，杰出的工作"，"有史以来最伟大的残奥村，谢谢"。这是运行团队27000人的共同努力赢得的高度评价，其中也包含着梅蕴新同志用一颗赤诚火热的心所做出的贡献。

（运行团队办公室马胜国供稿）

圣火熄灭时……

当奥运会圣火熄灭时才蓦然发现，奥运来得这样慢，却走得这么快！北京奥运会的理想、圆梦，用了100年，申办成功用了10年，筹办用了7年，而辉煌绽放只有16天。然而这16天，值得亲历它的人，用一辈子去慢慢回味……

当奥运会的圣火熄灭时，参与奥运的那些日日夜夜与酸甜苦辣，像电影胶片一样倒回脑海中。当我们在别人羡慕的眼神中理直气壮地走进戒备森严的奥运大厦时，我们可以拒绝内心那一份得意的跃动；当我们每天出入于全世界的焦点奥运会的核心地带那个神秘的奥运村时，我们可以假装轻描淡写地说，奥运村哦，我在那里工作；当奥林匹克的圣火在鸟巢点燃，全世界为之沸腾的时候，我们依旧还能平静地说，我们的奥运村早开村了！可是，当奥运圣火熄灭的那一刻，作为中国第一代奥运人，特别是第一代奥运村人，我们再也无法拒绝这份不舍与眷恋……

我们依旧记得两年前迎着风尘走进那块将要变成全世界运动员居住的奥运村时的错愕：满眼看到的只是土坡和荒地以及满脚的泥泞。工地上穿梭往来的搅拌机和卡车使得我们那时候不敢想象，北京奥运村将来会是个什么样。

日子一天天地过，我们隔一段时间就踏着泥泞走进奥运村，一次次拿着手上的效果图，在想象哪里是村长院，哪里是升旗广场，哪里是商业街。眼看着土地被种

上草栽上了树，眼看着小树由小变大、茁壮成长，我们的奥运村也和我们的梦想一起慢慢成长。终于，当奥运村运行团队成立的时候，我们才发现，美丽的村子已渐渐成形，悄然却骄傲地伫立在那里。

从搬进村子的那一刻起，我们便开始想象，当奥运圣火点燃的时候，奥运村将会住满全世界各个国家和地区的运动员，那将是怎样一番热闹的景象啊？就像妈妈盼着孩子长大一样，我们期盼着奥运村开门迎客的那一天。

当圣火熄灭的时候，我们仿佛又听到了奥运村开村前在团队的誓师大会上，所有奥运村人一起在杜德印主任的带领下，高喊"甘愿苦和累，奉献奥运会"时的豪言壮语。那一刻，所有人都踌躇满志。我们，作为中国第一代奥运村人，将从2008年7月27日开村到8月27日闭村的31天的时间内，用最美的微笑、最贴心的服务和最高的标准，让这座地球村成为奥运史上最完美的奥运村。

因为是奥运村人，我们超越了国与国、地区与地区的界限，我们忽略了人种、肤色和语言的不同。我们同在一个村，同是一家人。我们有来自世界的204个国家和地区的兄弟姐妹，我们是世界上最大的地球村。当每一面国（会）旗升起的时候，我们都会为之感动；当每一个国家（地区）的国（会）歌奏响的时候，我们都会热血沸腾；当每一个运动员得了金牌的时候，都是我们村里的大喜事。

如今一转眼，我们的村开了又闭了，奥运的圣火点燃又熄灭。誓言仿佛还在耳边，如今一切已画上了

句号，我们也用行动实践了自己神圣的誓言。这些日子有苦有累，有汗水也有泪水，有欢乐也有痛苦，只是这些难忘的日子，怎么流逝得如此之快？亲爱的战友与乡亲们，是否与我们有着同样的眷恋与难舍？

一切仿佛就在昨天——

当圣火熄灭时，却燃起了我们对奥林匹克的更多回忆。为了奥运会的成功，许多人付出了太多太多。这成功，是所有奥运人的付出，是所有北京人的付出，是所有中国人的付出。所有中国人用自己的坚强和毅力，用自己的团结与协作，完美地完成了奥林匹克精神的诠释，让全世界的观众都看到了一个凤凰涅槃般精彩绝伦的奥运会。

当圣火熄灭时，我们才真正体会到奥林匹克的魅力。它带给我们的不仅仅是一场体育盛事，也不仅仅是一次世界文化的交流狂欢。奥林匹克精神，点燃的是人类心中最积极最善良的部分，照耀的是最伟大的人性光辉。因为有了奥林匹克，我们学会了停止战争、祈愿和平；因为有了奥林匹克，我们学会了摒弃成见、坦诚互助；因为有了奥林匹克，全世界204个国家和地区的旗帜一起飘扬在奥运村美丽的升旗广场上。

当圣火熄灭时，尽管我们有许多的惆怅与失落，尽管有太多不想说再见的理由，可是我们依旧要默默做好最后的工作，悄然为所有即将离开的运动员备好温暖的离别祝福：不说再见，我们永远是朋友；记住这里，把美好祝福带回家！这番情感既是送别村里那些朝夕相处的运动员们，也是送别我们自己的奥林匹克。

一切仿佛在昨天

再久的相聚终有一别，再完美的演出终须谢幕，奥运会也不例外。心中纵有千般不舍，依旧无法挽留。当奥运会的圣火熄灭时，相信我们每个人心中的奥林匹克圣火永远不会熄灭。它将伴随我们每一个有着奥运情结的人，成为人生最珍贵的记忆和最幸福的经历。

北京奥运的画卷慢慢收起，圣火也在刹那间熄灭。我们擦干眼泪，粲然一笑。别了，8月；别了，我们的奥林匹克。

（文化活动和媒体工作团队郑颖供稿）

举起杯中酒

举起杯中酒，
止不住沸腾的热血，
捂不住狂跳的胸口。
回想几年筹奥路，
入村之后总回眸。
身负全国人民的重托，
面对全世界的翘首，
我们交上了一份完美的答卷，
践行了誓言，
挺胸昂首。

举起杯中酒，
难忘的历程又添新感受：
陈至立村长神采奕奕地在村长院迎候，
杜德印主任运筹帷幄在风口浪头，
程红副市长日夜操劳、亲临主餐厅门口。
领导们敢于负责、指挥若定，
各团队团结一致、恪尽职守。

这是一杯会心的酒——
运行团队办公室不愧为领导的好助手，
全力服务，未雨绸缪。
总值班室VCC联络电话时刻不休，
及时传达上级指令，
全面汇报团队事由。
人事、财务、志愿者、标识项项畅行，

住房分配和欢迎中心服务到位，顺水行舟。

这是一杯舒心的酒——
村长办公室古朴典雅的小院仿古真秀。
尽心服务好村长的礼宾活动，
细致安排各国贵宾和四海朋友，
只为树立良好形象，
倾注全部心血，别无他求。

这是一杯温馨的酒——
住宿服务团队把运动员当家人伺候。
无微不至的温情话语和行动，
伴随着不辞劳苦的守候。
服务零投诉，让运动员宾至如归，
获得在家的感受。

这是一杯友情的酒——
对外联络团队为各代表团提供贴心服务，
他们是运动员的向导，联络员与舌喉，
像朋友、老师、保姆一样给予呵护，
传递着友情、和谐、进步、向上，
使来宾住在村中无忧无愁。

这是一杯激情的酒——
文化活动和媒体工作团队一步一层楼，
几百场的升旗仪式零失误。
丰富多彩的文艺专场演出，
让运动员感受中国的文化艺术，
促进各国文化、文明融合与交流。

这是一杯深情的酒——
综合服务团队尽善尽美从不言累，
商业街服务丰富多彩，商品琳琅满目，
一切生活必需品应有尽有。
医疗诊所像大医院一样诊治，
音像刻录随点随办不日就把盘取走。

这是一杯温情的酒——
餐饮服务团队和爱玛客24小时轮守。
清晨为运动员补养，
中午为他们添劲，
晚上为他们加油，
夜间还在随时守候。
中餐西餐丰富的菜肴，
时刻温暖着村民的心头。

这是一杯奉献的酒——
安保团队为奥运村保驾护航，
责任重于泰山，确保安全无忧。
北京奥运村的安全零事故，
排在历届奥运会之首。
他们的头脑最清醒，
眼睛最明亮，脚步最敏捷，
高度警惕箭在弦，尽管疲惫但一刻不休。

这是一杯壮观的酒——
交通服务团队编织着合理的运行网络。
他们团结、奉献、顽强奋斗。

随叫随到，随叫随停，不怕衣裳汗浸透。
两个开、闭幕式组织有序，
360辆车有序出入，
汇成了无比壮观、快捷高效的车流。

这是一杯无悔的酒——
后勤服务团队的誓言铮铮：
"鞠躬尽瘁，不辱使命"，铭记心头。
千万件物资的移入移出有章法，
各种技术设备的安全调试无疏漏，
管理得井井有条，及时满足需求，
再苦再累无怨尤，
不怕血汗一起流。

这是一杯难忘的酒——
工程和物业保障团队绘出一幅精致的画轴。
围绕42幢公寓处处是美景，
北区临时设施既大方又考究。
保障各项设施安全运转，
他们默默劳作，从不张扬作秀。

这是一杯真情的酒——
两个媒体村，为奥运添彩加油。
优雅的住宿环境，
完善的办公条件，
为全球媒体提供了优质服务。
付出的是辛勤汗水，
收获的是中外记者的频频点头。

这是一杯节俭的酒——
监督办公室把住廉洁的关口。
坚持原则，服务团队，落实责任，
宣传教育不过头。
人员安排、财务审计、物资的采购与回收，
关键部位必督察，
他们的天职就是一丝不苟。

举起杯中酒，这是庆功的酒。
我们奥运村人，知道它有多醇厚。
它浸泡着我们的汗水、艰辛与家愁，
它饱含着团队的团结、奉献与奋斗，
它承载着我们的欢乐、辉煌与成就，
它激扬着我们的自豪、奋进与风流。

举起杯中酒，这是离别的酒。
我们将永远牢记：我曾是奥运村人！
不管走到哪里都要尽职、加油！
让这种精神发扬得更久、更久。

让我们再举杯中酒。
昨天我们相聚是为了奥运会的成功，
今天我们分别是为了友谊长存、继续奋斗。
明天我们相见不一定到白头。
没有伤心的泪，更无别离的愁，
只有友谊天长地久。

（监督办公室何晓林供稿）

附　录

北京奥运村（残奥村）运行团队
2008 年大事记

领导视察

3月24日

●全国人大常委会副委员长、北京奥组委副主席陈至立同志视察北京奥运村村长院并听取工作汇报。

3月27日

●中共北京市委常委、政法委副书记、市公安局局长、北京奥运安保协调小组副组长马振川同志视察汇园公寓媒体村。

4月26日

●全国人大常委会香港特别行政区基本法委员会副主任、奥运村（残奥村）副村长梁爱诗女士视察奥运村。

4月28日

●全国人大常委会副委员长、北京奥组委副主席、奥运村（残奥村）村长陈至立同志视察奥运村（残奥村）升旗广场，召开奥运村（残奥村）村长专题会。

5月29日

●中共北京市委常委、统战部部长、北京奥运宗教服务工作协调小组组长尤兰田同志视察奥运村（残奥村）宗教服务中心施工现场。

5月30日

●中共中央纪律检查委员会常委、副书记黄树贤同志一行视察奥运村。

6月1日

●中共中央政治局常委、中央政法委书记周永康同志视察奥运村。

6月17日

● 中共中央政治局委员、北京市委书记、北京奥组委主席刘淇同志视察奥运村。中共北京市委副书记、市长、北京奥组委执行主席郭金龙同志，北京市人大常委会主任、奥运村（残奥村）副村长、运行团队主任杜德印同志，中共北京市委副书记、政法委书记王安顺同志，中共北京市委常委、政法委副书记、北京市公安局局长、北京奥运安保协调小组副组长马振川同志，中共北京市委常委、市委秘书长李士祥同志，北京市副市长、北京奥组委执行副主席刘敬民同志，北京市副市长、奥运村（残奥村）副村长、运行团队第一副主任程红同志，北京奥组委执行副主席李炳华同志，北京市政府秘书长黎晓宏同志等有关领导陪同视察。

6月25日

● 国务委员、公安部部长孟建柱同志视察奥运村。北京奥运安保协调小组组长、公安部党委副书记、副部长刘京同志，中共北京市委副书记、市政法委书记、北京奥运安保协调小组副组长王安顺同志，中共北京市委常委、政法委副书记、市公安局局长、北京奥运安保协调小组副组长马振川同志等有关领导陪同视察。

6月27日

● 北京市人大常委会副主任赵凤山、刘晓晨、吴世雄、刘新成同志，秘书长唐龙同志一行视察奥运村。

7月1日

● 武警总部司令员吴双战、副司令员刘红军同志，武警北京总队总队长杨德安同志一行视察奥运村。

7月3日至4日

● 中共青岛市委常委、统战部部长、奥帆委常务副主席、奥运村（残奥村）副村长臧爱民同志一行视察奥运村。

7月3日

● 北京市副市长丁向阳同志视察奥运村测试演练工作。

7月4日

● 中共中央政治局委员、北京市委书记、北京奥组委主席刘淇同志视察奥运村。全国人大常委会副委员长、北京奥组委副主席、奥运村（残奥村）村长陈至立同志，国务委员、北京奥运会外事工作协调小组组长戴秉国同志，外交部部长杨洁篪同志，中共北京市委副书记、市长、北京奥组委执行主席郭金龙同志，北京市人大常委会主任、奥运村（残奥村）副村长、运行团队主任杜德印同志，外交部副部长张业遂同志，国家宗教事务局局长叶小文同志，外交部部长助理何亚非同志，中国残疾人联合会主席团副主席、党组书记、中国残奥委会主席王新宪同志，中国残疾人联合会主席团副主席、执行理事会理事长、北京奥组委执行副主席汤小泉同志，中共北京市委常委、常务副市长吉林同志，中共北京市委常委、市委秘书长李士祥同志，北京市副市长、北京奥组委执行副主席刘敬民同志，北京市副市长、奥运村（残奥村）副村长、运行团队第一副主任程红同志，北京市政协副主席赵文芝同志，北京奥组委执行副主席兼秘书长王伟同志，北京市政府秘书长黎晓宏同志等有关领导陪同视察。

7月8日

● 全国人大常委会副委员长、北京奥组委副主席、奥运村（残奥村）村长陈至立同志视察媒体村和超编官员驻地。

7月12日

● 中共中央政治局常委、中共中央书记处书记、中华人民共和国副主席习近平同志视察奥运村。中共中央政治局委员、北京市委书记、北京奥组委主席刘淇同志,中共中央政治局委员、国务委员、北京奥组委副主席刘延东同志,中共中央书记处书记、中央办公厅主任令计划同志,全国人大常委会副委员长、北京奥组委副主席、奥运村(残奥村)村长陈至立同志,国家体育总局局长、北京奥组委执行主席刘鹏同志,中共北京市委副书记、市长、北京奥组委执行主席郭金龙同志,北京市人大常委会主任、奥运村(残奥村)副村长、运行团队主任杜德印同志,中共北京市委副书记、市政法委书记、北京奥运安保协调小组副组长王安顺同志,交通运输部副部长、国家民航局局长李家祥同志,国家民航局副局长杨国庆同志,中共中央政策研究室副主任施芝鸿同志,中共北京市市委常委、市委秘书长李士祥同志,北京市副市长、奥运村(残奥村)副村长、运行团队第一副主任程红同志等有关领导陪同视察。

7月14日

● 中共中央政治局常委、中央纪律检查委员会书记贺国强同志视察奥运村。中共中央政治局委员、北京市委书记、北京奥组委主席刘淇同志,中共北京市委副书记、市长、北京奥组委执行主席郭金龙同志,北京市人大常委会主任、奥运村(残奥村)副村长、运行团队主任杜德印同志,中共中央纪律检查委员会常委、副书记黄树贤同志,中共中央纪律检查委员会常委、监察部副部长、北京奥运会监督委员会第一副主任王伟同志,中共北京市委常委、市纪委书记马志鹏同志,中共北京市委常委、市委秘书长李士祥同志,北京市副市长、北京奥组委执行副主席刘敬民同志，北京市副市长陈刚同志，北京市副市长、奥运村（残奥村）副村长、运行团队第一副主任程红同志，北京奥组委执行副主席李炳华同志，北京市政府秘书长黎晓宏同志等有关领导陪同视察。

7月16日

● 中共中央委员、全国政协副主席、中共中央统战部部长杜青林同志视察奥运村。全国政协副主席罗富和、陈宗兴同志，各民主党派中央领导同志，中共中央统战部副部长朱维群、黄跃金同志，全国工商联党组副书记、副主席兼秘书长褚平同志，全国政协常委、无党派人士林而达同志，中共北京市委常委、统战部部长尤兰田同志，北京市副市长、奥运村（残奥村）副村长、运行团队第一副主任程红同志等有关领导陪同视察。

7月18日

● 卫生部部长陈竺同志视察奥运村。北京市副市长丁向阳同志等有关领导陪同视察。

● 中共北京市委副书记、政法委书记王安顺同志，中共北京市委常委、常务副市长吉林同志，中共北京市委常委、组织部部长吕锡文同志，中共北京市委常委、市委秘书长李士祥同志，中共北京市委常委、市总工会主席、北京奥运会志愿者工作协调小组副组长梁伟同志，中共北京市委常委牛有成同志以及北京市副市长赵凤桐、丁向阳、陈刚同志视察奥运村。

7月20日

● 共青团中央书记处第一书记陆昊同志视察奥运村。

7月23日

● 中国残疾人联合会执行理事会理事长、北京奥组委执行副主席汤小泉同志视察奥运村。

7月24日

● 北京市副市长苟仲文同志视察奥运村。

● 中共中央纪律检查委员会常委、副书记、监察部部长、国家预防腐败局局长马馼同志视察奥运村。监察部副部长屈万祥同志，中共北京市委常委、市纪律检查委员会书记马志鹏同志等有关领导陪同视察。

7月27日

● 中共中央政治局委员、北京市委书记、北京奥组委主席刘淇同志视察奥运村并出席北京奥运村开村仪式。全国人大常委会副委员长、北京奥组委副主席、奥运村（残奥村）村长陈至立同志，国家体育总局局长、北京奥组委执行主席、中国体育代表团团长刘鹏同志，中共北京市委副书记、市长、北京奥组委执行主席郭金龙同志，北京市人大常委会主任、奥运村（残奥村）副村长、运行团队主任杜德印同志，北京市政协主席阳安江同志，中共北京市委常委、宣传部部长、北京市副市长蔡赴朝同志，中共北京市委常委、市委秘书长李士祥同志，北京市副市长、北京奥组委执行副主席刘敬民同志，北京市副市长、奥运村（残奥村）副村长、运行团队第一副主任程红同志，北京奥组委执行副主席兼秘书长王伟同志等有关领导一同出席。

7月30日

● 中国人民解放军装备指挥技术学院副政委巩树林同志视察奥运村。

7月31日

● 中共中央政治局常委、国务院副总理李克强同志视察奥运村。中共中央政治局委员、北京市委书记、北京奥组委主席刘淇同志，住房和城乡建设部部长姜伟新同志，环境保护部部长周生贤同志，国务院副秘书长、国家电力监管委员会主席尤权同志，卫生部党组书记、副部长高强同志，国家体育总局局长、北京奥组委执行主席刘鹏同志，中共北京市委副书记、北京市市长、北京奥组委执行主席郭金龙同志，北京市人大常委会主任、奥运村（残奥村）副村长、运行团队主任杜德印同志等有关领导陪同视察。

● 全国政协副主席、致公党中央主席、科学技术部部长、奥运科技行动计划领导小组组长万钢同志视察奥运村。北京市副市长赵凤桐同志等有关领导陪同视察。

8月1日

● 中共中央政治局委员、北京市委书记、北京奥组委主席刘淇同志视察奥运村，并与全国人大常委会副委员长、北京奥组委副主席、奥运村（残奥村）村长陈至立同志，中共北京市委副书记、市长、北京奥组委执行主席郭金龙同志，北京市人大常委会主任、奥运村（残奥村）副村长、运行团队主任杜德印同志，国际奥委会主席罗格先生等有关领导和贵宾一同出席了奥运村奥林匹克休战协议"和平友谊墙"的开启仪式。

8月5日

● 中共北京市委常委、市总工会主席、北京奥运会志愿者工作协调小组副组长梁伟同志视察奥运村。

8月11日

● 中共中央政治局委员、国务委员、北京奥组委副主席刘延东同志视察奥运村，慰问中国体育代表团。国务院副秘书长项兆伦同志，国家体育总局局长、北京奥组委执行主席、中国代表团团长刘鹏同志，北京市人大常委会主任、奥运村（残奥村）副村长、运行团队主任杜德印同志，北京市副市长、奥运村（残奥村）副村长、运行团队第一副主任程红同志等有关领导陪同视察。

8月15日

● 国家质量监督检验检疫总局副局长魏传忠同志视察奥运村。

8月18日

● 卫生部部长陈竺同志视察奥运村。

8月23日

● 全国政协常委、中国国际贸易促进委员会、中国国际商会会长万季飞同志视察奥运村。

8月27日

● 中共中央政治局委员、北京市委书记、北京奥组委主席刘淇同志视察奥运村。中共北京市委副书记、市长、北京奥组委执行主席郭金龙同志，北京市人大常委会主任、奥运村（残奥村）副村长、运行团队主任杜德印同志，北京市副市长、北京奥组委执行副主席刘敬民同志，北京市副市长、奥运村（残奥村）副村长、运行团队第一副主任程红同志等有关领导陪同视察。

8月29日

● 中共中央政治局常委、中央书记处书记、中华人民共和国副主席习近平同志视察残奥村。中共中央政治局委员、国务院副总理回良玉同志，中共中央政治局委员、北京市委书记、北京奥组委主席刘淇同志，全国人大常委会副委员长、北京奥组委副主席、奥运村（残奥村）村长陈至立同志，中共北京市委副书记、市长、北京奥组委执行主席郭金龙同志，北京市人大常委会主任、奥运村（残奥村）副村长、运行团队主任杜德印同志，中国残疾人联合会主席团副主席、党组书记、中国残奥委会主席、中国残奥代表团团长王新宪同志，北京市副市长、北京奥组委执行副主席刘敬民同志，北京市副市长丁向阳同志，北京市副市长、奥运村（残奥村）副村长、运行团队第一副主任程红同志，中国残疾人联合会执行理事会常务副理事长、中国残奥代表团副团长吕世明同志，中国残疾人联合会执行理事会副理事长、奥运村（残奥村）副村长程凯同志，北京市政府秘书长黎晓宏同志等有关领导陪同视察，并看望中国残奥代表团。

8月30日

● 中共中央政治局委员、国务院副总理、国务院残疾人工作委员会主任回良玉同志视察残奥村并出席北京残奥村开村仪式。中共中央政治局委员、北京市委书记、北京奥组委主席刘淇同志，全国人大常委会副委员长、北京奥组委副主席、奥运村（残奥村）村长陈至立同志，全国政协副主席、中国残疾人联合会主席团主席、北京奥组委执行主席邓朴方同志，中共北京市委副书记、市长、北京奥组委执行主席郭金龙同志，北京市人大常委会主任、奥运村（残奥村）副村长、运行团队主任杜德印同志，中国残疾人联合会主席团副主席、执行理事会理事长、北京奥组委执行副主席汤小泉同志，中共北京市委常委、市委秘书长李士祥同志，北京市副市长、北京奥组委执行副主席刘敬民同志，北京市副市长、奥运村（残奥村）副村长、运行团队第一副主任程红同志，北京市政协副主席赵文芝同志，国际残奥委会主席菲利普·克雷文先生等有关领导和贵宾一同出席。

8月31日

● 中共北京市委常委牛有成同志视察奥运村。

9月2日

● 国家工商总局副局长王东峰同志视察残奥村主餐厅食品安全保障工作。

9月4日

● 中国人民解放军总政治部副主任贾廷安同志，总政治部群联办主任常荣生同志一行视察残奥村。

9月8日

● 中共北京市委常委、统战部部长尤兰田同志视察残奥村。

9月11日

● 商务部副部长马秀红同志视察残奥村。

9月13日

● 外交部部长杨洁篪同志视察残奥村。

9月15日

● 北京奥运安保协调小组组长、公安部党委副书记、副部长刘京同志一行视察残奥村。

外宾来访

7月28日

● 国际奥委会奥运会执行主任费利访问奥运村。

8月1日

● 国际奥委会主席罗格和名誉主席萨马兰奇一行访问奥运村。

8月5日

● 卢森堡大公亨利访问奥运村。

8月6日

● 斯里兰卡总统拉贾帕克萨夫妇访问奥运村。

8月7日

● 希腊外长巴戈雅妮、库克群岛女王代表古德温、萨摩亚国家元首埃菲、巴西总统卢拉、泰国公主诗琳通、斐济临时政府总理白尼马拉马、澳大利亚总理陆克文、瑞士联邦主席库什潘、圣马力诺执政官阿马蒂、黑山总统武亚诺维奇、拉脱维亚总统扎特列尔斯、塞尔维亚总统鲍里斯·塔迪奇、关岛总督卡马科、塞舌尔总统米歇尔、英国公主安妮、几内亚总理苏瓦雷、丹麦王储腓特烈、塔吉克斯坦总统拉赫蒙·埃莫马利访问奥运村。

8月8日

● 法国总统萨科奇、日本首相福田康夫夫妇访问奥运村。

8月9日

● 俄罗斯总理普京、荷兰首相鲍肯内德、蒙古总统恩赫巴亚尔、阿塞拜疆总统阿利耶夫、莫桑比克总统格布扎、吉布提总理迪莱塔、俄罗斯副总理茹科夫、塞浦路斯总统赫里斯托菲亚斯、毛里求斯总统贾格纳特、波黑主席团主席西拉伊季奇、安道尔首相平塔特、柬埔寨副元首贡桑奥、马来西亚最高元首米赞、克罗地亚总统梅西奇、比利时王储菲利普访问奥运村。

8月10日

● 斯洛伐克总统加什帕罗维奇、汤加首相费莱蒂·塞韦莱、洛杉矶奥运村村长伊斯顿、加拿大外长艾默森访问奥运村。

8月11日

● 挪威国王哈拉五世及王后、马里总统杜尔夫妇、佛得角总统夫人阿德尔西娅、联合国秘书长体育发展顾问莱姆克、新西兰总督萨特亚南德、柬埔寨国王西哈莫尼访问奥运村。

8月13日

● 世界卫生组织总干事陈冯富珍、新加坡总统纳丹访问奥运村。

8月16日

● 国际奥委会主席罗格访问奥运村并在奥运村运动员餐厅举行早餐宴会，匈牙利总理久尔查尼访问奥运村。

8月17日

●日本参议员中曾根弘文、爱沙尼亚总理安西普访问奥运村。

8月18日

●西班牙王后索菲娅访问奥运村。

8月19日

●立陶宛总理格迪米纳斯·基尔基拉斯及夫人一行访问奥运村。

8月20日

●多米尼克总统利物浦、总理斯凯里特一行访问奥运村。

8月21日

●冰岛总统格里姆松夫妇、比利时首相莱特姆夫妇访问奥运村。

8月22日

●美国良知基金会主席施奈尔一行6人访问奥运村并到宗教中心
　参观，"球王"贝利和英国诺丁汉大学校长科林·坎贝尔访问
　奥运村。

8月23日

●英国首相布朗、澳大利亚总督杰弗里访问奥运村。

8月24日

●尼泊尔总理普拉昌达访问奥运村。

8月30日

●国际残奥委会主席菲利普·克雷文访问残奥村。

9月7日

●国际奥委会终身名誉主席萨马兰奇、德国总统克勒、瑞士国防
　部长兼体育部长施密德、比利时公主阿斯特里德、加拿大安大
　略省省督翁列访问残奥村。

9月8日

●克罗地亚副总理科索尔访问残奥村。

9月12日

●爱沙尼亚总统夫人伊芙琳访问残奥村。

9月16日

●国际奥委会主席罗格、国际残奥委会副主席米古尔·撒噶拉、土库曼斯坦贵宾访问残奥村。

团队运行

1月10日

●北京奥运会奥运村(残奥村)运行团队成立。

●上午，奥运村（残奥村）运行团队召开第1次主任办公会。北京市人大常委会主任、奥运村（残奥村）副村长、运行团队主任杜德印同志主持会议。北京市副市长、奥运村（残奥村）副村长、运行团队第一副主任陆昊，运行团队常务副主任兼秘书长吴京汩，常务副主任梅蕴新，副主任于德斌、李顺利、王淑贤、李玲蔚、赵津芳、赵惠芝，村长办公室主任熊九玲，副主任张利民、邓亚萍，北京奥组委奥运村部副部长胡跃庭出席了会议。奥运村部各处室负责同志列席了会议。会上，杜德印主任首先介绍了运行团队主要领导成员的情况，接着听取了吴京汩同志关于奥运村运行团队工作任务的介绍。会议研究了当前工作中存在的问题，部署了运行团队下一阶段的重点工作。

1月11日

●北京市副市长、北京奥组委执行副主席刘敬民同志主持召开住房分配专题会。

1月17日

●北京市人大常委会主任、奥运村（残奥村）副村长、运行团队主任杜德印同志主持召开奥运村工程有关工作专题会议。

1月23日

● 北京市副市长、奥运村（残奥村）副村长、运行团队第一副主任陆昊同志听取奥运村村长院最新功能布局调整方案的汇报。

2月3日

● 上午，奥运村（残奥村）运行团队召开第2次主任办公会。北京市人大常委会主任、奥运村（残奥村）副村长、运行团队主任杜德印同志主持会议。北京市副市长、奥运村（残奥村）副村长、运行团队第一副主任陆昊，运行团队常务副主任兼秘书长吴京汨，常务副主任梅蕴新，村长办公室主任熊九玲，副主任张利民、邓亚萍，运行团队副主任于德斌、李顺利、王淑贤、李玲蔚、丁百之、赵津芳、赵惠芝、徐玉伟参加了会议，运行团队有关负责同志列席了会议。会议指出：奥运村（残奥村）运行团队成立以来，到位的副主任深入了解情况，熟悉规则，积极发现解决问题，成效显著。但是，运行团队的总体工作仍然处在揭示矛盾、组建团队的阶段。各团队要对突出矛盾和存在的问题进行分类，分层次协调，统筹解决。团队要适应奥运会组织体制，要认识到这种国际化的体制与我们现有组织体制的不同，要进一步熟悉掌握情况，如安保政策、奥组委的财务制度及国际奥委会的规则。加快组建运行团队的第二级运行班子，争取在2月15日之前拿出方案。选干部采取"人找人"的办法，政治上要可靠，局级以下干部任用由团队主任办公会批准。会议强调，运行团队的各级领导要注意思想方法和工作方法，要开动脑筋，认真思考体制融合、执行规则和方法创新问题。会议分别听取了各位副主任关于近期工作进展情况汇报后，进行了研究讨论，最后部署了运行团队下一阶段的工作。

2月13日

● 奥组委领导批准运动员村详细运行设计方案。

2月19日

● 上午，奥运村（残奥村）运行团队召开第3次主任办公会。北京市人大常委会主任、奥运村（残奥村）副村长、运行团队主任杜德印同志主持会议。北京市副市长、奥运村（残奥村）副村长、运行团队第一副主任陆昊，市人大常委会秘书长唐龙，奥运村（残奥村）运行团队常务副主任兼秘书长吴京汨，常务副主任梅蕴新，村长办公室主任熊九玲，副主任张利民，运行团队副主任于德斌、李顺利、王淑贤、李玲蔚、丁百之、赵津芳、赵惠芝、徐玉伟，奥运村部副部长胡跃庭，国奥公司总经理张敬东，副总经理高浩参加了会议，运行团队有关负责同志列席了会议。会议研究讨论了关于运行团队办公室组建方案以及运动员村赛时办公区域空间规划等问题，研究了奥运村住宿服务运行团队的人员编制和财务预算问题、研究了运行团队的人事和财务工作，并对下一步的工作进行了部署。

3月2日

● 上午，奥运村（残奥村）运行团队召开第4次主任办公会。北京市人大常委会主任、奥运村（残奥村）副村长、运行团队主任杜德印同志主持会议。运行团队常务副主任兼秘书长吴京汨，常务副主任梅蕴新，村长办公室主任熊九玲，副主任张利民，运行团队副主任于德斌、李顺利、王淑贤、丁百之、赵津芳、赵惠芝、徐玉伟、丁保生，北京奥组委奥运村部副部长胡跃庭，工程和环境部部长助理潘文，奥运村（残奥村）运行团队监督办公室副主任李公田，首开集团副总裁、国奥公司董事王明，国奥公司副总经理高浩参加了会议，运行团队有关负责同志列席了会议。会议听取了运行团队赛时人员计划及团队经理层以下人员任职情况的请示，听取了后勤服务团队运行工作的汇报，听取了绿色家园近期工作情况的汇报，并对有关工作进行了研究和部署。

● 下午，奥运村（残奥村）运行团队召开第1次主任专题会。北京市人大常委会主任、奥运村（残奥村）副村长、运行团队主任杜德印同志主持会议。北京市副市长、奥运村（残奥村）副村长、运行团队第一副主任陆昊，运行团队常务副主任兼秘书长吴京沮，常务副主任梅蕴新，运行团队及有关方面的负责同志参加了会议。会议研究问题如下：（1）关于奥运村村长院首进院展品摆放方案的请示；（2）关于运动员村主餐厅、分餐厅试餐的请示；（3）关于商业街布局调整工作。

3月6日

● 下午，奥运村（残奥村）运行团队召开第2次主任专题会。北京市副市长、奥运村（残奥村）副村长、运行团队第一副主任陆昊同志主持会议。运行团队常务副主任兼秘书长吴京沮，常务副主任梅蕴新，运行团队及有关方面的负责同志参加了会议。会议研究问题如下：（1）关于村长院内装修情况的汇报；（2）关于皇朝家私家俱储备及供货移入情况的汇报；（3）关于奥运村42栋楼交工验收有关情况的汇报；（4）关于奥运村标识准备工作情况的汇报。

3月14日

● 上午，奥运村（残奥村）运行团队召开第3次主任专题会。北京市副市长、奥运村（残奥村）副村长、运行团队第一副主任陆昊同志主持会议。运行团队常务副主任兼秘书长吴京沮，常务副主任梅蕴新，运行团队有关方面的负责同志参加了会议。

会议研究问题如下：（1）关于宗教服务中心筹备情况的汇报；（2）关于绿色家园媒体村有关情况的汇报；（3）关于汇园公寓媒体村有关情况的汇报。

3月19日

● 上午，奥运村（残奥村）运行团队召开第5次主任办公会。北京市人大常委会主任、奥运村（残奥村）副村长、运行团队主任杜德印同志主持会议。运行团队常务副主任兼秘书长吴京汨，常务副主任梅蕴新，村长办公室主任熊九玲，副主任张利民，运行团队副主任于德斌、李顺利、王淑贤、李玲蔚、丁百之、赵津芳、赵惠芝、徐玉伟、丁保生、张敬东，北京奥组委奥运村部副部长胡跃庭，运行团队监督办公室主任李树发，北京市宗教局副局长程二雁及奥运村（残奥村）运行团队有关负责同志参加了会议。会议听取了奥运村（残奥村）赛时运行计划编制情况的汇报，听取了运行团队人员落实及第二批干部任职情况的汇报，听取了物业保障团队组建方案的汇报，听取了交通服务团队筹建工作的汇报，听取了奥运村（残奥村）住宿服务运行大纲的汇报，听取了综合服务团队工作情况的汇报。会议还对下一步工作进行了研究和部署。

3月21日

● 上午，奥运村（残奥村）运行团队召开第4次主任专题会。北京市人大常委会主任、奥运村（残奥村）副村长、运行团队主任杜德印同志主持会议。北京市副市长、奥运村（残奥村）副村长、运行团队第一副主任陆昊，运行团队常务副主任兼秘书长吴京汨，常务副主任梅蕴新，运行团队有关方面的负责同志参加了会议。会议研究问题如下：（1）关于召开奥运村志愿者动员大会的请示；（2）关于奥运村财务预算工作的汇报；（3）关于奥运村升旗广场文艺演出详细方案及相关问题的请示。

4月2日

●上午，奥运村（残奥村）运行团队召开第5次主任专题会。北京市副市长、奥运村（残奥村）副村长、运行团队第一副主任陆昊同志主持会议。运行团队常务副主任兼秘书长吴京泪，常务副主任梅蕴新，运行团队有关方面的负责同志参加了会议。会议研究问题如下：（1）关于奥运村运行团队有关人事工作的汇报；（2）关于奥运村综合服务医疗诊所有关工作的汇报；（3）关于奥运村鲜花景观设计实施方案的请示。

4月7日

●下午，奥运村（残奥村）运行团队召开第6次主任专题会。北京市副市长、奥运村（残奥村）副村长、运行团队第一副主任陆昊同志主持会议。会议专题研究了关于奥运村（残奥村）运行团队岗位设置及人员计划工作。运行团队常务副主任兼秘书长吴京泪，常务副主任梅蕴新，运行团队副主任，各业务口一层、二层经理以及部分合同商代表参加了会议。会议听取了奥运村运行团队人事经理徐景泉同志关于奥运村（残奥村）运行团队岗位设置及人员计划工作的汇报，之后进行了讨论。会议指出：要明确运行团队工作岗位的特点、规律和工作强度，从而使人员计划的编制更具有科学性。奥运村的人事工作重点就是通过人力资源的合理配置，使各业务口更好地把握运行工作，更合理地使用奥运村的有限资源，从而圆满地完成各项工作任务。

4月12日

●北京奥运村（残奥村）村长召开第1次会议。

4月18日

● 下午，奥运村（残奥村）运行团队召开第6次主任办公会。北京市人大常委会主任、奥运村（残奥村）副村长、运行团队主任杜德印同志主持会议。北京市副市长、奥运村（残奥村）副村长、运行团队第一副主任陆昊，中国残疾人联合会执行理事会副理事长、北京奥运会培训工作协调小组副组长、奥运村（残奥村）副村长程凯，奥运村（残奥村）运行团队常务副主任兼秘书长吴京汨，常务副主任梅蕴新，村长办公室主任熊九玲，副主任张利民、邓亚萍，运行团队监督办公室主任李树发，运行团队副主任于德斌、李顺利、王淑贤、李玲蔚、丁百之、赵津芳、赵惠芝、徐玉伟、丁保生、高煜、张敬东及运行团队有关负责同志参加了会议。会议听取了关于奥运村筹备工作进展情况的汇报，听取了关于奥运村监督办公室主要工作的汇报，听取了关于奥运村安保工作筹备情况的汇报，听取了关于残奥会物资工作的专题汇报。会议还对下一步工作进行了研究和部署。

4月22日

● 奥运村（残奥村）运行团队召开第7次主任专题会。北京市人大常委会主任、奥运村（残奥村）副村长、运行团队主任杜德印同志主持召开现场办公会，察看和听取绿色家园媒体村、汇园公寓媒体村和运动员村有关工作汇报。运行团队常务副主任兼秘书长吴京汨，常务副主任梅蕴新，村长办公室主任熊九玲，副主任张利民，运行团队副主任于德斌、李顺利、王淑贤、赵津芳、赵惠芝、徐玉伟、丁保生、高煜、张敬东等同志参加了会议。上午，杜德印同志察看了绿色家园媒体村、汇园公寓媒体村，分别听取赵津芳同志关于绿色家园媒体村工作进展情况的汇报、赵惠芝同志关于汇园公寓媒体村有关情况的汇报。下午，杜德印同志察看了运动员村南区和北区工程进展情况，听取了各位副主任有关工作情况的介绍，研究了当前奥运村施工过程中存在的主要问题。最后，杜德印同志对运行团队近期的主要工作提出要求。

4月29日

● 奥运村全区竣工验收。

5月5日

● 北京市副市长、北京奥组委执行副主席刘敬民同志主持召开奥运村（残奥村）工程建设有关工作专题会。

5月19日

● 下午，奥运村（残奥村）运行团队召开第8次主任专题会。北京市人大常委会主任、奥运村（残奥村）副村长、运行团队主任杜德印同志主持会议。北京市副市长、奥运村（残奥村）副村长、运行团队第一副主任程红，中国残疾人联合会执行理事会副理事长、北京奥运会培训工作协调小组副组长、奥运村（残奥村）副村长程凯，运行团队常务副主任兼秘书长吴京汨及运行团队有关方面负责同志参加了会议。会议研究问题如下：（1）关于运动员村综合测试总体运行方案的请示；（2）关于残奥会目前筹备工作情况的汇报；（3）关于与国际奥委会沟通情况的报告；（4）关于奥运村中的部队支奥人员工作进展的汇报；（5）关于奥运鲜花景观工作的请示。

5月28日

● 上午，奥运村（残奥村）运行团队召开第9次主任专题会。北京市人大常委会主任、奥运村（残奥村）副村长、运行团队主任杜德印同志主持会议，研究住宿团队总体运行有关工作。北京市副市长、奥运村（残奥村）副村长、运行团队第一副主任程红，运行团队常务副主任兼秘书长吴京汨及运行团队有关方面负责同志参加了会议。会议听取了运行团队副主任于德斌同志关于住宿团队总体运行方案的汇报和当前急需解决的5个方面问题的汇报，之后进行了讨论。会议对住宿团队前一阶段的工作给予肯定。会议指出：随着奥运会的逐渐临近，近期工作重点是详细梳理各业务团队的总体运行方案，明确各项工作流程，使大家及早进入实战状态。对于工作中遇到的涉及到国际奥委会的有关问题，要按照国际惯例，妥善处理好。

5月31日

●上午，奥运村（残奥村）运行团队召开第10次主任专题会。北京市人大常委会主任、奥运村（残奥村）副村长、运行团队主任杜德印同志主持会议，研究奥运村各团队总体运行有关工作。运行团队常务副主任兼秘书长吴京汨及运行团队有关方面负责同志参加了会议。会议内容如下：（1）传达习近平同志视察奥运场馆讲话精神；（2）研究关于综合服务运行方案的汇报；（3）研究关于后勤服务运行方案的汇报。

6月4日

●全国人大常委会副委员长、北京奥组委副主席、奥运村（残奥村）村长陈至立同志主持召开奥运村升旗仪式工作专题会。

6月5日

●上午，奥运村（残奥村）运行团队召开第11次主任专题会。北京市人大常委会主任、奥运村（残奥村）副村长、运行团队主任杜德印同志主持会议，研究奥运村有关工作。北京市副市长、奥运村（残奥村）副村长、运行团队第一副主任程红，中国残疾人联合会执行理事会副理事长、北京奥运会培训工作协调小组副组长、奥运村（残奥村）副村长程凯，运行团队常务副主任兼秘书长吴京泹及运行团队有关方面负责同志参加了会议。会议内容如下：（1）传达中共北京市委关于北京筹办奥运会有关工作指示精神；（2）研究关于安保团队总体运行方案的汇报；（3）研究关于奥运村（残奥村）形象景观工作的汇报。

6月11日

● 上午，奥运村（残奥村）运行团队召开第13次主任专题会。北京市人大常委会主任、奥运村（残奥村）副村长、运行团队主任杜德印同志主持召开会议，研究交通团队总体运行有关工作。北京市副市长、奥运村（残奥村）副村长、运行团队第一副主任程红，中国残疾人联合会执行理事会副理事长、北京奥运会培训工作协调小组副组长、奥运村（残奥村）副村长程凯，运行团队常务副主任兼秘书长吴京泹及运行团队有关方面负责同志参加了会议。会议听取了运行团队副主任丁保生同志关于交通团队总体运行方案的汇报，之后进行了讨论。会议对交通团队前一阶段的工作表示了充分肯定。会议指出：交通团队是一个服务性很强的团队，工作涉及大量接口单位，需要很强的统筹协调能力来满足各个层面的交通需求。会议强调：交通团队下一步的工作重点是在进一步优化、完善各项运行方案的同时，充分考虑残奥会特殊需求，完善残奥会总体运行计划。

6月12日

● 上午，奥运村（残奥村）运行团队召开第14次主任专题会。北京市副市长、奥运村（残奥村）副村长、运行团队第一副主任程红同志主持会议，研究奥运村工程建设方面的问题。运行团队常务副主任兼秘书长吴京汩，奥组委工程和环境部部长许健，部长助理潘文，交通委及运行团队有关方面的负责同志参加了会议。会议听取了吴京汩同志关于奥运村工程建设方面问题的汇报，之后进行了讨论。会议首先肯定了近期有关部门对奥运村工程建设方面的支持和所做的工作，同时指出，面对目前开工建设的工程问题，施工单位要根据实际运行需要，抓紧时间施工，按期交工。对新增小的工程需求，各团队要结合实地考察，加强沟通配合，简化程序，及早协商解决。会议强调，随着奥运村综合测试的日益临近，各团队在充分考虑运行需求的情况下，以奥运规则为前提，结合奥运村实际，本着安全、顺畅、便捷的原则，积极协调配合，全力以赴地做好奥运村工程收尾工作，为奥运村在赛时的顺利运行提供各方面保证。

6月14日至15日

●绿色家园媒体村开展"体验之旅"活动。

6月18日

●下午，奥运村（残奥村）运行团队召开第15次主任专题会。在奥组委第97次执委（扩大）会议后，北京市人大常委会主任、奥运村（残奥村）副村长、运行团队主任杜德印同志主持会议，研究奥运村综合测试演练方案等有关工作。北京市副市长、奥运村（残奥村）副村长、运行团队第一副主任程红，运行团队常务副主任兼秘书长吴京汩及运行团队有关方面负责同志参加了会议。会议指出：奥运村运行团队下一阶段的工作重点是7月3日至4日的综合测试演练，各团队要建立完善的信息系统，通过桌面演练，完善测试方案，做好测试准备。

6月20日

● 下午，奥运村（残奥村）运行团队召开第16次主任专题会。北京市人大常委会主任、奥运村（残奥村）副村长、运行团队主任杜德印同志主持会议，研究奥运村景观标识布置方案工作。北京市副市长、奥运村（残奥村）副村长、运行团队第一副主任程红，中国残疾人联合会执行理事会副理事长、北京奥运会培训工作协调小组副组长、奥运村（残奥村）副村长程凯，运行团队常务副主任兼秘书长吴京汩及运行团队有关方面负责同志参加了会议。会议听取了运行团队副主任张敬东同志关于奥运村景观标识布置方案的汇报，之后进行了讨论。会议对运动员村景观标识布置方案给予肯定，同时指出：运动员村的景观标识布置要利用自然环境进行美化，减少人工雕琢的痕迹，同时注意与形象景观设计的衔接。

6月22日

● 下午，奥运村（残奥村）运行团队召开第17次主任专题会。北京市人大常委会主任、奥运村（残奥村）副村长、运行团队主任杜德印同志主持会议，研究奥运村总体运行有关工作。北京市副市长、奥运村（残奥村）副村长、运行团队第一副主任程红，中国残疾人联合会执行理事会副理事长、北京奥运会培训工作协调小组副组长、奥运村（残奥村）副村长程凯，运行团队常务副主任兼秘书长吴京汩及运行团队有关方面负责同志参加了会议。会议研究问题如下：（1）关于文化活动和媒体工作总体运行方案的汇报；（2）关于物业与工程保障方案的汇报；（3）关于运动员村环线班车运行线路调整的汇报。

6月25日

● 下午，奥运村（残奥村）运行团队召开第18次主任专题会。北京市副市长、奥运村（残奥村）副村长、运行团队第一副主任程红同志主持会议，研究各团队综合测试方案有关工作。运行团队常务副主任兼秘书长吴京汨，常务副主任梅蕴新，运行团队及有关方面的负责同志参加了会议。会议分别听取了各团队关于测试工作方案的汇报，之后进行了讨论。会议议定事项如下：（1）关于安保的有关工作；（2）关于文化活动和媒体的有关工作；（3）关于住宿的有关工作；（4）关于后勤服务的有关工作；（5）关于对外联络的有关工作；（6）关于交通的有关工作；（7）关于村长办公室的有关工作；（8）关于餐饮的有关工作；（9）关于综合服务的工作；（10）关于工程物业保障的有关工作；（11）关于下一步的工作安排。

6月26日

● 下午，奥运村（残奥村）运行团队召开第19次主任专题会。北京市人大常委会主任、奥运村（残奥村）副村长、运行团队主任杜德印同志主持会议，听取绿色家园媒体村、汇园公寓媒体村有关工作情况汇报。北京市副市长、奥运村（残奥村）副村长、运行团队第一副主任程红，中国残疾人联合会执行理事会副理事长、北京奥运会培训工作协调小组副组长、奥运村（残奥村）副村长程凯，运行团队常务副主任兼秘书长吴京汨，常务副主任梅蕴新及运行团队有关方面负责同志参加了会议。会议分别听取了运行团队副主任赵津芳同志关于绿色家园媒体村筹备情况的汇报，运行团队副主任赵惠芝同志关于汇园公寓媒体村筹备情况的汇报。会议对两个媒体村前一阶段的工作给予充分肯定。会议强调：媒体村要将服务工作和对媒体运行的服务性政策区分开，媒体村只对住宿媒体提供后勤保障性工作。奥运村新闻宣传问题和媒体运行问题由各媒体服务副主任负责,他们接受北京奥组委垂直领导。媒体服务副主任要在与运行团队分清责任的基础上,做到信息共享。此项工作由奥运村运行团队、北京奥组委新闻宣传部和媒体运行部共同落实。

6月27日

● 上午,奥运村(残奥村)运行团队召开第7次主任办公会。北京市人大常委会主任、奥运村(残奥村)副村长、运行团队主任杜德印同志主持会议。北京市副市长、奥运村(残奥村)副村长、运行团队第一副主任程红,运行团队常务副主任兼秘书长吴京汨,常务副主任梅蕴新,村长办公室主任熊九玲,副主任张利民、邓亚萍,运行团队副主任于德斌、李顺利、王淑贤、丁百之、赵津芳、赵惠芝、徐玉伟、丁保生、高煜同志参加了会议,运行团队有关负责同志列席了会议。会议听取了吴京汨同志关于建立奥运村赛时指挥体系建议的汇报,研究了运动员村综合测试演练及集群电话配置等有关问题。

7月3日至4日

● 奥运村举行赛前综合测试演练。

7月5日

● 奥运村(残奥村)运行团队召开第8次主任办公会。北京市人大常委会主任、奥运村(残奥村)副村长、运行团队主任杜德印同志主持会议,总结运动员村综合测试演练工作。北京市副市长、奥运村(残奥村)副村长、运行团队第一副主任程红,中国残疾人联合会执行理事会副理事长、北京奥运会培训工作协调小组副组长、奥运村(残奥村)副村长程凯,运行团队常务副主任兼秘书长吴京汨,常务副主任梅蕴新,村长办公室主任熊九玲,副主任张利民、邓亚萍,运行团队副主任于德斌、李顺利、王淑贤、李玲蔚、丁百之、赵津芳、赵惠芝、徐玉伟、丁保生、张敬东、高煜，监督办公室副主任李公田同志参加了会议，运行团队有关负责同志列席了会议。会议分别听取了各团队副主任对综合测试演练情况的总结汇报，充分肯定测试演练达到了预期目的和效果。会议指出，这次测试演练邀请的国家部委和北京市22家单位2144人，非常负责地协助团队完成了测试工作，提出了非常中肯的意见和建议。通过测试，整个运行团队检验了工作，发现了问题，锻炼了队伍，增加了信心，深化了认识，积累了经验，鼓舞了士气，奠定了基础。

7月6日

● 汇园公寓媒体村运行团队召开誓师动员大会。

7月8日

● 下午，奥运村（残奥村）运行团队召开第20次主任专题会。北京市人大常委会主任、奥运村（残奥村）副村长、运行团队主任杜德印同志主持会议，研究奥运村对外联络团队相关问题。运行团队常务副主任兼秘书长吴京汨，常务副主任梅蕴新及运行团队有关方面负责同志参加了会议。会议研究问题如下：（1）关于代表团团长例会运行计划的汇报；（2）关于对外联络团队待定的问题。

● 下午，奥运村（残奥村）运行团队召开第21次主任专题会。北京市副市长、奥运村（残奥村）副村长、运行团队第一副主任程红同志主持会议。运行团队常务副主任兼秘书长吴京汨，常务副主任梅蕴新及运行团队有关方面负责同志参加了会议。会议研究问题如下：（1）关于运行团队物业报修流程的汇报；（2）关于完善运行中心运行的请示；（3）关于奥运村交通运行有关情况的汇报。

7月10日

●奥运村（残奥村）志愿者召开誓师动员大会。

7月11日至12日

●绿色家园媒体村进行综合测试演练。

7月12日

●奥运村（残奥村）运行团队召开第9次主任办公会。北京市人大常委会主任、奥运村（残奥村）副村长、运行团队主任杜德印同志主持会议。中国残疾人联合会执行理事会副理事长、北京奥运会培训工作协调小组副组长、奥运村（残奥村）副村长程凯，运行团队常务副主任兼秘书长吴京汨，常务副主任梅蕴新，村长办公室副主任张利民、邓亚萍，运行团队副主任于德斌、李玲蔚、丁百之、赵津芳、赵惠芝、徐玉伟、高煜，监督办公室主任李树发及各团队有关负责同志参加了会议，运行团队有关同志列席了会议。会议内容如下：（1）传达中央领导视察奥运村有关指示精神；（2）研究奥运村（残奥村）赛时指挥体系。

7月13日至14日

●汇园公寓媒体村进行综合测试演练。

7月14日

●绿色家园媒体村召开运行团队誓师动员大会。

7月15日

●上午，奥运村（残奥村）运行团队召开第22次主任专题会。北京市副市长、奥运村（残奥村）副村长、运行团队第一副主任程红同志主持会议。北京市人大常委会主任、奥运村（残奥村）副村长、运行团队主任杜德印，运行团队常务副主任兼秘书长吴京汨，常务副主任梅蕴新及运行团队有关方面负责同志参加了会议。会议研究问题如下：（1）关于运动员村交通方案的工作；（2）关于落实中央领导指示精神，做好奥运村的有关工作。

7月17日

● 上午，奥运村（残奥村）运行团队召开第23次主任专题会。北京市人大常委会主任、奥运村（残奥村）副村长、运行团队主任杜德印同志主持会议，研究奥运村开村仪式方案的汇报。北京市副市长、奥运村（残奥村）副村长、运行团队第一副主任程红，运行团队常务副主任兼秘书长吴京汨，常务副主任梅蕴新及运行团队有关方面负责同志参加了会议。会议研究问题如下：（1）关于奥运村开村仪式方案的汇报；（2）关于奥运村新闻宣传的有关工作；（3）关于下一步的工作安排。

7月19日

● 奥运村（残奥村）运行团队召开第10次主任办公会。北京市人大常委会主任、奥运村（残奥村）副村长、运行团队主任杜德印同志主持会议。北京市副市长、奥运村（残奥村）副村长、运行团队第一副主任程红，中国残疾人联合会执行理事会副理事长、北京奥运会培训工作协调小组副组长、奥运村（残奥村）副村长程凯，运行团队常务副主任兼秘书长吴京汨，常务副主任梅蕴新，村长办公室主任熊九玲，副主任张利民、邓亚萍，运行团队副主任于德斌、李顺利、王淑贤、李玲蔚、丁百之、赵津芳、赵惠芝、徐玉伟、丁保生、张敬东，监督办公室主任李树发，安保团队颜廷武及各团队有关负责同志参加了会议，运行团队有关同志列席了会议。会议议定如下事项：（1）关于传达奥运监督委员会第18次全会的精神；（2）关于奥运村（残奥村）赛时信息报送工作；（3）关于残奥村开村仪式；（4）关于下一步工作。

7月20日

● 奥运村预开村。

7月21日

● 上午，奥运村（残奥村）运行团队召开第24次主任专题会。北京市人大常委会主任、奥运村（残奥村）副村长、运行团队主任杜德印主持会议，研究中国体育代表团入住北京奥运村的有关问题。国家体育总局副局长崔大林，北京市副市长、奥运村（残奥村）副村长、运行团队第一副主任程红，运行团队常务副主任梅蕴新，村长办公室副主任张利民，运行团队副主任王淑贤、李玲蔚、丁百之、丁保生、张敬东、高煜，国家体育总局外联司司长宋鲁增，副司长左志勇及冯宝忠、孙婉等有关负责同志参加了会议，运行团队有关同志列席了会议。会议听取了崔大林同志对中国体育代表团总体情况的介绍，之后进行了讨论。会议指出：为了保证比赛，不影响运动员能力、水平的发挥，奥运村将尽可能地排除干扰，为中国体育代表团提供方便和服务，确保运动员取得最好成绩。

7月22日

● 下午，奥运村（残奥村）运行团队召开第25次主任专题会。北京市人大常委会主任、奥运村（残奥村）副村长、运行团队主任杜德印同志在运动员村国奥中心B座三层会议室接待了中国残奥代表团副团长吕世明等负责同志。中国残疾人联合会执行理事会副理事长、北京奥运会培训工作协调小组副组长、奥运村（残奥村）副村长程凯，运行团队常务副主任兼秘书长吴京汨及交通团队、住宿团队、抵离中心、对外联络团队、后勤服务团队等领导及相关同志参加了会议。会议就中国残奥代表团入村前后的有关事宜进行了讨论。会议议定事项如下：（1）关于代表团入村时间及欢迎仪式问题；（2）关于代表团房间和物资设备的要求问题；（3）关于代表团的交通需求问题；（4）关于代表团证件的需求问题；（5）关于残奥村提供场地，安排中国残奥代表团召开总结大会的问题。

7月24日

●上午，奥运村（残奥村）运行团队召开第26次主任专题会。北京市人大常委会主任、奥运村（残奥村）副村长、运行团队主任杜德印同志主持会议。北京市副市长、奥运村（残奥村）副村长、运行团队第一副主任程红同志，运行团队常务副主任兼秘书长吴京泪，常务副主任梅蕴新，工程和环境部部长许健，部长助理潘文，运行团队副主任李玲蔚、张敬东及运行团队有关方面负责同志参加了会议。会议议定事项如下：（1）关于运动员村公寓楼地下储藏室潮湿的问题；（2）关于公寓楼个别卫生间积水的问题；（3）关于代表团团长例会的运行机制问题。

7月25日

●绿色家园媒体村开村。

●汇园公寓媒体村开村。

●奥运村举行第一次新闻发布会。

7月26日

●奥运村（残奥村）运行团队召开誓师动员大会。

7月27日

●奥运村举行开村仪式及中国代表团入村欢迎仪式。

7月28日

●下午，奥运村（残奥村）运行团队召开第28次主任专题会。北京市人大常委会主任、奥运村（残奥村）副村长、运行团队主任杜德印同志主持会议。北京市副市长、奥运村（残奥村）副村长、运行团队第一副主任程红，运行团队常务副主任兼秘书长吴京汩，常务副主任梅蕴新及运行团队有关方面负责同志参加了会议。会议研究问题如下：（1）关于代表团升旗仪式的有关工作；（2）关于接受新闻采访的工作流程；（3）关于奥运村公寓楼地下储藏室"防潮、除霉、防漏"的有关工作；（4）关于完善奥运村工作人员及志愿者的管理规定；（5）关于奥运村工作人员及志愿者的物资保障工作；（6）关于残奥会向获奖运动员赠送贺信及小工艺品的问题。

7月29日

● 下午，奥运村（残奥村）运行团队召开第29次主任专题会。北京市人大常委会主任、奥运村（残奥村）副村长、运行团队主任杜德印同志主持会议，研究奥运会开幕式的有关工作。北京市副市长、奥运村（残奥村）副村长、运行团队第一副主任程红，运行团队常务副主任兼秘书长吴京汩，常务副主任梅蕴新及运行团队有关方面负责同志参加了会议。会议听取了吴京汩同志关于奥运村开幕式相关工作的汇报，之后进行了讨论。会议对各团队开、闭幕式运行配合方案给予肯定。会议指出：要做好8月8日开幕式运动员的组织等有关工作，一定要充分发挥各国NOC代表团的作用。各团队的运行计划一定要坚持以人为本、以运动员为中心的原则，给运动员参加开幕式提供安全和方便的条件。

8月1日

● 奥运村举行奥林匹克休战协议"和平友谊墙"启动仪式。
● 奥运村举行国际奥委会"给予就是获得"慈善捐赠活动启动

仪式。

8月3日

● 下午，奥运村（残奥村）运行团队召开第30次主任专题会。北京市人大常委会主任、奥运村（残奥村）副村长、运行团队主任杜德印同志主持会议，研究高峰期升旗仪式和贵宾接待等有关工作。运行团队常务副主任兼秘书长吴京汨，常务副主任梅蕴新，村长办公室主任熊九玲，副主任张利民、邓亚萍，运行团队副主任李玲蔚、丁百之及运行团队有关方面负责同志参加了会议。会议指出，8月5日至9日，奥运村进入了贵宾接待和升旗仪式的高峰期，为了确保接待工作与组织工作安全、有序、合规，会议决定，由对外联络团队牵头，负责制定每场升旗仪式及贵宾接待的工作方案，明确有关团队工作任务和具体要求，该方案经吴京汨同志审核后报陈健同志审定，同时复印报运行团队领导。针对高峰期访客卡发放的工作，会议强调：要根据国际奥委会的规则要求，保障升旗仪式和贵宾来访的工作需要，大国、小国一律平等，在尽量满足各代表团需求的前提下，根据情况，灵活掌握。

8月6日

● 下午，奥运村（残奥村）运行团队召开第31次主任专题会。北京市人大常委会主任、奥运村（残奥村）副村长、运行团队主任杜德印同志主持会议，研究国际贵宾进村接待等有关工作。北京奥组委执行副主席兼秘书长王伟，中国联合国协会会长、奥运村（残奥村）副村长陈健，北京市副市长、奥运村（残奥村）副村长、运行团队第一副主任程红，北京奥组委国际联络部部长赵会民，运行团队常务副主任兼秘书长吴京汨，常务副主任梅蕴新，村长办公室主任熊九玲，副主任单丽洁、张利民，运行团队副主任李玲蔚、丁保生及运行团队、奥组委国际联络部有关方面负责同志参加了会议。会议听取了赵会民、李玲蔚同志关于国际贵宾进村接待有关工作的汇报，之后进行了讨论。会议指出，8月7日至10日，贵宾接待工作呈现了时间集中、工作量大、信息渠道来源多的特点。根据工作需要，奥组委国际联络部调派7名精通业务的礼宾经理到奥运村协助工作，确保圆满完成贵宾接待任务。

8月7日

● 上午，奥运村（残奥村）运行团队召开第32次主任专题会。北京市人大常委会主任、奥运村（残奥村）副村长、运行团队主任杜德印同志主持会议，研究开幕式当天工作人员管理等有关工作。运行团队常务副主任兼秘书长吴京泊，常务副主任梅蕴新，村长办公室副主任张利民，运行团队副主任李顺利、王淑贤、李玲蔚、丁保生、徐玉伟、张敬东，监督办公室主任李树发及运行团队有关方面负责同志参加了会议。会议议定如下事项：（1）关于开幕式当天的人员管理工作；（2）关于加强工作人员的管理工作。

8月10日

● 上午，奥运村（残奥村）运行团队召开第12次主任办公会。北京市人大常委会主任、奥运村（残奥村）副村长、运行团队主任杜德印同志主持会议。北京市副市长、奥运村（残奥村）副村长、运行团队第一副主任程红，运行团队常务副主任兼秘书长吴京泊，常务副主任梅蕴新，村长办公室副主任张利民、邓亚萍，运行团队副主任于德斌、王淑贤、李玲蔚、丁百之、赵津芳、赵惠芝、徐玉伟、丁保生、张敬东、高煜，监督办公室主任李树发，安保团队颜廷武，综合服务团队申金升同志参加了会议，运行团队有关同志列席了会议。会议听取了各位副主任关于近期运行工作情况的总结，之后进行了讨论。会议对各团队前一阶段的工作给予了充分的肯定。会议指出：奥运村运行团队在前一阶段各项服务高水平运行的同时，获得了开村仪式和开幕式组织两个战役的巨大成功，这是大家共同努力和共同配合的结果。作为中国第一代奥运村人，在书写历史的同时，也在创造历史。我们在确保为各国运动员做好服务的同时，也向他们展现了中国人民的良好精神风貌。

8月13日

● 下午，奥运村（残奥村）运行团队召开第33次主任专题会。北京市人大常委会主任、奥运村（残奥村）副村长、运行团队主任杜德印同志主持会议。北京市副市长、奥运村（残奥村）副村长、运行团队第一副主任程红，中国残疾人联合会执行理事会副理事长、北京奥运会培训工作协调小组副组长、奥运村（残奥村）副村长程凯，运行团队常务副主任兼秘书长吴京汨，常务副主任梅蕴新及运行团队有关方面负责同志参加了会议。会议听取了对外联络团队和假肢轮椅维修团队关于残奥村转换和运行方案的工作汇报，之后进行了讨论。会议对两个团队残奥会转换方案和残奥会运行方案给予了充分肯定。会议指出：奥运会与残奥会同时举办，需要奥运村各团队齐心协力，共同努力，做到"两个奥运，同样精彩"。各团队要把奥运会筹办工作经验灵活运用到残奥会中，提早考虑残奥会的特殊需求，主动工作，积极协调，准确定位，做到国际社会、老百姓和运动员三满意。

8月15日

● 奥运村举行第二次新闻发布会。

8月16日

●奥运村（残奥村）运行团队召开第34次主任专题会。北京市人大常委会主任、奥运村（残奥村）副村长、运行团队主任杜德印同志主持会议。北京市副市长、奥运村（残奥村）副村长、运行团队第一副主任程红，中国残疾人联合会执行理事会副理事长、北京奥运会培训工作协调小组副组长、奥运村（残奥村）副村长程凯，运行团队常务副主任兼秘书长吴京氻，常务副主任梅蕴新，村长办公室主任熊九玲，副主任张利民，运行团队副主任于德斌、李顺利、王淑贤、李玲蔚、何川、丁百之、丁保生、徐玉伟、张敬东及运行团队有关方面负责同志参加了会议。会议分别听取了交通、安保、后勤保障、文化和媒体工作、住宿、餐饮、综合服务、工程和物业保障、人事、志愿者、标识团队关于残奥村转换和运行方案的工作汇报，之后进行了讨论。会议对各个团队关于残奥村转换和运行方案给予肯定。会议强调，残奥村各项工作要坚持"以人为本、以运动员为中心"的指导思想，在确保"人民群众、各国运动员、国际社会三方面满意"的同时，要充分考虑残奥会的特殊需求，特别要让"残疾人运动员满意"，给予他们最方便、及时的服务，实现举办一届"高水平、有特色"的残奥会的目标。

8月23日

●下午，奥运村（残奥村）运行团队召开第35次主任专题会。北京市人大常委会主任、奥运村（残奥村）副村长、运行团队主任杜德印同志主持会议，北京市副市长、奥运村（残奥村）副村长、运行团队第一副主任程红，运行团队常务副主任兼秘书长吴京氻，常务副主任梅蕴新及运行团队有关方面负责同志参加了会议。会议听取了运行团队副主任丁保生同志关于奥运村闭幕式相关工作的汇报，之后进行了讨论。会议对各团队的闭幕式运行配合方案给予肯定。

8月27日

● 奥运村闭村。

● 奥运村（残奥村）运行团队召开奥运会总结暨残奥会动员大会。

8月28日

● 残奥村预开村。

● 汇园公寓媒体村召开总结大会。

8月29日

● 绿色家园媒体村召开闭村暨总结大会。

● 汇园公寓媒体村闭村。

8月30日

● 北京残奥村举行开村暨中国残奥会体育代表团欢迎仪式。

● 残奥村举行《残疾人权利公约》纪念墙揭幕仪式。

● 残奥村举行第一次新闻发布会。

9月4日

● 下午，奥运村（残奥村）运行团队召开第36次主任专题会。北京市人大常委会主任、奥运村（残奥村）副村长、运行团队主任杜德印同志主持会议。中国残疾人联合会执行理事会副理事长、北京奥运会培训工作协调小组副组长、奥运村（残奥村）副村长程凯，运行团队常务副主任兼秘书长吴京汨，常务副主任梅蕴新及运行团队有关方面负责同志参加了会议。会议分别听取了各运行团队关于残奥村开幕式有关工作的汇报，之后进行了讨论。会议对各个团队关于残奥会开幕式运行方案给予充分肯定。会议强调：残奥会开幕式的运动员组织工作，要充分考虑到残疾人运动员的行动特点，合理掌握时间节奏，体现残奥村细致、体贴、高效率的服务质量，为残疾人运动员最大限度地提供便利条件。

9月13日

●下午，奥运村（残奥村）运行团队召开第37次主任专题会。北京市副市长、奥运村（残奥村）副村长、运行团队第一副主任程红同志主持会议，研究收尾阶段团队人员安排问题。运行团队常务副主任兼秘书长吴京汨，常务副主任梅蕴新，运行团队办公室副主任周晓柏同志参加了会议。会议指出，目前残奥村各项运行工作平稳有序，接近收尾阶段。各团队领导要切实负起责任，带好队伍，再接再厉，确保奥残村工作圆满结束。要制定科学、严密的撤离工作计划和程序，分批有序地撤离。残奥村闭村后，各团队重点岗位一定要留人，工程和物业、安保、住宿和后勤服务等团队要为留守人员做好保障供应工作，为收尾工作做好服务。会议要求，结合奥组委善后工作计划，办公室要制定好收尾阶段人员的安排和撤离工作计划，根据团队工作性质和人员类型，明确留守人员和撤离人员的离村时间，确保各项工作善始善终。

9月15日

●残奥村举行第二次新闻发布会。

9月16日

●上午，奥运村（残奥村）运行团队召开第38次（最后一次）主任专题会。北京市副市长、奥运村（残奥村）副村长、运行团队第一副主任程红同志主持召开奥运村图书编辑工作组第1次会议。运行团队副主任丁百之，村长办公室副主任邓亚萍，运行团队办公室副主任周晓柏，北京出版社社长吴雨初等有关方面同志出席了会议，运行团队有关负责同志列席了会议。会议听取了运行团队副主任丁百之同志关于奥运村图书有关工作的汇报，之后进行了讨论。会议指出：奥运村作为北京奥运会的大本营，出色的工作成绩得到了北京奥组委和世界各个国家和地区代表团的充分肯定。因此，奥运村图书编辑工作，是用文字的方式记载历史，留住记忆，将奥运村日常工作中的精彩片断和难点、亮点体现出来。

9月17日

●上午，奥运村（残奥村）运行团队召开第14次（最后一次）主任办公会。北京市人大常委会主任、奥运村（残奥村）副村长、运行团队主任杜德印同志主持会议，北京市副市长、奥运村（残奥村）副村长、运行团队第一副主任程红，运行团队常务副主任兼秘书长吴京汨，常务副主任梅蕴新及运行团队有关方面负责同志参加了会议。会议议定事项如下：（1）关于残奥会闭幕式的交通工作；（2）关于做好北京奥运会、残奥会先进集体和先进个人推荐评选工作；（3）关于加强村内工作人员的纪律；（4）关于撤离期有关工作安排。

9月20日

●残奥村闭村。

●奥运村（残奥村）运行团队召开总结联欢会。

（运行团队办公室田雷供稿）

北京奥运村（残奥村）部分工作人员名单

杜德印： 北京市人大常委会主任、奥运村（残奥村）副村长兼运行团队主任

程 红： 北京市副市长、奥运村（残奥村）副村长兼运行团队第一副主任

吴京汨： 北京奥组委奥运村部部长、奥运村（残奥村）运行团队常务副主任兼秘书长

梅蕴新： 北京首旅集团副董事长兼总裁、奥运村（残奥村）运行团队常务副主任

熊九玲： 中国国际贸易促进委员会北京市分会主任、奥运村（残奥村）村长办公室主任兼运行团队办公室副主任

张利民： 天安门地区管理委员会副主任兼北京会议中心主任、奥运村（残奥村）村长办公室副主任

邓亚萍： 北京奥组委奥运村部副部长、奥运村（残奥村）村长办公室副主任

于德斌： 北京市旅游局副局长、北京奥组委奥运村部副部长、奥运村（残奥村）运行团队住宿副主任

李顺利： 北京市商务局副局长、奥运村（残奥村）运行团队综合服务副主任

王淑贤： 北京科技协作中心副主任、北京奥组委奥运村部副部长、奥运村（残奥村）运行团队后勤保障副主任

李玲蔚： 北京奥组委国际联络部副部长、奥运村（残奥村）运行团队对外联络副主任

何 川： 北京奥组委国际联络部副部长、奥运村（残奥村）运行团队对外联络副主任

丁百之： 北京奥组委文化活动部副部长、奥运村（残奥村）运行团队文化活动和媒体工作副主任

赵津芳： 北京市妇联主席、奥运村（残奥村）运行团队副主任兼绿色家园媒体村运行团队主任

赵惠芝： 北京北辰实业股份有限公司总经理、奥运村（残奥村）运行团队副主任兼汇园公寓媒体村运行团队主任

徐玉伟： 中国国际贸易促进委员会北京市分会副主任、奥运村（残奥村）运行团队餐饮副主任

丁保生： 北京市交通执法总队总队长、奥运村（残奥村）运行团队交通副主任

李树发： 中共北京市委巡视组组长、奥运村（残奥村）运行团队监督办公室主任

高　煜： 北京市公安局副局长、奥运村（残奥村）运行团队安保副主任

张敬东： 国奥投资发展有限公司总经理、奥运村（残奥村）运行团队工程和物业保障副主任

（以下工作人员按姓氏笔画排序）

运行团队办公室

丁　南	丁剑飞	丁章春	万丽丽	凡　虹	马　青	马晓珍
王　飞	王　刚	王　昂	王　炎	王　瑞	王　慧	王　磊
王　鑫	王　鑫	王民英	王建军	王淑玲	支国良	田　杰
田　野	田　雷	田晓东	白　雷	白　薇	白云飞	白洪勇
冯　敏	吕弈畏	朱　宁	朱小莹	庄倩文	刘　畅	刘文东
刘世敏	刘民海	刘志强	刘杰锋	刘晓庆	关顺舟	李　化

李　丹　李　丹　李　凯　李　夏　李　峰　李　婷　李红泉
李珊珊　杨红娟　杨学花　肖　怡　肖　翼　吴　琼　何青林
辛　娜　沈　科　宋　辞　张　帅　张　宁　张　华　张　盼
张　彬　张一兵　张国忠　张金亮　张晓翘　张倩倩　张崇庆
张超峰　张楠楠　陈　静　陈莉莉　陈森斌　邵先锋　林苏梅
罗珍霞　周　琪　周勇杰　周晓柏　周铁成　屈　爽　孟　冬
郝富惠　胡法效　胡跃庭　洪　雁　贺佳玲　敖　敦　袁　曦
贾　岩　柴振聪　徐景泉　高　亚　高　华　唐　玮　黄亚红
曹　菁　崔　竞　康　森　蒋　伟　蒋　雯　韩　涛　韩雪梅
程晓黎　焦　辉　路明师　詹汉琴　戴恒春

村长办公室

万　莹　王燕云　戎　军　刘建国　刘婷婷　许佳磊　孙　雷
李　文　杨强国　何　璇　佘运高　沙　楠　张　晴　张　毅
张云飞　周小玲　单丽洁　赵长杰　冒小飞　段思宁　侯海强
姜丽莉　梁玉兰　程　瑾　詹　成　解　敏　谭玉成　滕树兵

监督办公室

任立新　刘　红　孙树义　李公田　何晓林

餐饮服务团队

马朝辉　王　琪　王旭伟　王翠霞　王黎东　艾冬苒　冯　莉
刘　迪　刘小虹　刘国新　刘继福　孙建永　李　军　李小源
李绍录　李嘉军　杨　月　邱海英　张会莲　张芳芳　张增跃

陆　原　陈　威　陈　洁　陈　嵘　赵新生　郝振明　桂　斌
徐　硕　郭建军　桑　玉　崔　勇　康　健　梁　颖　彭　璐
焦倩颖　富晓燕　薛　晶

文化活动和媒体工作团队

丁乙丁　巧　于文涛　马　戎　王　霞　王力志　王平久
王永东　王贯正　王稳增　田　伟　边雪霏　朱丽轩　任小珑
刘雅嘉　关　亮　孙　倩　李　琳　杨志成　杨翠松　连少英
邱大卫　张　杨　张　雷　张宇飞　张树刚　陆　静　陈　欣
陈　涵　陈　琛　林存东　周训刚　郑　颖　徐　磊　栾　恋
高　鹏　曹　丽　崔　茜　鹿　鸣　黑　迪　樊　蕊　魏宏全

对外联络团队

丁　一　丁　力　丁伯坦　于　梦　于长江　王　平　王　宁
王　俊　王　博　王　潇　王丹青　王言杰　王金枝　王茹娟
王萌萌　王晨雪　王鑫淼　亓顺红　尤　佳　尤　亮　尹　海
尹立鑫　孔　雷　孔林楠　邓　晨　艾　林　艾琳娜　龙芳华
田　添　白　婕　白春霞　丛黎明　冯良昊　宁圃玉　加米尔
吕军熠　朱　龚　朱　芸　朱长虹　朱晓金　朱晓洁　任继宁
伦淑芬　刘　萌　刘　靓　刘　晶　刘　源　刘小汕　刘文娜
刘克敏　刘青竹　齐佳良　江潇潇　许　萍　牟佳妮　牟承碧
花　蕾　苏　扬　杜　茜　杜雯雯　李　贝　李　宏　李　娜
李　起　李　焱　李　楠　李　解　李　嘉　李冬妮　李春燕
李瑞端　李瑞端　杨　君　杨　柳　杨　婷　杨义萍　杨懿俊

肖文艳　吴　茜　吴小莉　吴仰琦　邹　艳　汪　宇　沙筱薇
沈　虎　沈小琳　宋　泳　宋　辉　宋丽娟　宋茉霞　宋英琴
宋豪新　张　亮　张　娴　张乃明　张书翰　张全胜　陆隽弘
陈　昊　陈　晔　陈　颖　陈树洁　陈晓龙　陈晓红　陈晓明
邵洪波　武丽娜　林　静　易　芳　罗劻杰　金旦蕾　周　颖
周正波　周芙婧　周贤浪　周津春　周震恒　郑　伟　郑　楠
单　宁　孟贤颖　赵　洋　赵秀芬　赵誉婷　胡　龙　胡云帆
胡秋明　胡曦宁　段英华　侯梦蕊　秦　晓　耿　鑫　夏　念
夏冠中　顾一宏　顾柔柔　倪　娜　徐　芳　徐　来　徐　艳
高　宇　高　珊　高昊哲　郭秀茹　郭望舒　郭婷婷　黄诗薇
曹卿云　龚琛淙　常　玮　常　耀　崔金泽　梁　莉　逯　宇
葛　蒙　董　杰　董　梅　董宁宁　韩　笑　韩　晶　韩　婷
韩　璐　韩永锋　韩秀华　韩晓娟　舒莉萍　温　倩　富佳佳
Christopher Dalbyena Elena Coletti
Vajda Laszlo

后勤服务团队

卜冬梅　于　冰　于　洋　王　申　王　洁　王　娟　王永轶
王纪涵　王连钢　王枭丽　邓汉磊　付　飞　付　强　付淑芳
邢等超　朱凤萍　全英英　刘　阳　刘　佳　刘　琼　刘卫东
齐　娜　齐金亮　许雪松　孙　刚　孙　林　孙世强　芮彩凤
苏　皓　李久晨　李正君　李全兴　李俊辉　李雁华　杨　凡
杨　林　杨　波　杨　爽　杨　静　杨文娟　杨海燕　吴剑毅
何一闻　余　威　张　玮　张　姗　张　钰　张　萌　张权毅
张丽娟　张艳晨　张爱君　陈　路　陈文佳　罗林静　金　蕾

孟　刚　赵连翠　胡　茜　段德华　俞　剑　钱　星　徐梦妍
高小玉　高春艳　唐　燕　康建华　康洪霞　曾跃进　路　娜
蔡国辉　谭小爽　潘起宏

交通服务团队

马　杰　王　骐　王永昭　王兴龙　巴　明　刘项一　刘俊杰
刘继忠　齐庆山　苏永清　张　伟　张　超　张爱军　陈　盛
陈林淼　周　恒　屈鸿斌　赵建平　胡向光　侯红光　高　磊
曹利平　常华民　傅启东　裴　晓　潘　军　戴　辰　魏荣福

安保团队

王　利　王卫东　王若阳　王雪霆　左芷津　付　军　朱金海
朱致文　任来明　刘　健　李　阳　李绍岩　李润华　李智杰
杨建华　肖　毅　张　翌　张宏杰　张韶景　孟富强　赵丹宇
贾克明　董　毅　蔡文胜　颜廷武　魏　东

住宿服务团队

卫淑娟　王　宁　王　愡　王　强　王宏超　王京洁　王宗山
王怡民　王保生　王清祥　王燕萍　毛　卉　叶婉仪　田建国
代柏松　白玉霖　冯永凤　邢　军　毕春义　吕　杰　吕　晶
朱秋庭　全　欣　刘　安　刘　岩　刘　砚　刘　璐　刘志浩
刘学诗　刘建国　刘蕴仪　关　爽　江小川　池　垚　孙　军
孙月猛　孙善学　李　民　李　伟　李　红　李　京　李妮妮

李秋枫　杨志忠　肖轶楠　吴　杰　吴宏富　何　宇　余　宁
张　伟　张　伟　张　玲　张　洁　张　洋　张玉华　张忠波
张忠福　张美容　张振江　张晓明　张景熙　陆　宁　陈　方
陈　威　陈　歌　陈志环　陈铜庆　苗　暄　苑　婧　范　畅
林　楠　林　巍　林华礼　郁　弘　周　燕　周晨亮　庞　军
庞志雄　郑　欣　郑　静　郑欣然　单　鑫　房国凡　孟　力
赵　雷　赵　磊　胡晓芳　段　翔　侯　利　俞红萌　闻　阳
祝媛园　贺　蓬　秦小冬　秦凤芷　夏　璞　徐海燕　徐锦祉
殷　珊　翁文建　高　峰　高　峰　高立新　高宇峰　高凌凤
高翠波　郭　帆　郭立民　郭来彬　郭彤庆　郭思玉　唐　伟
黄贵宝　盛明月　梁　利　屠　燕　董　蕊　董利华　韩　爱
程小敏　程立为　温　平　谢　威　靳向鹏　潘　凝　戴　斐
魏　梦

工程和物业保障团队

王　平　王　斌　田　军　史育斌　吕　晶　朱学亮　刘　蓉
刘旭东　李　捷　李　然　李从熙　李泰祥　李留根　杨　勇
杨　靖　杨华林　吴劲松　张　飞　张　伟　张　涬　张寿华
周维顺　柴惠文　徐亚柯　高　浩　曹衍兵　崔　健　蒋　岑

综合服务团队

丁　晖　于长隆　马　英　马　遂　马嘉斌　王　玮　王　炜
王　威　王志坤　王志强　王建民　毛京涛　申金升　付晓明
包大鹏　朱高源　任　爽　庄秀华　刘　佳　刘　涛　闫　媚
孙　立　孙　尧　孙　煜　苏伟星　李　伟　李拥军　李艳丽
李晨旭　杨晓江　杨晓晔　肖　璐　吴曦月　张　琰　张廷军

张艳芳	陈亚平	胡　平	胡金龙	侯　平	姜　涛	顾　萌	
徐　萍	高凤莉	唐　焱	涂卫东	崔亚龙	董　岩	董　晗	
董苏中	程二雁	甄小珍	谭成海	翟剑钢	潘德玉	薛保生	
魏　嵬							

绿色家园媒体村

于　明	于京苑	万晓明	马　剑	马行远	王　弘	王　邺
王　岩	王　炜	王　晟	王　容	王　菲	王　跃	王　晶
王　蕾	王小宝	王文庆	王宇晓	王国龙	王金亮	王姮隽
王起存	王晓慧	王嫁丰	尤　筠	牛艳艳	方　雯	尹开拓
邓　政	邓子敏	卢　杉	卢家凯	田　杰	冯卫军	边晓晔
邢　昀	邢瑞岭	吕俊林	朱小嵩	朱龙兴	朱光发	仲　勇
任　爽	任丽娜	刘　平	刘　立	刘　勇	刘　莉	刘　颖
刘小禾	刘书春	刘玉春	刘玉祥	刘志英	刘建华	刘玲玲
刘晓扬	刘毓国	闫理真	汤振武	孙双照	孙竹君	孙明燕
孙迪庆	孙卿儒	孙燕归	纪世恩	苏志强	杜　云	杜宝成
杜爱萍	杜海金	李　江	李　贺	李　勇	李　萍	李　晶
李　慧	李　毅	李士国	李巧燕	李东升	李旭华	李连合
李佳佳	李泽焘	李晓丽	李舒杰	杨　柳	杨　悦	杨　静
杨玉泉	杨军生	杨林昊	杨俊方	杨海林	杨殿宠	吴　文
吴　迪	吴云萍	吴绍连	何　歆	余　亮	辛　涛	沙立公
宋　杨	宋　浩	宋晓鹏	张　元	张　艺	张　艳	张　琼
张　瑜	张　鹏	张　蕊	张云峰	张玉泉	张向东	张兴杰
张军平	张孝海	张英雪	张尚涛	张学明	张学敏	张建平
张雯强	张智慧	张蓉蓉	张慧英	陈　培	陈卫东	陈秋林

陈艳春 陈晓宇 陈恩利 陈继杰 邵强 范燕 范月穹
林萍 金天雁 金志军 金莲淑 周韦呐 周亚明 周艳芳
郑振英 单苒苒 孟婕 赵丹 赵冉 赵莉 赵静
赵宏滨 赵俊德 赵桂涛 赵晓虎 赵雯昕 郝利强 段永理
祝恬 姚涛 姚广志 姚运春 贺吉乙 骆金娜 秦苗
顾剑 倪明 徐廷贤 高爽 高海军 郭巍 郭文芝
郭永存 郭成宪 郭宏伟 席万宝 唐鸣 唐焱 唐蕊
唐兰贵 曹沙沙 戚洪嘉 盛利 盛鹏远 常俊娜 常晓红
崔波 崔彦民 谌彬 彭小原 蒋立新 蒋志辉 韩磊
傅华 傅予嘉 舒静 曾劲 谢乔 谢迪宇 滦洲源
蔡春波 廖奇 谭晓芳 潘立伟 潘怡名 戴华 戴钟旗

汇园公寓媒体村

于超 马福霞 王莹 王康 王强 王嫱 王冬梅
王永禄 王志刚 王振秋 王爱平 方雪华 邓海峰 田宝萍
田洪滨 白桦 吕娜 吕晓景 刘国丰 刘春海 刘梦媛
刘嘉凤 闫秋平 许文利 孙明 孙晓 孙光明 苏姗
苏秀君 杜文贵 杜春华 杜葆真 李刚 李鹏 李琳琳
杨庆生 杨雪纷 杨嘉骆 吴丹丹 吴超莹 邱海莲 邹山
闵勤学 宋永华 宋学文 宋彦彬 张帆 张柏 张艺琼
张枕戈 张树来 张艳君 张晓前 张维聪 张照红 陆晓辉
陈凌 陈磊 陈盛荣 邵斌 林晓宇 尚颖 和雯
季景书 周建群 庞跃平 郑国峰 郑春月 赵丽 赵坚
赵国增 胡琳 胡文敏 胡雨生 战威 袁立波 袁海权
索灵浇 夏冰 夏裎靼 顾杉 钱刚 栾梅 高馨

郭兰生　黄仲业　章纯光　韩可林　程迪南　程继强　鲁方正
谢 洵　鲍胜利　颜 亮　薛歌晨

志愿者

丁川　丁云　丁宁　丁玎　丁帆　丁杨　丁灿
丁泽　丁点　丁莹　丁爽　丁望　丁韬　丁潇
丁中利　丁文建　丁功明　丁安安　丁秀恒　丁姗姗　丁勇钢
丁培璠　丁雪竹　丁慧君　卜天天　卜晓雯　刁林　刁喆
刁小爽　刁凡伟　刁亚楠　刁晓晨　刁晶辉　于洋　于洋
于娟　于爽　于琛　于越　于博　于雯　于雯
于楠　于盟　于潜　于二胜　于小喆　于子龙　于子洋
于玉利　于东立　于传肖　于华洋　于华浩　于克正　于杰飞
于典达　于金娜　于金霞　于建红　于茜石　于树志　于彦雷
于晓波　于海天　于海洋　于梦尧　于雪莹　于添翼　于淑琴
于惊洲　于博文　于瑞炀　于潇杰　于璐冰　才常慧　万贝
万方　万里　万枢　万珏　万政　万莉　万鹏
万达满　万泽群　万钰枫　万积松　上官芸　凡高明　门一豪
弓洁娜　卫虹岑　马龙　马田　马立　马宁　马岚
马妍　马林　马明　马迪　马凯　马凯　马泽
马政　马俊　马亮　马亮　马娜　马骁　马莉
马涛　马涛　马浩　马骏　马骏　马琳　马超
马超　马森　马辉　马晴　马强　马遥　马赛
马大庆　马千军　马天也　马长胜　马心洁　马巧云　马玉芝
马正楠　马艾丽　马永金　马亚东　马会霞　马兴卫　马军晖
马怀娟　马妍蓓　马青竹　马明佳　马牧南　马建军　马春梅

马思韬　马思睿　马俊杰　马洪卓　马冠超　马晓仟　马晓薇
马恩汉　马徐州　马浩琳　马康达　马渊媛　马寅飞　马婧雅
马绪臣　马维军　马琳琳　马雁兵　马雯君　马晶晶　马路平
马鹏媛　马静远　马增斌　马李文博　　　王　川　王　川
王　飞　王　云　王　丹　王　正　王　石　王　龙　王　东
王　帅　王　帅　王　冉　王　宁　王　宁　王　宁　王　玎
王　成　王　同　王　刚　王　刚　王　乔　王　伟　王　伟
王　伟　王　伟　王　行　王　旭　王　冲　王　兴　王　兴
王　军　王　芳　王　杨　王　丽　王　辰　王　肖　王　岗
王　岚　王　秀　王　兵　王　彤　王　彤　王　忱　王　玮
王　玮　王　玮　王　坤　王　苹　王　范　王　林　王　昊
王　昊　王　迪　王　咏　王　佳　王　佳　王　欣　王　欣
王　庚　王　建　王　珊　王　挺　王　茜　王　勃　王　勃
王　威　王　轲　王　勋　王　亮　王　烁　王　洋　王　洋
王　逊　王　姝　王　勇　王　晓　王　峰　王　特　王　倩
王　倩　王　涛　王　涛　王　悦　王　悦　王　宾　王　娴
王　菲　王　菲　王　彬　王　硕　王　硕　王　爽　王　雪
王　晨　王　崇　王　笛　王　敏　王　旋　王　旋　王　淄
王　尉　王　维　王　琳　王　琦　王　琼　王　琮　王　超
王　超　王　超　王　超　王　博　王　森　王　森　王　雅
王　辉　王　辉　王　辉　王　暎　王　晶　王　森　王　策
王　翁　王　斌　王　强　王　强　王　婷　王　瑞　王　瑞
王　瑞　王　蒙　王　楠　王　楠　王　雷　王　简　王　微
王　鹏　王　腾　王　颖　王　颖　王　韵　王　瑶　王　瑶
王　韬　王　愿　王　睿　王　潇　王　慧　王　慧　王　蕊

王 蕊　王 蕊　王 磊　王 磊　王 磊　王 鹤　王 璟

王 蕾　王 薇　王 璐　王 璐　王 露　王 露　王一方

王一为　王一齐　王一阳　王一然　王大仁　王山林　王大虎

王小溪　王小蕾　王卫民　王之威　王子铭　王子寅　王子豪

王广磊　王子薇　王艺霏　王中伟　王中强　王长汉　王化民

王月姮　王仁焱　王文中　王方方　王凤贞　王文尧　王文欣

王凤玲　王文昱　王文俊　王文娜　王文殊　王文雯　王以爽

王书慧　王玉龙　王玉英　王玉珏　王玉宾　王玉菡　王玉敏

王玉媛　王玉婷　王玉麟　王古伟　王世盛　王东风　王东生

王四法　王冬冬　王立峰　王立新　王永娜　王永健　王永强

王邦康　王亚东　王亚林　王亚娜　王朴真　王亚楠　王亚新

王达菲　王尘尘　王光远　王伟男　王传武　王廷钟　王伟涛

王延义　王华峰　王全礼　王向阳　王兆栋　王庆良　王冰雪

王庆辉　王兴渐　王宇磊　王聿沁　王讴嘉　王羽飞　王约西

王志良　王志勇　王志斌　王志鹏　王芳洲　王丽娟　王丽媛

王怀津　王宏杰　王青晓　王其良　王林林　王林昌　王松灵

王雨丝　王雨辰　王雨时　王雨溪　王雨榕　王贤义　王明伟

王国华　王国宏　王国良　王明星　王昕莹　王昕晖　王昕雪

王明新　王和平　王和平　王佳玘　王佳佳　王佳思　王佳甜

王金伟　王金剑　王金冠　王金峰　王金琳　王金磊　王京京

王治宇　王定达　王宗孝　王学智　王诗尧　王诗言　王诗洋

王祎冬　王建设　王建勋　王建亮　王建娇　王珊珊　王春贵

王柳青　王树青　王威锋　王轶讴　王思玉　王思行　王思思

王思思　王思娅　王思源　王香琳　王重远　王秋杰　王秋萍

王俊刚　王彦平　王彦博　王美尚　王兹路　王洁心　王洪建

王洛雯　王恒斌　王冠驰　王语含　王祝伟　王娅茜　王羿玮
王艳飞　王艳艳　王艳艳　王艳菊　王艳霞　王振华　王鸫越
王殊瑾　王晓丹　王晓东　王晓伟　王晓欧　王晓明　王晓娜
王晓峰　王晓梦　王晓燕　王晓燕　王恩博　王钰琳　王笑一
王健民　王健刚　王健全　王海龙　王海龙　王海龙　王海龙
王海岚　王家宝　王家湘　王菁蔓　王雪玉　王雪松　王雪梅
王雪晴　王雪蓓　王晨宇　王晨阳　王晨杉　王晨凯　王晨绯
王添娇　王寅玮　王婵玉　王婉秋　王续锟　王斯雅　王雁雄
王雅婧　王晶晶　王景连　王敦礼　王童舒　王曾仲　王婷婷
王瑞华　王瑞婧　王瑞瑶　王蓓蓓　王路江　王筱澍　王腾辉
王新龙　王靖伟　王新连　王靖泽　王新梦　王煜佳　王福全
王静园　王睿聪　王毓韵　王潇潇　王瑾玲　王磊新　王震千
王霄英　王霄霄　王黎丹　王德志　王毅娟　王毅娟　王鹤霓
王燕铭　王默之　王翼博　王懿泉　王倡慧子　　　　井　凡
井明鑫　无　忌　元　晨　元帅霄　元金迪　韦　伟　韦　曦
韦冰心　韦妮斯　云　安　云小龙　太　平　区蔼宁　尤　扬
尤　薇　尤莉娅　戈　硕　比由迪　牛　卓　牛　蒙　牛　嘉
牛小飞　牛小溪　牛宇达　牛进卫　牛枢政　牛昕昕　牛佳旭
牛保伸　牛胜杰　牛海欧　牛维麟　牛燕涛　毛　倩　毛　璐
毛双奇　长　江　长　远　仇桂民　仇志辉　乌兰图娅
乌　尚　勾　洋　卞　凯　卞　晗　卞思思　卞恒青　文　海
文　熠　文　璐　文四英　文迈原　文远茂　方　凯　方　泷
方　涛　方　超　方　舒　方　瑜　方阳阳　方家豪　方鹏飞
方碧松　计　晗　计冬姣　尹　璐　尹可心　尹丽娜　尹利华
尹国芳　尹忠玉　尹佳男　尹梦佳　尹雪丰　尹鸿波　孔　田

孔宇　孔巍　孔凡帆　孔令尧　孔令玲　孔令儒　孔朱磊
孔旭颖　孔相谋　孔晓溪　孔祥西　邓对　邓陆　邓茜
邓馨　邓小东　邓小军　邓天胤　邓文庆　邓志超　邓宏燕
邓国知　邓和源　邓金菁　邓建华　邓剑飞　邓晓涛　邓阅昕
邓智祥　邓锦拓　玉重　甘云　甘立　甘秉春　艾林
艾玖龙　艾来提阿丽亚　古华明　节庆　左源　左正伟
左邻源　左莎莎　左智敏　石飞　石玥　石林　石滢
石静　石熙　石磊　石磊　石磊　石磊　石月欣
石生宇　石圣洁　石红军　石志勇　石秀秀　石京雨　石怡丹
石恒泽　石宪鹏　石夏寒　布志高　龙伟　龙梦湄　龙蔚婷
平西　卢冰　卢军　卢杨　卢昕　卢明　卢迪
卢艳　卢峰　卢海　卢蓉　卢遥　卢新　卢毅
卢可心　卢乐书　卢志远　卢俊杰　卢娇娇　卢婉仪　卢惠芬
申琦　申芯瑞　申定远　申道山　叶华　叶枫　叶佳
叶菲　叶琳　叶嫣　叶磊　叶长青　叶坚广　叶松松
叶明朗　叶佩妤　叶侹侹　叶绍东　叶婉丽　叶雁容　叶腾飞
叶颖珊　由沛健　田龙　田东　田亮　田烁　田津
田莉　田原　田梅　田甜　田甜　田一波　田小文
田大吉　田天洋　田凤辉　田可彧　田宇辰　田宇铮　田园诗
田宝森　田春辉　田振国　田晓斌　田梦阳　田蕙彤　史记
史歌　史磊　史心怡　史玉冰　史志华　史丽丽　史宏志
史春姣　史晓阳　史铨歆　冉旭　付辰　付佳　付饶
付洁　付曼　付猛　付一晗　付川频　付天宇　付文燕
付仕伦　付传辉　付杨阳　付诗岩　付艳玲　付晨朝　代丹霞
代玉佳　代伟伟　代超静　白宇　白阳　白岩　白波

白洁　白烨　白涛　白雪　白博　白晶　白瑜
白鹏　白蕊　白羲　白天一　白云飞　白玉兴　白旭峰
白红涛　白丽竹　白丽娜　白贵宾　白敏懿　白布音赫西格
白超刚　仝玉国　仝晓虎　丛轶　印鹏　尔西迪叶尔肯
乐晶晶　包琦　包永芳　邝琳　冯冬　冯莉　冯钰
冯涛　冯硕　冯敏　冯婕　冯靓　冯源　冯磊
冯曦　冯小东　冯小伟　冯三虎　冯小虎　冯文元　冯文静
冯驭驰　冯成成　冯志军　冯秀娟　冯昭然　冯晓旭　冯晓清
冯婧时　冯婧晨　冯琦琦　冯敬宇　冯瑞婷　冯韵娴　冯静雅
兰凤　兰爽　兰秀娟　兰银春　宁磊　宁丽梅　永清
司荷芳　司徒乔治　皮超　皮文婷　边晨　边婧
边幽芬　邢凯　邢玲　邢鹏　邢冬冬　邢亚光　邢兴昌
邢海霞　吉山　吉星　巩受锋　权昊　权晓丹　成燕
成蕾　成文德　成姝妍　成绥三　毕磊　师君　师瑶
师昀煜　师梅涛　师惠敏　曲弋　曲岩　曲涵　曲颖
曲颢　曲一洋　曲美臻　曲洪波　吕节　吕宁　吕辰
吕旸　吕岳　吕捷　吕程　吕蒙　吕鹏　吕煌
吕潇　吕璐　吕永寿　吕志祥　吕丽莹　吕迎慈　吕若晨
吕雨薇　吕忠胜　吕洪洁　吕莹莹　吕湫洋　吕雷兵　吕靖纬
吕璇璇　吕燕云　朱玉　朱丛　朱伟　朱丽　朱彤
朱玥　朱玥　朱珉　朱晒　朱珠　朱晓　朱婧
朱婧　朱超　朱傲　朱斌　朱斌　朱微　朱颖
朱韬　朱瑾　朱鑫　朱凤旺　朱方硕　朱本芸　朱传霄
朱华栋　朱刘书　朱庆翔　朱庆媛　朱守军　朱志民　朱芸绮
朱雨蒙　朱非凡　朱泽巍　朱建勇　朱柏霖　朱思玛　朱弈雄

朱津姿　朱祖寿　朱哲闻　朱晓芸　朱晓英　朱晓玲　朱晓檬
朱海东　朱家艳　朱梦曳　朱曼波　朱晚超　朱喜宏　朱景冬
朱皖晋　朱福宁　朱嘉璐　朱赛洁　乔　丹　乔　欢　乔　柯
乔　雪　乔　强　乔自力　乔智敏　乔福新　伍　斌　伍开华
伍书湖　仲丽慧　仲鹏敏　任　玮　任　轶　任　娜　任　婧
任　婕　任　辉　任　焱　任一菲　任天虹　任可心　任远喆
任芳芳　任贤浩　任珊珊　任俊臣　任晓光　任继超　任新路
华　宁　华　玮　华　明　华　迪　华　晔　伊　彪　向　龙
向　华　向　征　向　骏　庄　伟　庄　馥　庄珮霖　庄晓虎
庄锡军　庄新杰　刘　凡　刘　丰　刘　开　刘　天　刘　巧
刘　卉　刘　帅　刘　帅　刘　帅　刘　甲　刘　宁　刘　宁
刘　达　刘　成　刘　刚　刘　廷　刘　伦　刘　冲　刘　冰
刘　江　刘　阳　刘　杨　刘　丽　刘　沛　刘　宏　刘　玮
刘　青　刘　玥　刘　林　刘　雨　刘　畅　刘　畅　刘　畅
刘　畅　刘　畅　刘　畅　刘　明　刘　凯　刘　牧　刘　佳
刘　欣　刘　实　刘　建　刘　孟　刘　茜　刘　茜　刘　栎
刘　柳　刘　威　刘　盼　刘　星　刘　峥　刘　俊　刘　洋
刘　洋　刘　洋　刘　娜　刘　勇　刘　振　刘　哲　刘　哲
刘　哲　刘　卿　刘　恋　刘　涛　刘　涛　刘　宽　刘　娴
刘　培　刘　菁　刘　菲　刘　萧　刘　彬　刘　梦　刘　彪
刘　晨　刘　铮　刘　婧　刘　婧　刘　琪　刘　超　刘　喆
刘　博　刘　斐　刘　晶　刘　晶　刘　淼　刘　锐　刘　斌
刘　谦　刘　强　刘　媛　刘　筱　刘　鹏　刘　鹏　刘　源
刘　静　刘　静　刘　静　刘　豪　刘　潇　刘　潇　刘　赛
刘　慧　刘　瑾　刘　蕊　刘　磊　刘　颢　刘　燕　刘　蕾

刘璐 刘璐 刘璐 刘璐 刘璐 刘霞 刘鏊

刘瀛 刘露 刘麟 刘鑫 刘一斌 刘力韵 刘小丽

刘万里 刘小雅 刘大鹏 刘小溪 刘子扬 刘凡宇 刘子阳

刘久利 刘也琪 刘中土 刘贝贝 刘日东 刘中华 刘日芳

刘水茵 刘长军 刘月洁 刘方舟 刘文炸 刘文洋 刘文涛

刘文涛 刘邓泉 刘玉祁 刘正辰 刘玉慈 刘龙飞 刘冉冉

刘立洲 刘邦义 刘亚华 刘亚玢 刘亚莹 刘亚楠 刘成波

刘同泰 刘自发 刘全江 刘向兵 刘全荃 刘向品 刘旭丹

刘冰雁 刘多辉 刘汝才 刘守宇 刘兴言 刘志刚 刘克飞

刘克伟 刘芷含 刘芳苹 刘苏闽 刘辰子 刘丽英 刘丽杰

刘丽娟 刘利民 刘希文 刘宏伟 刘君柱 刘君逸 刘青扬

刘英海 刘松波 刘雨蒙 刘虎超 刘国平 刘明辉 刘忠友

刘依琳 刘学宝 刘建民 刘建华 刘建玲 刘建桥 刘珂辰

刘玲玲 刘柯昀 刘栋栋 刘奎娟 刘轶权 刘战朝 刘昱辰

刘昱含 刘昫珺 刘思彤 刘思佳 刘思思 刘思源 刘奕龙

刘奕鑫 刘洪臣 刘洪亮 刘恒贝 刘莉莉 刘彧达 刘晓帆

刘晓刚 刘晓华 刘晓旭 刘晓晨 刘晓琳 刘晓磊 刘恩槊

刘逢春 刘效须 刘益吉 刘海伦 刘海凌 刘海滋 刘海婷

刘海雷 刘家岑 刘家虎 刘培郁 刘培根 刘萌飞 刘梦梦

刘盛丰 刘雪梅 刘雪梅 刘晨光 刘跃华 刘彩记 刘清华

刘焕营 刘鸿祥 刘婉斐 刘琪琛 刘博超 刘惠媛 刘雅菁

刘晶杰 刘晶晶 刘程荣 刘程程 刘翔宇 刘强祥 刘瑞敏

刘瑞睿 刘新雨 刘福慧 刘嘉祺 刘赫男 刘榕榕 刘睿一

刘潇潇 刘瑾莹 刘震田 刘震宇 刘璟然 刘燕梅 刘燕惠

刘薇薇 刘薇薇 刘霖晏 刘鲲洋 刘赢霜 刘瀚泽 刘巍然

齐 晶　齐 璠　齐天骄　齐书学　齐龙飞　齐伟玲　齐亦衡

齐淑芳　闫 伟　闫 言　闫 妍　闫 杰　闫 昱　闫 夏

闫 超　闫 然　闫志芳　闫明茹　闫家乐　闫颖慧　闭东援

关 一　关 也　关 仪　关 青　关 博　关 鹏　关盼盼

关洪波　关晓龙　关菁菁　关慧中　米 兰　米 伟　米 爽

米 慧　江 悦　江 晨　江 楚　江 滨　江 磊　江明亮

江轶蕊　江晋慧　江健心　江琳琳　江勤政　池 汀　汤 劼

汤 杰　汤 琪　汤 琛　汤 晶　汤志鹏　汤丽娜　汤利晶

汤凌子　汤彩玉　汤德馨　安 吉　安 华　安 炜　安 琪

安 静　安仁良　安凤维　安雨帆　安思文　安海林　安海峰

祁 琳　祁飞翔　祁海燕　许 力　许 玭　许 佶　许 珂

许 珂　许 诺　许 婧　许 琛　许 雯　许 鹏　许才德

许飞燕　许艺凡　许艺馨　许丹丹　许丹俊　许进龙　许志伟

许妙讪　许茂怡　许昌财　许宠睿　许弦歌　许孟水　许钦佩

许逆之　许晓琪　许梦倩　许雪源　许逸舟　许媛媛　许赫男

许杨晶晶　　　　阮 焱　阮学根　阮瑜瑜　孙 正　孙 帅

孙 冉　孙 冉　孙 宁　孙 伟　孙 宇　孙 彤　孙 妍

孙 林　孙 昊　孙 畅　孙 和　孙 实　孙 诗　孙 峥

孙 科　孙 剑　孙 剑　孙 逊　孙 珩　孙 倩　孙 烨

孙 婧　孙 婉　孙 超　孙 棠　孙 晴　孙 量　孙 源

孙 瑶　孙 瑶　孙 蕾　孙 璐　孙 巍　孙巾乔　孙三虎

孙万湖　孙子谋　孙元元　孙天杰　孙云俏　孙中瑞　孙玉婷

孙可然　孙东谜　孙冬旭　孙冬鸣　孙加军　孙有静　孙华志

孙亦梦　孙羽菲　孙运港　孙玥琪　孙若阳　孙若宜　孙明哲

孙治萍　孙宝萍　孙轶夫　孙轶超　孙俊川　孙俊艳　孙逍宵

孙晓东 孙晓兰 孙晓华 孙晓菲 孙晓晨 孙海峰 孙梅岑
孙晨鸣 孙晨豪 孙铭泽 孙琴萍 孙博洋 孙联平 孙葆芳
孙鼎朝 孙鹏凯 孙黎然 孙德禄 孙蕾蕾 孙耀华 贠茹君
牟 歌 牟云圣 牟立一 纪 欣 纪 洋 纪 萌 纪 鑫
纪秀美 纪沅坤 纪宝成 纪宝华 麦丽丹 吉力力 花之蕾
严 中 严 妍 严 昱 严 俊 严 彦 严 琴 严先徐
严凯雯 严凯龄 严贺军 芦 平 芦睿珺 苏 丹 苏 丹
苏 仙 苏 羽 苏 李 苏 丽 苏 明 苏 珊 苏 菁
苏 绯 苏 超 苏 静 苏 毅 苏文灏 苏立婷 苏亚琼
苏谷鸣 苏凯恩 苏玲玲 苏思思 苏艳秋 苏雅宁 苏道辉
苏增军 苏翩翩 杜 尧 杜 丽 杜 丽 杜 岩 杜 莹
杜 萌 杜 爽 杜 晨 杜 梁 杜 婧 杜 博 杜 颖
杜 瑾 杜 巍 杜子牧 杜马锋 杜戈林 杜长青 杜凤英
杜世勇 杜全利 杜如益 杜明文 杜明冲 杜昕怡 杜明磊
杜春辉 杜春磊 杜春燕 杜洪斌 杜晓夏 杜渐薇 杜智敏
杜新亮 李 乇 李 凡 李 广 李 飞 李 元 李 贝
李 丹 李 丹 李 文 李 可 李 石 李 仙 李 白
李 兰 李 宁 李 民 李 扬 李 伏 李 伦 李 向
李 旭 李 安 李 论 李 论 李 论 李 红 李 红
李 进 李 韧 李 杉 李 杨 李 杨 李 丽 李 辰
李 轩 李 坚 李 彤 李 妍 李 妍 李 林 李 林
李 松 李 卓 李 畅 李 明 李 昂 李 昂 李 旻
李 岩 李 岩 李 凯 李 凯 李 佳 李 佳 李 欣
李 欣 李 觅 李 京 李 庚 李 波 李 怡 李 玲
李 珊 李 茜 李 茜 李 茜 李 茜 李 勃 李 奎

李响　李响　李俊　李津　李娜　李娜　李耘
李莎　李莎　李莎　李莎　李根　李晖　李峰
李圆　李铎　李倩　李卿　李朔　李涛　李浩
李宸　李理　李萌　李彬　李梦　李梅　李硕
李硕　李爽　李爽　李雪　李晨　李野　李铭
李敏　李敏　李敏　李敏　李敏　李淑　李涵
李琳　李琼　李越　李超　李超　李超　李超
李超　李喆　李博　李博　李葳　李辉　李晶
李景　李淼　李淼　李淼　李锋　李犇　李奥
李然　李湲　李媛　李蓓　李楠　李楠　李想
李想　李想　李皙　李雷　李鹏　李鹏　李鹏
李腾　李解　李静　李慕　李锴　李漾　李聪
李毅　李融　李露　李鑫　李一丰　李一辰　李一骁
李一梓　李小花　李小梅　李万辉　李飞龙　李子韵　李云华
李元星　李云鹏　李贝思　李中原　李文浩　李文辉　李凤婷
李文翠　李孔龙　李玉平　李正华　李正江　李玉雨　李玉波
李玉敏　李世文　李本涛　李世强　李叶明　李占波　李冉冉
李冬宁　李永宁　李永耀　李召博　李吉子　李亚生　李亚兰
李亚敏　李亚磊　李贞竺　李传东　李伦华　李向晖　李多多
李庆桃　李江琦　李安琪　李安琪　李军燕　李红运　李志城
李志培　李志斌　李严冬　李芳芳　李杨阳　李辰茜　李辰菲
李呈呈　李秀华　李佃波　李伯楠　李希博　李含刚　李沐洋
李宏超　李宏强　李良锦　李陈婷　李妍鹏　李妍静　李妤雪
李现廷　李玥凝　李茂华　李若征　李林航　李述鹏　李昊原
李明飞　李国成　李昌顺　李昕洁　李昕倩　李明康　李昌辉

李明智　李国强　李佳乐　李佳玥　李岱泓　李依蔓　李金玲
李金柱　李金涛　李金萍　李金博　李金鹏　李京京　李炜炜
李炜炜　李泽龙　李泽宇　李波良　李泽明　李治鑫　李怡锡
李诗灵　李诗颖　李建刚　李建华　李建安　李建娜　李承远
李孟为　李孟泽　李春兰　李珍光　李政霖　李荣玉　李胡铭
李柏桦　李星辰　李星罡　李思阳　李思佳　李思卿　李钟文
李科科　李俊胜　李剑光　李胜男　李彦玲　李姿锜　李美妮
李烁铧　李洁霏　李宣锦　李冠颖　李祐仁　李骄龙　李振宁
李振华　李振华　李晓丹　李晓平　李晓雨　李晓婷　李健康
李卿丽　李逢旺　李凌云　李海钢　李海洲　李海涛　李浩婷
李培鑫　李乾赫　李梦迪　李梦迪　李硕然　李雪欣　李雪梅
李跃忠　李淑娴　李淋淋　李婧宜　李婉玫　李婵娜　李琼兵
李喆生　李博闻　李超超　李斯聪　李惠子　李雯婧　李雅淑
李程达　李程程　李舒婷　李鲁晟　李强强　李媛媛　李婷婷
李楠峰　李楠楠　李腾飞　李鹏园　李新利　李韵然　李福宏
李静雯　李潇丹　李慧芳　李瑾博　李增安　李蕴儒　李樱子
李燕聪　李赟杰　李露希　李鑫耀　李文迪思　　　　杨　正
杨　龙　杨　帅　杨　帅　杨　帅　杨　扬　杨　扬　杨　扬
杨　扬　杨　扬　杨　成　杨　成　杨　光　杨　光　杨　光
杨　光　杨　屹　杨　帆　杨　帆　杨　帆　杨　华　杨　旭
杨　旭　杨　宇　杨　宇　杨　阳　杨　阳　杨　阳　杨　阳
杨　阳　杨　阳　杨　欢　杨　丽　杨　岑　杨　青　杨　玥
杨　昊　杨　迪　杨　迪　杨　依　杨　波　杨　建　杨　柳
杨　柳　杨　威　杨　鸥　杨　轶　杨　星　杨　洁　杨　洪
杨　娇　杨　娜　杨　健　杨　虓　杨　涛　杨　涛　杨　浩

杨娉	杨能	杨琅	杨捷	杨硕	杨爽	杨爽
杨雪	杨雪	杨雪	杨铧	杨猛	杨康	杨涵
杨琛	杨超	杨超	杨婷	杨楠	杨煜	杨溢
杨潇	杨磊	杨耀	杨一丁	杨十军	杨大为	杨之光
杨子江	杨夕樱	杨天元	杨丰羽	杨元恪	杨丰遥	杨云鹏
杨开新	杨文光	杨文竹	杨文青	杨文杰	杨丹莹	杨文辉
杨玉平	杨东方	杨东亮	杨业然	杨永栋	杨亚军	杨达洲
杨刚锋	杨伟宁	杨廷轩	杨延砚	杨全归	杨兆鹏	杨军伟
杨红海	杨远媛	杨杉杉	杨丽娜	杨利明	杨茂誉	杨林森
杨杰群	杨欧阳	杨凯翔	杨佳文	杨佩妍	杨育生	杨净雅
杨沫囡	杨学东	杨怡静	杨学震	杨建川	杨承欢	杨春林
杨春杰	杨珊珊	杨春艳	杨贵博	杨思明	杨香甜	杨胜亚
杨勇飞	杨艳丽	杨晓光	杨晓君	杨晓梅	杨笑蕾	杨高敏
杨海亮	杨继林	杨康龙	杨清文	杨鸿涛	杨涵欣	杨婧姝
杨超越	杨斯涵	杨敬枫	杨雯笛	杨雄智	杨智敏	杨富国
杨滢菲	杨溧森	杨潇潇	杨慧敏	杨慧慈	杨增鹏	杨镕溶
杨德强	杨毅波	束欢波	吾木提那孜木	丽佳		连晓松
连毅超	肖扬	肖伟	肖华	肖远	肖祎	肖珉
肖威	肖洁	肖笛	肖楠	肖筱	肖瑶	肖潇
肖慧	肖毅	肖子棣	肖永亮	肖江坤	肖振江	肖辉强
时云	时佳	时凌	时翀	时延春	时素华	时晓娜
吴凡	吴丹	吴东	吴冬	吴伦	吴华	吴冰
吴军	吴昊	吴昊	吴昊	吴迪	吴迪	吴炜
吴珊	吴思	吴亮	吴亮	吴艳	吴莉	吴倩
吴舰	吴笛	吴敏	吴敏	吴婕	吴琼	吴琼

吴博　吴雄　吴遥　吴鹏　吴静　吴韬　吴霄
吴飚　吴霞　吴巍　吴一诺　吴于文　吴义春　吴天祥
吴文臣　吴正瀚　吴可菲　吴兰芳　吴立明　吴永军　吴同科
吴光霞　吴伟庆　吴传清　吴华茂　吴如加　吴红旭　吴克明
吴作艳　吴林琳　吴昊明　吴国娟　吴国乾　吴国富　吴明新
吴沿峰　吴怡微　吴诗源　吴思然　吴俊峰　吴剑平　吴绘新
吴艳芳　吴艳琢　吴振弘　吴振宇　吴荷佳　吴莹莹　吴致洲
吴晓云　吴晓芳　吴晓球　吴晓璞　吴钰昕　吴琍萍　吴雪芹
吴雪萤　吴晗微　吴朝阳　吴婷婷　吴瑞妮　吴翠月　吴澍予
吴燕焱　别大江　岑幸贞　邱实　邱爽　邱清　邱琳
邱静　邱元超　邱忠生　邱俊杰　邱静妍　何云　何文
何伟　何杰　何珊　何柳　何柳　何艳　何娟
何越　何淼　何静　何一帆　何子建　何天培　何平鸽
何乐伟　何志洪　何志新　何丽丽　何知今　何金键　何波江
何思颖　何庭熊　何彦朋　何盈盈　何望升　何琪芳　何鹏鹏
何满洪　何嘉健　何翠娇　但晓敏　佟帅　佟月阳　佟丹丹
位长进　余卫　余游　余韵　余小章　余心妍　余龙祥
余礼欣　余希蛟　余果檑　余宗晋　余贵河　余剑波　余屏星
余姝丹　谷丰　谷音　谷莉　谷峰　谷云明　谷兵兵
邸晓萌　邸益芳　狄磊　邹荃　邹胜　邹洁　邹恺
邹瑶　邹大维　邹开富　邹多为　邹丽芬　邹宏源　邹洪昀
邹洋洋　邹家礼　邹寅隆　库塞　应越　冷虎　冷峰杰
辛辰　辛欣　辛霓　辛立恒　闵晓萌　羌品兴　汪文
汪舟　汪冰　汪玲　汪峰　汪航　汪涛　汪涵
汪楠　汪慧　汪震　汪曦　汪士林　汪卫东　汪东乔

汪东怡	汪亦然	汪逸波	汪德健	沙志锁	沙海涛	沈 沛
沈 忱	沈 盼	沈 恺	沈 笛	沈 敏	沈 惠	沈 嵩
沈 聪	沈巧巧	沈邦林	沈成武	沈志雯	沈京玲	沈泉源
沈高超	沈源昊	怀 洋	宋 冉	宋 扬	宋 扬	宋 宇
宋 宇	宋 芸	宋 芳	宋 科	宋 娇	宋 莹	宋 悦
宋 捷	宋 萌	宋 楠	宋 磊	宋 鹰	宋大鹏	宋玉姣
宋立军	宋永涛	宋旭阳	宋红艳	宋志清	宋利峰	宋沅锡
宋欣潞	宋建成	宋保龙	宋振伟	宋晓育	宋彩霞	宋康康
宋琨达	宋博雅	宋瑞歌	宋碧澄	迟 冰	张 力	张 干
张 川	张 凡	张 凡	张 云	张 友	张 丹	张 文
张 文	张 玉	张 巧	张 正	张 乐	张 乐	张 立
张 立	张 宁	张 宁	张 尧	张 帆	张 帆	张 帆
张 伟	张 伟	张 伟	张 华	张 旭	张 旭	张 宇
张 军	张 弛	张 弛	张 阳	张 阳	张 驰	张 丽
张 余	张 希	张 彤	张 彤	张 宏	张 拓	张 坤
张 坤	张 茉	张 松	张 奔	张 虎	张 昊	张 昕
张 明	张 凯	张 佳	张 炜	张 波	张 怡	张 怡
张 祎	张 珂	张 珉	张 垚	张 茜	张 茜	张 威
张 勉	张 烁	张 洁	张 洁	张 洋	张 津	张 娜
张 娜	张 艳	张 艳	张 艳	张 珣	张 振	张 莉
张 莹	张 莹	张 莹	张 桐	张 晔	张 晖	张 峰
张 钰	张 涛	张 涛	张 涛	张 涛	张 悦	张 宽
张 展	张 展	张 翀	张 骊	张 菁	张 硕	张 硕
张 雪	张 曼	张 甜	张 敏	张 清	张 添	张 渊
张 淳	张 寅	张 婧	张 琛	张 琛	张 超	张 超

张　超	张　喆	张　喆	张　喆	张　博	张　敬	张　森
张　森	张　晴	张　晶	张　晶	张　晶	张　铿	张　锋
张　锐	张　程	张　然	张　然	张　翔	张　婷	张　瑜
张　楠	张　鹏	张　鹏	张　鹏	张　鹏	张　腾	张　腾
张　颖	张　颖	张　静	张　赫	张　潇	张　慧	张　磊
张　震	张　震	张　燕	张　燕	张　蕾	张　璐	张　攀
张　瀛	张　鑫	张　鑫	张一骁	张一雯	张力为	张大双
张大印	张广元	张子健	张广强	张子腾	张元帅	张天国
张艺维	张天毅	张元曦	张中达	张少华	张长茂	张仁杰
张月盈	张丹丹	张文龙	张文龙	张凤吉	张文秀	张文杰
张文奎	张文娟	张文娟	张文婧	张文博	张文静	张玉革
张玉健	张正富	张石尧	张世华	张世韬	张帅业	张尔刚
张立东	张永青	张永鹏	张永福	张扬鹏	张亚军	张亚婷
张达赟	张光宇	张刚刚	张伟强	张伊甸	张华迪	张伊娜
张旭彤	张冰一	张亦飞	张庆生	张庆江	张庆来	张亦良
张庆霞	张宇旋	张安琪	张宇琼	张宇辉	张守强	张阳阳
张阳峰	张红光	张运署	张坎山	张志伟	张志良	张志国
张芸阁	张声恒	张志超	张严馨	张杨松	张杨森	张丽君
张丽鸥	张丽姝	张时雨	张秀洁	张希跃	张沐辰	张沙沙
张怀超	张良民	张宏伟	张良登	张君辉	张陆东	张改华
张玮莹	张玮琦	张玥琪	张若乔	张若禹	张若耕	张英俊
张英新	张林林	张杰平	张国平	张国伟	张明华	张国庆
张昕烨	张昕浩	张凯红	张佳龙	张佳乐	张佳琦	张佳颖
张欣宇	张金来	张金林	张金娟	张忞煜	张泽义	张宝宇
张宗亮	张宓之	张宛侠	张建英	张建杰	张建鹏	张春瑞

张柳青　张奎艳　张思思　张科佳　张秋思　张秋荻　张秋燕
张保廷　张俊廷　张俊波　张剑锋　张胜男　张美玲　张洁泓
张冠男　张冠男　张祐瑜　张艳东　张艳峰　张耕源　张艳霞
张振宝　张振亮　张振庭　张晓风　张晓宁　张晓丽　张晓宏
张晓莞　张晓萌　张晓博　张钰阳　张铁颖　张爱珍　张海龙
张涧潇　张宸嘉　张娉婷　张梦迪　张梦佳　张晨辰　张晨辰
张晨玮　张晨鸣　张银周　张鸿飞　张鸿照　张寅午　张婧姝
张婉月　张婉青　张维强　张喆言　张博钰　张葛扬　张敬萱
张雅丹　张智强　张翔宇　张普红　张媛丽　张瑞迎　张蓝方
张献伟　张雷雷　张照宣　张蜀华　张新强　张誉龄　张静宜
张嘉伦　张睿中　张潇予　张慧敏　张震康　张镒显　张德才
张德玉　张德嘉　张毅纯　张澳雷　张璟航　张燕萍　张馨月
张耀俭　张曦元　陆　川　陆　玉　陆　垚　陆　咪　陆　晨
陆一琛　陆文祺　陆文婷　陆幼麟　陆全根　陆星炜　陆能波
陆晨希　陆晞辰　陆晶晶　阿荣高娃　　　　　阿扎提迪丽娜
阿柔娜　阿里穆哈麦德　阿布力克木托合提　　　陈　元
陈　艺　陈　龙　陈　龙　陈　帅　陈　弘　陈　芊　陈　成
陈　旭　陈　阳　陈　杨　陈　希　陈　希　陈　序　陈　陈
陈　枨　陈　杰　陈　昊　陈　果　陈　昕　陈　迪　陈　岩
陈　波　陈　怡　陈　珂　陈　玲　陈　茹　陈　星　陈　禹
陈　亮　陈　亮　陈　前　陈　洁　陈　洁　陈　洪　陈　娇
陈　勇　陈　莉　陈　莹　陈　夏　陈　峰　陈　卿　陈　浩
陈　晨　陈　晨　陈　铖　陈　敏　陈　婕　陈　维　陈　超
陈　斯　陈　萱　陈　斐　陈　辉　陈　强　陈　瑜　陈　蓉
陈　蓉　陈　楠　陈　雷　陈　愚　陈　靖　陈　靖　陈　新

陈煜 陈源 陈溯 陈静 陈静 陈瑶 陈璇
陈聪 陈磊 陈磊 陈璨 陈璐 陈霞 陈朦
陈翼 陈鹭 陈曦 陈曦 陈曦 陈巍 陈鑫
陈一飞 陈一兵 陈一鸣 陈小小 陈士杰 陈万春 陈小娜
陈小强 陈卫东 陈义彤 陈天天 陈云宇 陈天蛟 陈文伟
陈文君 陈丹妮 陈方琪 陈文辉 陈玉丽 陈玉娇 陈世勃
陈艾菁 陈艾黎 陈占福 陈乐生 陈礼明 陈圳寅 陈亚媛
陈存伟 陈西希 陈达菲 陈光中 陈光明 陈伟宏 陈传林
陈庆柏 陈宇佳 陈宇斯 陈宇新 陈尽仪 陈红娣 陈红梅
陈志远 陈志朋 陈园园 陈利刚 陈伴年 陈希颖 陈应声
陈改梅 陈青青 陈其富 陈奇达 陈明远 陈明利 陈佳宁
陈佩芝 陈治宇 陈泳彤 陈泽威 陈学敏 陈学新 陈垠垠
陈南菲 陈荣颖 陈思颖 陈禹彤 陈剑宇 陈奕婷 陈彦锋
陈前广 陈烁琳 陈洁淼 陈振毅 陈莎莎 陈栓术 陈晓忠
陈晓钿 陈晓崑 陈海平 陈海峰 陈梦宜 陈梓鉴 陈雪立
陈逸啸 陈惊雷 陈琨怡 陈琬璐 陈超颖 陈雁行 陈辉宗
陈晶晶 陈舒培 陈道铨 陈焱菲 陈颖媛 陈新玉 陈新华
陈静宜 陈嘉迎 陈嘉莉 陈嘉琦 陈慧英 陈霄芸 陈霄迟
陈德昌 陈懿冰 努尔古丽艾散 邵帅 邵青 邵凯
邵尉 邵玉琢 邵合科 邵丽丽 邵雨舟 邵茜茜 邰艳玲
武勇 武斌 武瑕 武蕾 武文杰 武玉洲 武建章
武珊珊 武海卫 幸兵 苗雪 苗大林 苗在芳 苗京润
苗赫然 英薇薇 苑曙光 范宁 范华 范茸 范秦
范珣 范靓 范舜 范婷 范瑶 范元伦 范亚贤
范志伟 范丽媛 范秀萍 范伯南 范钧华 范洪伟 范雪竹

范博声　范斯婷　范慎之　范豪毅　直　帅　茅　琢　茅宇峰
林　杨　林　玮　林　炫　林　洁　林　洁　林　峰　林　牲
林　航　林　烨　林　萌　林　雪　林　野　林　琳　林　斐
林　强　林　静　林　慧　林　鑫　林小晰　林忆菲　林玉婷
林沁苗　林明明　林诗智　林春海　林星星　林昭婷　林香博
林莘莘　林莹琮　林晓龙　林晓明　林恩希　林烨翔　林浩杰
林培坤　林梅航　林琳琳　林雅冰　林雅妮　林洋秋子
郁章强　欧　昊　欧　渝　欧阳重　欧阳萍　欧利维亚
欧潇忆　卓容圭　尚　岩　尚　维　尚　媛　尚　勤　尚小萌
尚书明　尚庆华　尚肖彬　尚洪波　尚潇阳　果　冉　国　石
明　艳　明张飞　易　松　易亚军　易鑫磊　罗　克　罗　雨
罗　波　罗　南　罗　恒　罗　勇　罗　莎　罗　娟　罗　琎
罗　敏　罗　毅　罗天羽　罗文锋　罗玉海　罗光虎　罗安娜
罗欣欣　罗练达　罗健莹　罗海祥　罗乾沣　罗银玲　罗淋泷
罗瑞琪　罗蓁蓁　罗德力　罗燕菡　和培宇　季　军　季三太
季荣根　季畀昉　季倩倩　季婧雯　季雯雯　岳　林　岳　勇
岳伟君　岳招斌　金　云　金　丹　金　杰　金　艳　金　猛
金　滢　金　霞　金仑以　金心艺　金艾琳　金东旭　金永哲
金先孝　金廷亮　金红斌　金振达　金晓文　金雪梅　金淑睿
金新辉　金德福　周　卫　周　兰　周　行　周　兴　周　寻
周　芬　周　妍　周　妍　周　青　周　明　周　知　周　沿
周　泽　周　亮　周　洁　周　洋　周　晓　周　笑　周　悦
周　检　周　琳　周　强　周　瑞　周　雷　周　意　周　睿
周　豪　周　蜜　周　磊　周才根　周小婧　周小棠　周大操
周子建　周少飞　周少晨　周玉珍　周正强　周永铭　周亚莉

周乔西　周兆得　周旭光　周军元　周杏苑　周丽佳　周丽娟
周园丁　周国易　周国斌　周欣雨　周育海　周沭海　周泽宇
周学亮　周春喜　周星宏　周科华　周晓欣　周晟茹　周鸯鸯
周倩如　周梓珊　周爽英　周谋望　周雅萌　周翔宇　周渤伦
周瑜婕　周煌瑜　周静雯　周睿隽　冼颖恩　庞　煌　庞伊君
庞艳阳　庞激扬　底　睆　郑　艺　郑　月　郑　刚　郑　伟
郑　军　郑　杨　郑　君　郑　欣　郑　决　郑　涛　郑　悦
郑　萌　郑　萍　郑　筝　郑　雷　郑　雷　郑　鹏　郑　颖
郑　静　郑　融　郑卜天　郑入文　郑二斌　郑土生　郑小慧
郑之琳　郑天游　郑世红　郑业奎　郑东翔　郑华光　郑宇同
郑宇朋　郑军军　郑丽丽　郑轩铖　郑宏丹　郑和康　郑茗予
郑品石　郑修怡　郑盈盈　郑钰楚　郑鸰骁　郑紫微　郑媛媛
郑锦炯　郑新荣　郑慧钦　郑慧敏　单　亮　单其悦　宗　闻
宗彩鹏　定　明　官　宇　郎耀辉　房　威　房　莹　房　莹
房仲达　房纯纲　房固伟　居　珊　居　瑱　屈志强　屈伯德
屈晓双　屈鸿远　孟　玮　孟　岩　孟　政　孟　淼　孟　醒
孟小兵　孟令宇　孟宪起　孟秦博　孟夏韵　孟笑男　孟祥乐
孟祥兴　孟祥奇　孟祥美　孟焕新　孟婉璐　孟尊辉　孟繁斌
练　纯　封　帆　封耀辉　项　伟　项　阳　项　宏　项东英
项杨华　项舒涵　赵　天　赵　帅　赵　冉　赵　刚　赵　旭
赵　旭　赵　宇　赵　宇　赵　兵　赵　妍　赵　奇　赵　虎
赵　迪　赵　侃　赵　京　赵　剑　赵　胖　赵　亮　赵　亮
赵　奕　赵　洋　赵　艳　赵　振　赵　倩　赵　涛　赵　翀
赵　梦　赵　梦　赵　盛　赵　晨　赵　越　赵　超　赵　惠
赵　程　赵　程　赵　强　赵　嘉　赵　榕　赵　璆　赵　燕

赵　蕾　赵　薇　赵　璐　赵　耀　赵一飞　赵二东　赵万里
赵小玲　赵子飞　赵卫华　赵元立　赵天慧　赵丹丹　赵丹阳
赵凤玲　赵文举　赵文娟　赵文谦　赵正阳　赵永红　赵伟民
赵自强　赵旭阳　赵旭辉　赵庆龙　赵亦周　赵冰清　赵亦博
赵守圣　赵军涛　赵阳艳　赵红进　赵志刚　赵志滨　赵芮珩
赵芪锋　赵酉龙　赵丽莎　赵良川　赵拓朴　赵若谷　赵英琪
赵佳莹　赵佳磊　赵京剑　赵泽皓　赵学昌　赵绍宏　赵思思
赵秋颖　赵剑锋　赵晓明　赵晓晖　赵晓磊　赵健雄　赵凌峰
赵海平　赵祥龄　赵萌萌　赵梦玮　赵梦璇　赵鸿瑛　赵淑镁
赵越超　赵博琛　赵惠娴　赵景新　赵碧君　赵增虎　赵蕴行
赵德光　赵德利　赵德菲　赵燕平　赵燕娇　赵苏亚拉图
郝　帅　郝　兰　郝　宁　郝　悦　郝　萌　郝　彬　郝　蓉
郝卫坚　郝姗姗　郝鹏程　荆　婧　荆晓敏　茶　铭　胡　艺
胡　龙　胡　帅　胡　宇　胡　飏　胡　备　胡　洋　胡　罡
胡　润　胡　彬　胡　雪　胡　晨　胡　啸　胡　敏　胡　淼
胡　舒　胡　斌　胡　滨　胡　榛　胡　蕴　胡一啸　胡小明
胡卫权　胡卫红　胡文静　胡文瀚　胡立斌　胡光迪　胡伟光
胡亦华　胡志伟　胡志德　胡言理　胡雨晴　胡泽强　胡宝东
胡承志　胡春欣　胡春超　胡前丰　胡艳龙　胡艳晖　胡晓东
胡晓阳　胡晓雯　胡海迪　胡继戈　胡梦捷　胡雪芳　胡涵慧
胡琦睿　胡楚翘　胡燕霞　南　方　南珊珊　柯　妍　柯　萌
柯少婷　查显友　柏　淼　柳　林　柳　雅　柳一行　柳云柏
柳祥文　要志韬　战　磊　哈　几　钟　惠　钟　楠　钟　睿
钟小金　钟文婷　钟贞燕　钟伟亮　钟祖波　香　忠　段　伟
段　琨　段予莹　段丽婷　段兵兵　段国倩　段建国　段居华

段智慧　段强国　段瑞雪　段睿宣　段德玺　信如梅　侯　方
侯　瑀　侯　鹏　侯　曦　侯本祥　侯乐乐　侯立本　侯亚威
侯传朋　侯荣荣　侯碧梅　俞　凤　俞　畅　俞　梅　俞　晨
俞光岩　俞春霞　俞翌吟　郗　颖　郗润昌　俎志红　逄　镇
逄显镇　施　佳　施　威　施力涛　闻　闫　闫小依　闫锡泉
姜　文　姜　明　姜　茗　姜　洋　姜　鸾　姜　瑛　姜　超
姜　楠　姜　颖　姜　燕　姜　鑫　姜文月　姜庆明　姜红岩
姜利伟　姜林林　姜国涛　姜昱宇　姜维智　姜琳琳　姜德珍
娄　欢　娄　芸　娄　昕　娄光宇　洪　川　洪　兰　洪　泓
洪　硕　洪　强　洪　楠　洪大用　洪金标　宫　静　宫丽朗
祖文韬　祝友林　祝为桥　祝秋香　费　健　费文怡　费悠悠
胥　月　姚　宁　姚　昀　姚　茜　姚　胜　姚　程　姚　源
姚　震　姚文华　姚本萱　姚仲博　姚志刚　姚财福　姚宝来
姚茵茵　姚俐俐　姚顺瑜　姚恒伟　姚恩渊　姚培生　姚梦颖
贺　冉　贺　男　贺　杰　贺　婧　贺　超　贺　璐　贺陈红
贺相蓉　贺雅喆　贺锐芳　骆玉龙　骆芳菲　秦　旭　秦　芳
秦　奋　秦　晋　秦　雪　秦　鑫　秦帅帅　秦东媛　秦庆波
秦应之　秦英刚　秦曼丽　秦婧婧　秦民南鸽　　　班　布
班笑元　班善忠　敖　翔　袁　天　袁　月　袁　芳　袁　园
袁　珊　袁　悦　袁　梦　袁　野　袁　望　袁　琳　袁　琼
袁　媛　袁　嫒　袁　静　袁　磊　袁　磊　袁小春　袁丕业
袁国军　袁国厚　袁建强　袁莱茵　袁梦阳　袁富荣　袁镜舒
都　静　耿　江　耿　寅　耿　鹏　耿子纯　耿子怡　耿之倩
耿天成　耿丹婷　耿东云　耿扬名　耿昭超　耿美晶　聂　昕
聂　爽　聂立磊　聂丽晶　聂罗三　聂鹏飞　莫　沸　晋　晶

桂 君	桂桂欣怡		栗 峥	贾 东	贾 宁	贾 光
贾 阳	贾 如	贾 钏	贾 杰	贾 佳	贾 晋	贾 博
贾 静	贾 蕾	贾一村	贾卫涛	贾丰榕	贾长龙	贾东子
贾立召	贾宁旨	贾立超	贾永志	贾西贝	贾刘伟	贾孝辉
贾秀婷	贾洪金	贾莹莹	贾海洋	贾继苏	贾锡锡	贾殿璞
夏 文	夏 青	夏 洋	夏 瑛	夏二飞	夏士杰	夏小淳
夏晓萌	夏登胜	夏震宇	原 毅	顾 文	顾 盼	顾 酋
顾 莹	顾 璇	顾卉妮	顾欣琦	顾欣璐	顾诚燕	顾树明
顾品锷	顾晓明	顾唯彦	柴 力	柴少康	柴永利	党 宁
党元斌	党惠子	晏 菲	钱 方	钱 龙	钱 浩	钱 锟
钱 鹏	钱 慧	钱 巍	钱宇辰	钱美君	钱赖智	铁 军
铁 楠	候文武	候明夷	倪明凯	倪怡婷	徐 飞	徐 飞
徐 爻	徐 文	徐 立	徐 阳	徐 彤	徐 英	徐 贤
徐 昕	徐 波	徐 亮	徐 速	徐 晏	徐 钰	徐 隽
徐 浬	徐 萌	徐 萍	徐 曼	徐 铭	徐 超	徐 斌
徐 斌	徐 旸	徐 鹏	徐 嘉	徐 嘉	徐 嘉	徐 蕊
徐 黎	徐 毅	徐 衡	徐 耀	徐 巍	徐小叶	徐小轲
徐小琳	徐子钦	徐广瑞	徐艺纹	徐艺嘉	徐艺蕾	徐凤鸣
徐丹妮	徐文博	徐文鑫	徐世超	徐贞恩	徐光辉	徐传彪
徐冰冰	徐彤武	徐坤元	徐国钧	徐姗娜	徐珂南	徐春植
徐荫章	徐相地	徐思远	徐思睿	徐美珍	徐祖军	徐振海
徐莉莉	徐晋康	徐桂芬	徐晓龙	徐晓琪	徐海水	徐浩亮
徐海蓉	徐祥云	徐梦阳	徐彩曦	徐婉茹	徐琪方	徐惠贵
徐奥林	徐鹏程	徐蔚瑶	徐韶博	徐潇疾	徐赛赛	徐聪华
徐德智	徐耀林	殷 宴	殷 爽	殷卫红	殷长宇	殷其乐

殷梦秋　奚　晔　奚　熹　翁　佳　翁素君　翁晓苇　卿逢桥

凌　蔓　凌天东　凌恩英　栾永涛　栾翔宇　高　飞　高　亢

高　节　高　宁　高　成　高　伟　高　阳　高　阳　高　阳

高　旸　高　幸　高　杰　高　佳　高　空　高　玲　高　茜

高　栋　高　晖　高　峰　高　倩　高　效　高　通　高　晗

高　越　高　敬　高　雁　高　斌　高　寒　高　源　高　歌

高小磊　高文旭　高文娟　高丕云　高仲宁　高兆福　高如辰

高宏凯　高国新　高依莉　高建波　高城成　高美娟　高济民

高洋洋　高振东　高莲娜　高殷勤　高梦泽　高雪明　高晨曦

高雅祺　高鹏珍　高新建　高静然　高毅洁　高魏梦佳

高翼峤　郭　冉　郭　乐　郭　立　郭　闯　郭　阳　郭　畅

郭　凯　郭　沫　郭　妮　郭　栋　郭　昱　郭　峦　郭　洋

郭　贺　郭　莹　郭　倩　郭　海　郭　悦　郭　娓　郭　珺

郭　晨　郭　皓　郭　瑜　郭　勤　郭　鹏　郭　耀　郭　巍

郭二波　郭子斌　郭天禄　郭云矗　郭少东　郭文卿　郭允晰

郭玉龙　郭玉婧　郭东洋　郭伟伟　郭仲夏　郭旭峰　郭庆岚

郭宇翔　郭宇鹏　郭阳阳　郭如心　郭伯涵　郭沛如　郭建斌

郭春鸿　郭映希　郭洪祥　郭秦炜　郭真真　郭晓华　郭晓莉

郭晓莹　郭展宏　郭萌萌　郭爽楠　郭晶晶　郭富鑫　郭瑞枫

郭鹏飞　郭颖妍　郭源浩　郭嘉丞　郭慧萍　郭赟赟　郭露超

郭鑫磊　席　亮　席　博　席丽莹　席肖周　唐　昱　唐　洁

唐　莹　唐　悦　唐　萍　唐　超　唐　辉　唐　羡　唐　粮

唐　歌　唐　慧　唐　燕　唐　鑫　唐日春　唐文彬　唐兴华

唐志强　唐杨斌　唐丽莎　唐利娟　唐明华　唐佩仪　唐宝才

唐恬波　唐艳红　唐夏川　唐徐进　唐家驷　涂　妍　涂多林

宰习喜　展慧慧　陶　冶　陶　媛　陶　睿　陶世诚　陶振仕
陶敏娟　陶瑜瑾　陶嫣婠　陶慧芹　姬　旭　姬　烨　黄　飞
黄　成　黄　刚　黄　华　黄　旭　黄　芳　黄　沙　黄　玥
黄　凯　黄　佳　黄　欣　黄　征　黄　茜　黄　星　黄　剑
黄　倩　黄　婵　黄　琰　黄　超　黄　葵　黄　翔　黄　翔
黄　颖　黄　赫　黄　鹤　黄　薇　黄　凝　黄三珊　黄子瑄
黄元鹏　黄韦澄　黄文兀　黄凤鸣　黄心哲　黄卉卉　黄巧莹
黄可盈　黄邦建　黄亚萍　黄纪樟　黄志婕　黄丽佳　黄丽颖
黄纬璐　黄若斯　黄苑菁　黄松朝　黄雨婧　黄昌孝　黄忠云
黄迪琼　黄季漖　黄金砖　黄金菁　黄金湖　黄怡昕　黄珊珊
黄昰辰　黄思远　黄咿婧　黄秋原　黄艳峰　黄素萍　黄莹辉
黄家骎　黄梦秋　黄梦晨　黄梦婕　黄淑芬　黄朝纵　黄森菲
黄晶晶　黄舒婷　黄瑜冰　黄嘉宇　黄嘉辰　黄嘉欣　黄旖旎
黄慧勇　黄徽现　黄龙福城　　　　萨　拉　梅　洁　梅　硕
梅岩岩　梅繁勃　曹　力　曹　文　曹　帅　曹　众　曹　宇
曹　阳　曹　阳　曹　炜　曹　妲　曹　禹　曹　洁　曹　荻
曹　晖　曹　萍　曹　彪　曹　越　曹　惠　曹　粲　曹　颖
曹　嘉　曹　槟　曹　磊　曹　巍　曹文连　曹书振　曹汉健
曹亚萍　曹成龙　曹旭星　曹丽华　曹松峰　曹彦高　曹晋梁
曹铁民　曹海燕　曹雪鸿　曹寅寅　曹景利　曹静云　曹榕娟
龚　妍　龚　岩　龚　浩　龚　理　龚娜菲　龚晓磊　龚家茜
龚菲菲　龚媛琳　盛　忠　盛　夏　盛会军　盛丽娟　盛英豪
盛明旸　盛积贤　常　卫　常　明　常　洁　常　浩　常　婧
常天童　常泽平　常彦磊　晨　曦　崔　文　崔　阳　崔　青
崔　杰　崔　昊　崔　政　崔　阁　崔　琳　崔　博　崔　鹏

崔静　崔磊　崔二岩　崔大川　崔小琴　崔今姝　崔东豪
崔存博　崔传伟　崔兆智　崔志佳　崔志鹏　崔秀举　崔希亮
崔沂蒙　崔忠海　崔秋忠　崔晋晋　崔晨波　崔琳丽　崔董建
崔楚屏　崔璐莹　崔馨元　笪钰婕　符少娥　符芳仕　符洪雪
庹鹏　康乐　康宁　康伟　康姝　康莹　康强
康鹏　康璐　康化欣　康守信　康志明　康秀生　康泽彤
康星星　康海利　康熙雄　鹿子鸣　章曦　章文瑶　章俊晨
章耿源　章李夏子　　商娜　商文青　商能超　阎冠竹
盖安娜　梁月　梁远　梁芳　梁雨　梁依　梁栋
梁剑　梁圆　梁爽　梁晨　梁婕　梁程　梁璠
梁乃泽　梁凤和　梁文超　梁本栋　梁仕源　梁乐乐　梁志青
梁阿龙　梁宝英　梁祎婧　梁晓楠　梁凌智　梁雅宁　梁筱筱
寇素珍　逯智超　隋鹏飞　琚星星　博文杰　揭白　彭子
彭丽　彭凯　彭俊　彭姝　彭捷　彭湃　彭滔
彭静　彭瑶　彭亚南　彭华哲　彭宇哲　彭苏淇　彭丽芳
彭秋英　彭雪阳　彭琳滋　彭韵诗　彭碧波　黄小蕾　葛涛
葛晨　葛超　葛力鹏　葛化冰　葛文彤　葛伊龄　葛会民
葛春磊　葛俊彦　董拓　董岳　董玲　董原　董倩
董倩　董娟　董彬　董硕　董雪　董晨　董琦
董超　董雯　董斌　董魁　董巍　董小红　董广谦
董王子　董王峰　董中仁　董立阳　董光辉　董伟强　董伦富
董兆稀　董壮壮　董兴业　董宇婷　董志仁　董芳远　董丽微
董希骁　董金平　董茜茉　董冠男　董桐桐　董夏佳　董雯萍
董智欣　董道静　董媛媛　蒋羽　蒋林　蒋述　蒋维
蒋立光　蒋贞波　蒋伟云　蒋宇鹏　蒋雨慎　蒋国辉　蒋泽强

蒋承业　蒋美芳　蒋炯瑭　蒋晓龙　蒋晓蕾　蒋培玲　蒋银龙
蒋斯博　蒋瑞成　蒋熙泉　蒋翠筱　蒋骢骁　蒋璧文　韩　帅
韩　宁　韩　冰　韩　闯　韩　红　韩　玮　韩　坤　韩　昆
韩　京　韩　哲　韩　涛　韩　容　韩　捷　韩　爽　韩　雪
韩　雪　韩　梁　韩　超　韩　博　韩　森　韩　楚　韩　颖
韩　潇　韩　磊　韩　磊　韩小桦　韩广勇　韩文星　韩以猛
韩正宇　韩玉婷　韩玉婷　韩东平　韩东明　韩冰石　韩宇晶
韩进石　韩呈武　韩佐民　韩秀华　韩灵慧　韩若冰　韩明倩
韩依莎　韩建军　韩晓茜　韩峻峰　韩家盛　韩霄雪　韩曙光
森　姆　惠　晓　覃　皓　覃　璇　覃炎庆　覃琪瑶　景　雪
景　婧　景育军　喻　超　喻田草　喻梦婧　喻腾娇　程　曲
程　刚　程　伟　程　君　程　明　程　承　程　莹　程　晔
程　航　程　龚　程　锦　程　静　程大龙　程亦男　程军涛
程红晶　程范敏　程思原　程莉莉　程晓光　程笑芳　程爱华
程婧幂　程微雅　程滟舒　傅　扬　傅　佳　傅　鹏　傅东升
傅冬琦　傅江湲　傅红叶　傅胜斐　傅球玮　焦　洋　焦　晨
焦　猛　焦文杰　焦东村　焦旭蕾　焦玲玲　焦修坤　焦艳美
焦磊鑫　舒　辰　舒三红　鲁　希　鲁　谊　鲁　豫　鲁克曼
鲁怀昊　鲁岳松　鲁绪龙　鲁蒙初　然　教　童　昀　童　辉
童　斌　童军赋　童远鹏　童素蕊　童婧睿　童碧青　曾　敏
曾　智　曾　然　曾　颖　曾天云　曾玉杰　曾志伟　曾利娜
曾希婧　曾春秋　曾品品　曾莉芸　曾晓雯　曾倩萍　曾紫络
温　丽　温　超　温广业　温冬梅　温佐天　温雨冰　温恺咏
温爱荣　温智嵘　温新新　温鑫柱　游　伟　游　娜　游鹤龄
富　晶　谢　丹　谢　欣　谢　勇　谢　隽　谢　萍　谢　晞

谢婧　谢鹏　谢静　谢璐　谢璐　谢万木　谢少梅
谢占勇　谢红颖　谢进亮　谢芳文　谢雨岑　谢佳男　谢承珂
谢柳青　谢省伦　谢晓宁　谢健昌　谢唐永　谢雪峻　谢鸿玮
谢景林　谢锦辉　强小兵　隙敏　靳乔　靳军　靳远
靳兴初　靳晓莉　蒲忆　蒲永伟　蒲若菲　蒲奎余　蒲媛媛
楚天浩　楚亚静　楼光庆　楼伟珍　裘扬君　赖怡　赖韵
赖辰夏　赖启爵　赖欣华　赖晓丽　赖雅敏　赖穗萍　甄妮
甄毅　甄建国　雷凯　雷俊　雷娜　雷力成　雷子燊
雷雨潇　雷雨鑫　雷泽宇　雷剑华　雷晨宇　雷联会　訾韧
虞天　虞捷　虞孔坝　路莎　路一丁　路宏宇　路思远
简必周　催亚星　詹婷婷　鲍鸥　鲍捷　鲍雷　鲍圣婴
鲍丽萍　鲍金辉　鲍哲君　鲍瑞雪　解凯　解佳男　解婧婧
廉俊　廉莲　靖雯　靖远海　雍玮　阙琳娟　梁忠印
慎祎　窦丽　窦丽娟　褚光　褚楚　褚天炀　褚玉萌
褚艳杰　碧莲娜　綦虎　蔡吉　蔡玮　蔡果　蔡荀
蔡晨　蔡婷　蔡文娟　蔡为唯　蔡文源　蔡立阳　蔡永宇
蔡丽霞　蔡林青　蔡林玲　蔡美雅　蔡基顺　蔡寅龙　蔡维林
蔡斯琪　蔡雅萍　蔡楚琪　蔡满满　蔺劼　蔺欣　蔺晓晴
歌灵　臧雨　臧莉　臧媛　臧滔　臧小为　裴晟
裴斐　裴筱　裴广兴　裴香绒　裴慧斌　嘎松次成
管欣　管理　管依昕　廖妍　廖易　廖泉　廖贝妮
廖正中　廖志洪　廖洁恒　廖翔宇　廖嘉源　阚顺冉　阚萌萌
谭欣　谭珍　谭剑　谭培　谭野　谭印金　谭包生
谭寿森　谭轶铭　谭闻达　谭博文　翟伟　翟煦　翟长斌
翟亚东　翟南囡　翟致远　翟凌翔　翟浩宇　翟培芝　翟雪明

熊　辩　熊文彧　熊未林　熊传号　熊兴江　樊　伟　樊　晖
樊　晨　樊小军　樊战强　樊浩悦　樊雪红　樊皎皎　黎　宁
黎　畅　黎　明　黎　莉　黎　鹗　黎冉冉　黎华玲　黎玖高
黎妍汝　黎泉宏　黎晓林　黎颖瑜　滕　蔓　滕成源　滕定烈
滕昭智　颜　力　颜　毅　潘　文　潘　地　潘　妍　潘　昊
潘　烨　潘　辉　潘　淼　潘　聪　潘　鑫　潘小英　潘文娟
潘龙龙　潘华勇　潘志杰　潘希伦　潘宏征　潘国宏　潘牧雯
潘思奇　潘思京　潘洁蓓　潘济文　潘逸凡　潘董董　潘碧玥
操　然　燕　楠　薛　晏　薛　超　薛　博　薛成良　薛丽娜
薛雨西　薛宗蕊　薛柳华　薛保安　薛晓辉　薛博洋　薛寒冰
薛鑫凯　薄立维　霍　烨　霍　婧　霍　然　霍华叡　霍希博
霍宣如　冀志宏　穆　欣　穆大英　穆罕默德　　穆斯塔法
戴　丽　戴　青　戴　婕　戴　熙　戴　璐　戴元旦　戴芳慧
戴雨辰　戴欣悦　戴宗显　戴泉鑫　戴培霞　戴维萱　戴森坡
鞠文慧　鞠硕硕　魏　帅　魏　戍　魏　伟　魏　江　魏　枫
魏　杰　魏　岩　魏　恋　魏　斌　魏　瑶　魏　薇　魏　镜
魏子丰　魏子洁　魏成龙　魏宇辰　魏志成　魏丽莎　魏国志
魏建玲　魏彦姝　魏栩栩　魏海洋　魏喜潮　魏雅洁　魏福利
糜霄潇

Abdinasir Ahmed　　　Aberra Aguegnehu
Alexandra Felli　　　AlmontaserBellah AlhajKoko
AmaraNicole Gossin　Amy Schwarz
Anastasiya Yevets　　Andres
Andres Uribe　　　AngelaPatricia Ramirez
AshShimon　　　Beatrix Weber
Biosca Francisco　　Christopherp Jackson

Cinzia Peciola   CLARA CHAMPALLE

Dergam AliAhmadSobeih   Edward Watson

Emery Mike   Ernesto Betancourt Morales

Freundlich Simon   Friedrich Claudia

GEORGE SAMPSON   Godelieve VanKerkhove

GoergenYann   Hecht Moshe

HenkDick Jansen   HIENHUY TANG

Ibrahim Chaddad   Ikhtiyar Atalizada

Iryna Pinchuk   Jean–Pierre Caravan

JeremieGuyJIANXUN LI JONAWIDHAGDO PUTRI

Kevin Han   LauraHelen Wiens

Libuse Tumova   LIGE SUN

Loop ChloeM   Magda Krizkova

Mark BOS   Markle Laura

Megan Thomas   MercedesMaria ValmisaOviedo

Michail Gaitanis   Michellewaisze Wu

Milos Krizko Monika   Takacs MonikaJulieAnn Schmidt

Nazrin Vakilova   PatrickJohn Hassett

Prabowo WahyuAdi   PUTRI

Rodriguez Sofia   Ron Speksnijder

Sadrina Weithmann Sabrina   Sharkun Yuliya

Shemtov YakovDovid   SophiaLiu

sujikim   Sylvia Passler

Takhmina Mamadsafoeva   Westgarth Jack

William LIM   Yuejin Sun

Zhang Thomas

（运行团队办公室田雷供稿）